高等院校翻译专业必读系列

当代语言学途径翻译研究的新发展
——语篇·斡旋调解·语境化

陈 浪 著

南开大学出版社

天 津

图书在版编目(CIP)数据

当代语言学途径翻译研究的新发展：语篇·斡旋调解·语境化 / 陈浪著. —天津：南开大学出版社，2011.4

（高等院校翻译专业必读系列）

ISBN 978-7-310-03667-7

Ⅰ.①当… Ⅱ.①陈… Ⅲ.①语言学—高等学校—教学参考资料 ②翻译理论—高等学校—教学参考资料 Ⅳ.①H0

中国版本图书馆 CIP 数据核字(2011)第 031777 号

版权所有　侵权必究

南开大学出版社出版发行
出版人：肖占鹏
地址：天津市南开区卫津路 94 号　邮政编码：300071
营销部电话：(022)23508339　23500755
营销部传真：(022)23508542　邮购部电话：(022)23502200
*
河北昌黎太阳红彩色印刷有限责任公司印刷
全国各地新华书店经销
*
2011 年 4 月第 1 版　2011 年 4 月第 1 次印刷
880×1230 毫米　32 开本　9.875 印张　2 插页　248 千字
定价：20.00 元

如遇图书印装质量问题，请与本社营销部联系调换，电话：(022)23507125

序

对中国译学界来说，上世纪八十年代至九十年代上半期也许可以算作是翻译研究语言学派最为风光的时期。当时，凡是研究或讨论翻译问题的文章，几乎是言必称奈达，或是称纽马克和卡特福德。"等值"、"动态对等"等术语，成为当时中国译学界最时髦的理论话语和学术命题。之所以如此，也是可以理解的。众所周知，中国翻译界长期以来缺乏理论，上世纪五十年代前苏联翻译理论家费道罗夫一本薄薄的小册子《翻译理论概要》即是中国译学界奉为圭臬的唯一的理论资源。这样到了上世纪七十年代末、八十年代初，当我们的国家开始奉行改革开放的国策，我们的学者有机会接触西方译学界丰富的理论成果时，"西方译学研究借助现代语言学手段，注重科学的论证方法"而提出的各种翻译理论模式，首当其冲的是奈达的等值理论、卡特福德的翻译的语言学理论等，自然会让久处封闭环境中的我国译学研究者们眼睛为之一亮，精神为之一振。

然而曾几何时，翻译研究的语言学派在国内译学界却似乎风光不再。随着上世纪末、新世纪初代表当代西方译学界翻译研究文化转向的一批学者及其论著陆续介绍进来，文化学派开阔的学术视野、深厚的哲学底蕴、富于新意的学术命题，立即吸引了中国译学界，特别是中青年学者的眼球。詹姆斯·霍尔姆斯、苏珊·巴斯奈特、安德烈·勒菲弗尔、劳伦斯·韦努蒂、西奥·赫曼斯等人的名字取代了奈达、纽马克和卡特福德，多元系统论、文学解释学、接受美学、女性主义、解构主义、后殖民理论等，取代了"等值论"、"动态对等论",成为了中国译学界最津津乐道的理论话语,尤其成为了中青年学者们最热衷的学术研究话题。

确实,西方翻译研究文化学派译论的引入及其在国内译学界的迅速走红对国内译学界产生了相当强烈的冲击。这种"冲击"一方面表现在国内译学界对西方翻译研究文化转向的内涵和意义的误解上。譬如有学者就专门著书撰文,认为当代国外译论,尤其是文化学派的译论,尽管不无可取之处,但偏离了翻译的本体,"走向了歧路"。该学者更进一步具体指出,"尤其是解构(deconstruction)学派、女权学派、操纵学派,更是代表了这一错误方向"。[1] 还有的学者把当代西方翻译研究的文化转向理解为是"文化研究对翻译本体研究的剥夺":"……应警惕用文化研究取代语言研究,即文化研究对翻译本体研究的剥夺,把翻译本体研究消解在文化研究中"。[2]

另一方面,这种"冲击"也同样表现在国内译学界对当代西方翻译研究中新一代语言学派译论,或者用本书作者的说法,即"语言学途径翻译研究"的认识隔阂与误解上。譬如国内至今仍有不少研究者在提到翻译研究的语言学派时,心中想到的仍只是以奈达为代表的那一代学者及其传统语言学派的观点,并据此把语言学途径的翻译研究简单地等同于在结构主义语言学观照下对翻译过程的语言系统对比研究,理解成为实现译文"等值"或"对等"的方法的研究,等等。

上述背景表明,国内译学界在围绕当代西方翻译研究中的语言学派研究与文化学派研究之间的关系问题上,显然还存在着一定的认识误区。而产生这一认识误区的根源之一即是对当代西方语言学途径翻译研究的理论内涵和最新进展缺乏足够的了解和认

---

[1] 赵彦春. 翻译学归结论[M]. 上海:上海外语教育出版社,2005:2-3.
[2] 吕俊、候向群. 翻译学——一个建构主义视角[M]. 上海:上海外语教育出版社,2006:107.

识。这正如本书作者陈浪博士指出的:"随着翻译界更多跨学科研究方法的开拓和引入,人们对该途径翻译研究的关注和探讨不比当年。个中原因复杂,就普通翻译爱好者或学生而言,也许是因为他们对西方语言学途径翻译研究的现状还不够了解,甚至还有些误解。而在学术界,人们对语言学途径的翻译研究也普遍缺乏更深层次上的思考。"正是有鉴于此,陈浪博士撰写了这本题为《当代语言学途径翻译研究的新发展——语篇·斡旋调解·语境化》的专著,希望通过本书与读者共同探讨一下:这一研究途径新发展的学术价值到底是什么,语言学途径究竟解决了哪些文艺学、文学、文化研究不能解决的问题,它对我们的翻译研究、翻译实践等的积极意义和启发是什么,而它自身又有何局限,与其他途径相比,它有哪些问题不能解决,等等。由此我们不难发现本书鲜明的问题意识以及与国内学术文化语境紧密相关的现实意义。

本书作者敏锐地觉察到,当前翻译学作为一门新兴的学科,翻译学的研究领域"已沿着脱离'如何译'的技术问题的轨迹,而向那些将翻译视为社会活动、探讨译本的性质和功能以及翻译产品的文化影响方向发展。正如文化学派的研究并非是脱离文本的宏观研究一样,语言学派的研究也不是人们误解的仅静止关注文本内部的研究。翻译学研究的对象不但涵盖翻译行为,还包括制约翻译行为的各种动因以及翻译行为对产生语境的反动因素,而不仅仅是一个个孤立的翻译产品"。这一"发现"应该可以带给国内译学界诸多启迪。

而不无必要强调指出的是,上述结论并非作者的信口开河、主观想象,而是建立在作者大量的第一手外文资料的基础上的,建立在作者细心研读、认真领悟原作精神的基础上的,建立在作者依据大量事实缜密推理的基础上的。本书表明,作者认真研读了贝克、梅森、哈蒂姆、豪斯、肯尼、谢夫娜、芒迪等一批当代西方新一代翻译研究语言学派学者的相关论著,对他们的翻译思想、基本观点、研究方法及方法论特征等，进行了深入细致的探讨和分析，从而比较全面地展示了当代西方语言学途径翻译研究的最新进展，揭示了该途径新发展的哲学思想渊源，点明了语言学途径研究对翻译学学科建设发展的独特作用。

本书还表现出相当的前瞻性。作者在本书的结尾部分明确指出："翻译研究领域中两大主流研究途径，即文化学途径和语言学途径，发展到今天，已在翻译定义、翻译规范、译本的规则格式、翻译伦理等领域达成不少共识，但在理论的重合之处并非完全相同，因为各自的理论来源和方法论视角是不大相同的。尽管如此，在采取批判的态度来研究翻译现象的立场上，语言学途径与文化翻译研究越来越倾向于一致。一些具有强烈当代意识的翻译课题被不同途径的学者共同讨论和关注，譬如意识形态、翻译伦理等问题。这些或许表明了当代西方翻译研究中某种合流的趋势。无论今后译学研究发展是否如此，我们都应该关注译学界不同研究途径之间的对话和争论，并由此考察翻译学发展的持续动力。"这样的分析还是很有见地的。

细心的读者当能发现，本书作者在书中很少使用"语言学派"这一术语，而代之以"语言学途径翻译研究"或"语言学导向的翻译研究"等表述。这是因为作者觉得在西方译学界人们较少使用"语言学派"或"文化学派"这样的术语，所以她也尽量避免使用。通过这一件小事我们可以看出作者严谨、谨慎的学风。对此，我一方面当然表示肯定和赞赏，但另一方面，就"语言学派"和"文化学派"这两个具体术语而言，我又觉得她有点过分小心谨慎了。因为在这两个术语已经被国内译学界广泛接受和使用的情况下，避而不用这两个术语，有时反而会给我们的讨论带来不便。当然，这也仅是我的一家之言，仅供作者参考而已。

本书实际上是作者在其博士论文的基础上充实、修改而成的。作者陈浪是我在上海外国语大学高级翻译学院建立了中国内地第

序

一个独立的翻译学博士点之后招收的第一批两个博士生中的一个。与我此前在复旦大学中文系比较文学学位点招收的大都具有较浓厚的文学背景的博士生不同，她具有相当鲜明的语言学学科背景。她曾赴新加坡南洋理工大学就应用语言学和教学法项目访学进修了一年，对当代语言学学科的最新发展相当熟悉。因此，在酝酿博士论文开题报告时她征求我的意见，表示想把上世纪九十年代以来语言学途径翻译研究的最新发展作为自己博士论文的研究对象，我当即表示支持。尽管我本人的研究重点是文化学派的译论，也尽管我本人对语言学派的译论的最新发展并不熟悉，但我从我本人的研究实践中感觉到，要全面把握当代西方译论的走向，语言学派译论是不可或缺的一块。而最近一二十年来，国内译学界在这一领域的研究相对比较薄弱。陈浪没有让我们失望，她的博士论文在答辩时获得了评委们一致的高度评价，被认为在一定程度上弥补了国内翻译研究领域对当代西方语言学派译论研究的不足。我相信，在这篇优秀的博士论文基础上充实、修改而成的这本专著的正式出版，必将为当代国内译学理论的发展和翻译学的学科建设做出应有的贡献。

是为序。

谢天振
2011 年 2 月

前　言

　　翻译的理论研究对于翻译学的发展至关重要。对有代表性的主流译论进行系统的梳理、分析和探讨，不但可以加强翻译学理论基础的建设，对翻译学学科的建设也大有裨益。

　　本书所关注的目标正是 20 世纪五六十年代兴起的语言学途径翻译研究。这一主流译论的出现不但开创了当代西方翻译研究的理论层面，为后来翻译学作为独立学科的建立奠定了坚实的基础，而且它在 20 世纪八十年代初的引介更为中国译学研究带来方法论上的革新，使人们在中国传统译论之外看到了一片新天地。不过，随着翻译界更多跨学科研究方法的开拓和引入，人们对该途径翻译研究的关注和探讨不比当年，对其研究也普遍缺乏深层次上的思考。而实际上语言学途径的翻译研究如今仍持续繁荣，并不断为翻译学的发展开创新的思路源泉。近 20 年来，语言学导向的译学研究与文化学途径研究一样，也注意到一些共同的翻译课题，如对意识形态、翻译伦理、规范以及对翻译研究方法论的关注，只是各自的切入点和研究方法相异。正如文化学派的研究并非完全脱离文本的宏观研究一样，语言学派的研究也不是人们误解的仅静止关注文本内部的语言研究。

　　那么这一研究途径新发展的学术价值到底是什么？语言学途径究竟解决了哪些文艺学、文学、文化研究不能解决的问题？它对我们的翻译研究、翻译实践等的积极意义和启发是什么？针对这些问题，本书以元理论研究的角度对 20 世纪九十年代以来西方语言学途径翻译研究做一个全面并有重点的解读与评价。本书展现该途径研究背景的学者在译学研究上的不倦探索，同时也在哲学、语言学和翻译学等学科发展的时空变化之中考察其理论背景、概念体系、研究目标、研究方法和应用范围，系统探讨该途径的理论趋向和实质，以语境化研究的方式勾勒该途径多年来发展的谱系特征图，使读者得以一叶而知秋，对当代翻译学的发展有清晰的把握。本书同时也希望国内研究者将西方译论发展中发现的问题转化为自己的正面课题来研究，从中国译学研究现实出发，最终得出有启发意义的研究成果，推动我国译学研究的发展。

为了实现这一目标，本书将以文本细读和理论阐发的方式对经典理论文献进行定性分析，同时综合多维的历史描述框架对该途径理论思想史的发展脉络展开历时和共时的批判性分析，既将当前语言学途径主流研究的思想概念和手段与早期语言学派研究的方法、理念进行对比，同时也注意对当代语言学途径与同时代的其他途径思想概念和手段做比较分析，并在此基础上深入探讨不同学术背景的译学学者在某些重要概念的理解和在理论工具使用上的异同。

本书具体研究的思路为：1）从国内外文献考察这个流派本身的兴起和发展变化的事实，反思译学界对这一途径已有的评价；2）从社会动因和学术动因的角度来考察这一途径新发展的变化轨迹；3）从范式入手来看这一途径发展的标志特征。因范式的基本原则可以在本体论、认识论和方法论三个层次表现出来，所以本书将重点考察和分析该途径新发展的哲学思想渊源以及代表性学者在语言观和翻译观以及方法论方面的论述，尤其是一些常用术语的论证和分析。我们认为某些概念几乎贯穿了整个译学研究过程，只是它在不同研究中的性质、内涵和所指均有较大的差异。这些差异集中反映了不同时期人们对翻译的相异理解和观念转变。对这些概念的细致考察有助于深入理解语言学导向翻译研究在观念和方法论上的转变，并促进我们思考采用更恰当的元语言工具来描写和解释翻译过程。

在研究内容上，本书专注于解决以下几个具体的问题：1）历时地描述语言学途径翻译理论的兴起与发展轨迹，重点介绍 20 世纪 90 年代以来该领域代表性学者的成就，使读者对该途径理论思想的产生和最新发展有清晰的了解；2）勾勒当今语言学途径翻译研究的概念体系，探讨其理论特征和学术价值；3）总结语言学途径翻译理论的成就和自身不足，发现译学发展的一般规律，把握翻译学学科的未来走向。

本书认为，一方面，语言学在翻译学发展过程中不断为其提供理论与方法等研究资源，另一方面，当前的翻译研究成果也给中外语言学家不少启示和借鉴，这在一定程度上帮助和巩固了翻译学学科定位。其次，尽管语言学途径译学研究始终立足于文本语言的分析和解释，但在其发展的 50 年间，理论来源类型、研究对象、目的和方式都发生了一定变化。目前，语言分析在翻译研究中变得日益重要，但这是以语言结构的特征分析与更宏大的超越语言层面的研究目的结合为前提下取得的结果。近 20 年来语言学途径翻译研究的新发展表明，在采取批判性态度研究翻译现象的立场上，语言学途径与其他途径如文化学翻译研究越来越倾向于一致。这也从一个侧面反映了翻译学研究今后将语言分析与文化分析结合进行的综合研究趋势。在此基础上，翻译学学科有可能形成自己整合的、与其他学科有显著区别的研究方式。

目 录

第一章 绪论 ··· 1
1.1 认识误区:"等值"研究还是其他? ···················· 2
1.2 国内外针对语言学途径翻译研究的评价 ············· 5
1.3 重新认识语言学途径翻译研究 ······················· 9

第二章 语言学途径翻译研究的历史回顾 ·················· 14
2.1 什么是语言学派? ······································ 14
2.2 现代译学理论的诞生 ·································· 17
2.3 早期语言学途径研究的范式危机 ···················· 35
2.4 并未消亡的语言学途径 ······························· 42

第三章 语言学途径翻译研究的新发展 ····················· 44
3.1 语篇与翻译:功能与语用翻译研究 ················· 44
3.2 语言变体与翻译:语料库翻译研究 ················· 71
3.3 译者行为与翻译:批评性翻译研究 ················· 99

第四章 语言学途径翻译研究转变的动因 ················· 118
4.1 语言学领域:"语言—言语—话语"的研究转变 ········ 118
4.2 翻译学领域:"源文导向—译文导向—译者导向"
　　的研究转变 ·· 147
4.3 语言学途径翻译研究:范式更迭与自身批判 ······ 161

第五章 语言学途径研究新发展的理论趋向和实质 ······· 185
5.1 语言学研究途径新发展的哲学渊源 ················ 186

11

5.2 语言学研究途径概念体系的发展 ……………………194
5.3 语言学研究途径研究方法的改进 ……………………229
5.4 语言学研究途径研究用途的拓展 ……………………242

第六章 当代语言学途径翻译研究新发展的启示……………249
6.1 从新发展认识语言学途径研究的历时变化 …………249
6.2 从新发展重识语言学途径研究的价值 ………………253
6.3 从新发展把握翻译学研究前景 ………………………258

参考文献 ………………………………………………………261

附录：理论术语表 ……………………………………………291

后记 ……………………………………………………………300

第一章 绪 论

相对于其他一些途径的现代译学研究而言，翻译的语言学途径研究[1]在国内更早广为人知。20世纪八十年代初，Eugene Nida等国外语言学派译论家的思想经过译介引入我国译学研究界，使人们在中国传统译论之外看到了一片新天地，促进了当时中国译学研究向理论化发展。然而，随着翻译界更多跨学科研究方法的开拓和引入，人们对该途径翻译研究的关注和探讨不比当年。个中原因复杂，就普通翻译爱好者或学生而言，也许是因为他们对西方语言学途径翻译研究的现状还不够了解，甚至还有些误解。而在学术界，人们对语言学途径的翻译研究也普遍缺乏更深层次上的思考，如这一研究途径新发展的学术价值到底是什么，语言学途径究竟解决了哪些文艺学、文学、文化研究不能解决的问题，它对我们的翻译研究、翻译实践等的积极意义和启发是什么，而它自身又有何局限，与其他途径相比，它有哪些问题不能解决，等等。

本书试图回答以上问题，弥补这方面探讨研究的不足：拟从Hermans（2002：21）所说的二级观察（second-order observation）[2]的角度，即从元理论层面来对20世纪九十年代以来语言学途径的翻

---

[1] 本书中出现的"语言学途径研究"、"语言学导向译学研究"以及"语言学派研究"等术语均指同一类研究。

[2] Hermans（1999，2002）借用Niklas Luhmann（1993）的"二级观察"概念，说明翻译研究中学者们"对观察的观察"的研究方式。翻译研究者观察翻译现象并进行分析，这是一级观察活动，而对一级观察活动进行的考察，即研究一级观察者如何观察研究对象等问题，则属于二级观察活动。Hermans同意Luhmann的观点，认为二级观察是一种解构主义实践。

译研究成果进行深度剖析，从本体论、认识论和方法论三个层面入手重点考察该途径研究的新进展，揭示该途径新发展的哲学思想渊源，勾勒其基本概念体系，探讨语言学途径研究的适用范围及其对翻译学学科发展的独特作用。

1.1 认识误区："等值"研究还是其他？

在国内，片面认识语言学导向的研究并不是由于译学界全面否定该途径研究的价值引起的。人们大多赞同语言学对语言现象的系统描述和解释给予翻译研究有益的启示。学者们也非常肯定语言学导向的翻译研究对促进翻译学学科意识萌芽的贡献，认为"以语言学研究途径的翻译研究赋予翻译研究科学的性质"（许钧 2003：17-18），"揭开了当代西方翻译研究史上的理论层面"（谢天振 2003：13-14）。事实上，自 20 世纪八十年代以来，由于金堤、谭载喜、穆雷等国内学者的引介，Nida 等传统语言学派学者的思想在国内广为人知，影响很大。2000 年在香港出版的《西方翻译理论精选》就指出"在（国内）已翻译出版的西方译论专著之中，语言学派占了大部分"。究其原因，大概是"语言学派的翻译理论以指导实践为目的，强调'对等'，这与中国的传统译论，都属于以'忠实'为目标的'应用翻译学'，因此容易被接受"（陈德鸿、张南峰 2000：ix）。而此书中所说的"语言学派"指的就是 Catford，Nida，Newmark 等一批主张"等值/对等"探讨的传统语言学译论家。

不过，也正是由于这批学者的思想广为人知，很多国人无论诟病或是推崇，一提到语言学派，就会言必称 Nida，Newmark 等人。实际上，语言学派十几年来随着语言学译论的新发展早已发生了巨大变化。国外以语言学范式为背景的重要翻译理论家如 Baker，Hatim，Mason，House，Schäffner 等人已经尝试借鉴语言学的特定分支或特定的语言理论,如系统功能语法、语用学、认知语言学、批评话语分析、社会语言学等,关注翻译中的语言实际运用情况,并将非语言因素纳入研究的视野,创建了关于翻译的描写、评估或教学的模式。他们的研究早已超越了语言学派初期那种文本对比分析和纯粹规约性实践研究,在探讨翻译语篇机制问题的同时也揭示文本外的世界观、意识形态或权力运作对翻译过程和行为的影响。但国内有些研究因为只盯着传统语言学派的观点,将语言学导向的译学研究简单等同于在结构主义语言学观照下对翻译过程的语言系统对比研究,这就难免出现整体上的认识偏差,得出诸如"现代语言学理论必然为翻译研究带来空白"的偏颇结论(张柏然、辛红娟2005:506)。

将语言学途径翻译研究简单理解成实现译文"等值"或"对等"的方法的研究,这样的观点还可以从一些学者对翻译性质和翻译学研究对象的认识中得以瞥见。有学者认为,在翻译本体性研究中,语言派的研究"让位于文化派而成为自处边缘的'二级'理论""颇令人惋惜",因为"翻译的本质属性决定了'忠实'和'对等'的核心地位",而"政治、权力、意识形态等因素本是翻译的干扰分子,在文化派那里却扮演了翻译的主角,使'不译'(指摆布式的创造)成了'译'(指译学)的主流"(赵彦春2003:74;71)。姑且不论这样的论断是否误解了文化学派的译学研究,是否混淆了描述性研究和规约式研究、翻译对象和翻译研究对象的区别,它实质上已否定了近年来语言学派研究中一些具有强烈当代意识的翻译课题,暗示语言学派的研究忽视语言、思维、文化的互动,是不关注政治、权力、意识形态等因素而仅仅着眼于"忠实"和"对等"的语际转换研究。

事实上,近年来语言学导向的研究与文化学途径研究一样,都注意到一些共同的翻译课题,如对意识形态、翻译伦理、规范以及对翻译研究方法论的关注。语言学途径的研究学者如 Mason

（1994）曾从社会文化现象被词汇化和语法化的现象探讨翻译中的意识形态问题；而 Hatim（1999）针对 Venuti（1995，1998）的意识形态研究提出语言学方法的论证；Harvey（1998）采用批评语言学和礼貌语用理论等方法把文本具体效果与不同国家同性恋文化差异联系起来，等等。2000年，学者们还从不同的研究阵营角度出发总结归纳过30个共同感兴趣的研究主题（见 Chesterman & Arrojo 2000）。这些研究都已表明"许多研究者的兴趣焦点已转向文化内翻译产品和过程的功能问题"（Tymoczko 2006：444-445）。作为一门新兴的学科，翻译学领域已沿着脱离如何译的技术问题的轨迹向那些将翻译视为社会活动、探讨译本的性质和功能以及翻译产品的文化影响方向发展。正如文化学派的研究并非是脱离文本的宏观研究一样，语言学派的研究也不是人们误解的仅静止关注文本内部的研究。翻译学研究的对象不但涵盖翻译行为，还包括制约翻译行为的各种动因以及翻译行为对产生语境的反动因素，而不仅仅是一个个孤立的翻译产品。

造成这类片面的看法有多种原因。原因之一可能是国内译学界对语言学途径研究的介绍和分析存在某种程度的缺失。尽管已有不少文章具体介绍了国外语言学途径学者采用语篇分析、语料库与话语研究结合的研究实例，然而很多涉及译学流派介绍和译学研究概况的研究未能及时注意该领域的新进展，不利于人们全面把握翻译学学科的发展状况。其次，国内译学界对语言学途径研究的认识不足也有可能是受目前对西方翻译理论引介热点的影响。21 世纪以来，大量文化学导向的译论著作被引进和翻译出版，原版大多在20世纪八十年代、九十年代初出版，彼时西方译学界许多学者都曾对语言学导向的传统研究提出过质疑和批判，如 Bassnett 和 Lefevere 就批评过语言学导向学者固守"若知变化，必先见林不可见树"的立场以及他们对"对等"的迷恋（Bassnett & Lefevere 1990：3-4）；而主张综合论的德国学者 Snell-Hornby

认为语言学的大发展使得翻译研究隶属于它的学科领域，但也使翻译注重对语言进行直观、科学的分析，从客观上阻碍了翻译理论的发展（Snell-Hornby 2001/1988：67）。这些口气严厉的论断容易动摇人们对语言学途径译学研究的信心，但实际上它们谈论的对象都是20世纪九十年代以前的语言学导向研究。

1.2 国内外针对语言学途径翻译研究的评价

当然，这并不是说国内译学界没有学者关注到西方语言学途径新发展。2005年起，译学界出现了不少对语言学途径翻译研究的全面评价和介绍。李运兴教授在《语言学途径的语篇转向和发展》（2005）一文中简要梳理和分析了十几年来语言学导向译学研究状况，认为"语言学途径没有终结，因为它自身已有积蓄，源头仍有活水"（李运兴 2005：74-76）。但因该文刊登在香港的《翻译季刊》专刊上，未能为广大国内读者知晓。朱健平明确指出"重规定性的研究不是区分语言学派和其他学派的本质区别"（朱健平 2005：38-46）。他还强调语言学派在以解构主义翻译思想为主导的90年代后期也并未偃旗息鼓。可惜文章没有提供任何具体论证，也没有后续的介绍。有鉴于国内学界对该途径发展认识不足的现象，《外语研究》编辑部在当年第3期上刊登了《翻译研究中的语言学模式与方法》一文（莫娜·贝克尔 2005：52-56）。这篇文章节选并译自 Baker 为《翻译研究百科全书》（Kittel, etc. 2005）撰写的词条。文章虽然限于篇幅无法展开探讨，但仍使读者简单了解了几十年来语言学翻译理论家面对挑战做出的种种努力，从中我们可以看到以语言学角度进行的翻译研究仍在不断取得丰硕的成果。

值得注意的是张美芳教授在当年出版了《翻译研究的功能途径》（2005）一书，其中的微观功能层面的研究系统梳理了二战以来的语篇分析翻译理论，涉及不少20世纪九十年代以来较有代表性的翻译语言学理论成就，对我们了解语言学导向研究的新发展很有帮助。不过，该书主要以功能主义思想为指导，侧重点不仅仅在于语言学导向的译学研究，还包括宏观功能、文化导向的目的论和翻译行为论等研究。另外，她在流派划分时将功能主义学派与语言学派并列放置，理由是"翻译科学派（即语言学派）的理论根基是对比语言学、普通语言学和语言哲学；功能主义学派的根基是功能语言学以及语篇分析理论和语用学"（张美芳 2005：12）。这样的分类容易让人误以为功能语言学以及语篇分析理论和语用学不属于语言学理论范围。而在国际译学界，一般认为从语篇分析角度分析翻译现象也属于语言学途径的研究。如《翻译研究百科全书》就指出语言学模式翻译研究的领域主要包括以下几个小分支：结构语言学模式侧重语言系统间的关系，语篇语言学模式强调特定交际情境下的语用关系，而心理语言学模式则关心翻译过程中的思维活动（Baker 1998/2004：155）。其次，将功能主义学派与语言学派并列放置的划分可能造成各流派之间大量重合的现象，如功能主义学派代表性学者的理论根基中很大程度上仍有对比语言学的思想（如 Baker 1992，House 1997，Hatim 1997等），Hatim 在《跨文化交际——翻译理论与对比篇章语言学》（1997）一书中甚至明确指出他的研究是"把翻译理论、对比语言学和话语分析结合起来进行研究"（Hatim 1997：xiii）。

总的来说，关于国际上语言学途径翻译研究的探讨还有待进一步深化。国内译学界或因资讯不足，或因研究兴趣差异，缺少对这一途径研究的全面介绍和深层次上的学术评价和批判。而事实上这一途径的研究与翻译学学科的发展密切相关，非常值得关注：一方面，翻译研究因为一部分根基深埋于语言学中，在跨学科话语中总是不断使用普通语言学、语篇语言学、语用学和话语分析等概念和方法；另一方面，语言学途径的译学研究也不断为翻译学学科的发展壮大提供新的思路源泉。这些都促使我们紧密关注语言学途径的新发展。

当然,国外译学界对语言学途径研究的看法也并非一致。20世纪九十年代初,Neubert 和 Shreve(1992:9)就认为翻译研究的理性基础中语言学影响日趋缩小。同时,他们也对理论界中日益兴起完全忠于一种理论的(theoretical particularism)趋向可能造成的学术影响提出担忧。事实上,九十年代以来国际译坛的确存在涉及语言学途径研究的论战。有学者对此曾用戏谑的口吻评论道,"(翻译研究中)文化和语言似乎密不可分,但翻译研究中文化学途径和语言学途径反而荒谬地相互敌对"(Koskinen 2004:145)。国外学术界对语言学途径的质疑主要集中在以下几点:唯科学主义、本质主义倾向、缺乏对真实翻译行为的描述能力。如美国学者 Venuti 把语言学导向的翻译研究视为"保守的翻译模式",认为它"阻碍了翻译伦理及政治方面的研究,缩小了翻译研究的视野"(Venuti 1998:21-22),他还认为 Grice 会话原则和 Chomsky 语言学带有"自律"(autonomous)倾向,两者都采用人为、"纯净化"的数据来论证观点,其理论运用于翻译研究的后果不言而喻(Venuti,1996:104-108。而巴西学者 Arrojo 则批评语言学途径翻译研究存在严重的本质主义倾向(Arrojo 1998:25-48)。语言学导向的研究学者对此做出反应。House 干脆把文化学途径的兴起讽刺为一种跟风行为,"翻译研究模拟时髦潮流的历史又再重演"(House 2002:92)。但更多学者从正面强调语言学对于翻译研究的价值不容抹杀,认为人们只是不能仅仅借助语言学去正确认识翻译,而"不应该完全放弃从这个领域汲取养分"(Neubert & Shreve 1992:9);翻译研究仍在摸索之中,语言学话语尽管不能完全勾勒翻译的轮廓,但其研究的持续繁荣已显示该途径仍有作用(Fawcett 1997:144)。Baker(1996:15)强调,许多提出批评的学者通常不清楚语言学近来的发展,也不了解已经出版的那些让人振奋的在现代语言学理论框架下研究翻译的著作，而 Kenny（2001：16）则指出，20 世纪九十年代后英国译界到处可见强调研究真实语篇并将语篇与更广阔的社会文化语境结合的翻译研究。可惜的是，对语言学途径研究进行的相关批评往往忽视了这些发展变化，只盯着 Saussure 和 Chomsky 的研究传统。她因此呼吁人们重新认识该途径的研究。

国外对语言学途径研究史的全面系统梳理亦不多见。1997 年出版的《翻译研究的语言学方面》（Fawcett 1997）是一部较成功地探讨语言学对翻译研究影响的论著。但作者自己也指出语言学翻译研究可以从两方面进行：外围的语言学发展对翻译研究的影响，内部的翻译研究领域中语言学途径的研究。他的书只属于前者的介绍，不涉及后者。Fawcett 后来在 1998/2000 年出版的《翻译研究百科全书》中还撰写过"语言学途径"的词条，但基本沿袭的仍是这一写法。国外对语言学途径发展现状的介绍还散见于一些较有影响的翻译研究理论教材中，但都过于零碎，无法使读者对该途径的研究有整体的把握，如《翻译教学与研究》（Hatim 2001/2005）的"研究模式"部分实际上将文学途径、文化途径、语言学途径、社会学途径等混杂在一起进行介绍，而《翻译研究入门》（Mundy 2001）在 11 个章节中拨出 3 个章节对该途径进行简要介绍（从第三章起，分为"对等与对等效果研究"、"翻译转换途径"、"话语与语域分析的种种途径"），但因为该书按照理论出现的时间进行编排，其间另外插进一章"翻译的功能理论"（即目的派理论）。由于编排和划分琐细等问题，读者反而不太清楚该途径发展的整体面貌。Malmkjaer 在 2005 年出版了《语言学与翻译中的语言》一书，主要从语法现象尤其是韩里德功能语法的角度探讨了（对比）语言学在翻译中的作用。但是书中涉及的翻译史以及翻译研究途径的介绍仅停留在 1990 年"文化转向"之前的研究介绍，这样，虽然关于语言学途径的介绍长达 10 页之多，但因只涉及 Catford 和 Nida 等早期学者的研究，读者仍无法了解该途径最新的发展。从这个角度看，西方目前也欠缺系统梳理和分析翻译语言学途径研究发展的专门研究。这样，无论从国内还是国际上的研究来看，全面认识语言学途径研究，尤其是近十几年来的发展，的确有其当下的重要意义。

1.3 重新认识语言学途径翻译研究

从前文的介绍可以发现，人们要么是把这一流派误解为文本对比分析和纯粹规约性实践研究，从而缩小翻译研究领域和视野；要么是低估这一流派的学术价值，片面认识正在发展的翻译学概貌。这些误解都不利于翻译学学科的发展。本书因此提出重新认识语言学途径翻译研究的主张，强调从 Hermans（2002：21）所说的二级观察（second-order observation）的角度，即从元理论（研究理论的理论性探讨）层面系统探讨语言学途径译学研究自 20 世纪 90 年代以来的主要变化，旨在重新认识其重要学术价值，并使人们对几十年来翻译学学科的发展有较为全面的认识。

但是，概括和总结语言学途径的演进和兴衰，分析其成败得失，首先有一个出发点的问题，即我们应当持何种立场去研究这一课题。

既然是元理论研究，我们的视野将不会停留在这一途径学者的理论框架中，而是从译学学科建设的层面，立足于自己的思考对其进行分析和评价。同时，我们在研究和反思的过程中还要不断提醒自己，评价一个流派时能否尽量摆脱自己意识形态偏见，相对客观和恰当地描述学术现实。翻译课题的多元化发展直接促发了理论家们的不同思考与立场，学者们可能会有相同的研究对象，但不会总是采用相同的研究模式。事实上，翻译研究作为一个刚起步的综合性学科，目前还没有统一的理论，甚至没有针对中心概念高度统一的认识。它有的是多样化的研究途径，而每种途径都着重翻译活动的某些特定方面，从各自特定的角度观察翻译的生产和流通过程，分析译本的成因和社会、政治效果。要正确地描述翻译活动的方方面面，我们在研究之初就确定了对翻译研究模式的多样性和开放性保持清醒认识的立场。

从以上认识出发，我们将从元理论角度研究和分析西方语言学途径翻译研究，以史的角度（翻译思想史）来梳理该途径研究发展脉络，将其置于社会经济、政治文化、哲学、语言学和翻译学等学科发展的时空变化之中来考察其核心概念、研究方法、研究目标的变化。本研究关心的主要问题包括：1）当今语言学途径翻译研究的理论特征；2）翻译学研究今后一段时间的发展趋向。研究目的在于探讨语言学途径新发展的学术价值，并对翻译学理论发展提出反思，推动现代译学研究的发展。此外，翻译研究已经挣脱语言学的束缚，成为一门独立的学科，但其发展却是以向其他学科，如语言学、文学评论、文化研究、哲学等汲取营养。因此，本研究也希望通过对语言学途径研究发展脉络进行考察，以一叶而知秋的方式对这个学科的未来走向有所把握，并能使其他研究者将西方译论发展中发现的问题转化为自己的正面课题来研究，得出有启发意义的研究成果，从而推动我国译学研究的发展。

考察近十几年来在所有与语言和翻译相关的重要的国际期刊上发表的论文，我们可以发现一些理论文献中的研究洞见被学者们频繁引用或评析，我们因此主要采取理论阐发和历史描述的方式对这些经典的理论文献进行定性分析。在梳理相关翻译理论文献时，本书的重点不在于理论家在书中都说了些什么，而在于他们试图通过这些论述究竟是在向我们显现着什么。套用哲学家Wittgenstein的话说，被显现出来的东西是无法用语言表达的，而语言表达本身却正是在显现着那不可表达的东西，即思想。把握理论家的思想脉络，就是要把握他们没有说出而向我们显现出来的那些东西。此外，我们在介绍和分析时力图避免割裂历史传承和发展的观点，把该途径理论研究置于产生和发展的历史社会语境中进行历时分析和共时分析，系统考察新发展的语言学导向研究如何扬弃早期的研究，如何受到其他途径的影响以及文化转向的影响，并借此清理 20 世纪九十年代以来语言学途径发展的理论背景、核心概念、研究方法、理论应用和价值，尝试勾勒该途径新发展的谱系特征图。

本书具体分析的思路为：1) 从国内外文献考察这个流派本身的兴起和发展变化的事实，反思译学界对这一途径已有的评价；2) 从社会动因和学术动因的角度来考察这一途径新发展的变化轨迹；3) 从范式入手来看这一途径发展的标志特征。因范式的基本原则可以在本体论、认识论和方法论三个层次表现出来，所以本书将重点考察和分析该途径新发展的哲学思想渊源以及代表性学者在语言观和翻译观以及方法论方面的论述，尤其是一些常用术语的论证和分析。我们认为某些概念几乎贯穿了整个译学研究过程，只是它在不同研究中的性质、内涵和所指均有较大的差异。这些差异集中反映了不同时期人们对翻译的相异理解和观念转变。对这些概念的细致考察有助于深入理解语言学导向翻译研究在观念和方法论上的转变，并促使我们思考采用更恰当的元语言工具来描写和解释翻译过程。

本书第一章主要介绍本书研究课题的由来、研究目标、研究方法、研究步骤。第二章涉及语言学途径翻译研究的历史回顾。在界定语言学途径（语言学派）学术边界的基础上，简要介绍了现代译学理论的诞生与 20 世纪五十年代至七十年代崛起的科学派研究。这一部分涉及语言学途径产生的社会历史语境、译学理论研究的开启与兴盛，并对科学派后来的范式危机和自身局限进行分析。第三章介绍和评价了 20 世纪九十年代以来语言学派翻译研究的新进展。主要涉及：1）语篇分析研究，如 Juliane House 基于语域分析的翻译评估、Mona Bake 关于语用分析与主述位推进模式以及 Hatim & Mason 结合语域、语用、符号三维语境分析模式。2）将翻译作为语言变体的研究。这一部分介绍了语料库翻译研究在 90 年代中期的兴起、翻译语言变体的假设以及相关验证的方法论探讨，对语料库翻译研究的理论来源和研究类型以及代表性语料库个案研究也进行了相关分析。3）批评性翻译研究，主要涉及以批评话语分析为基础的研究模式和基于社会叙事学的语言分析模式。第四章重点分析了语言学途径翻译研究转变的三大动因，说明语言学领域从"语言—言语—话语"的研究焦点变化、翻译学领域从"源文—译文—译者"的研究导向变化是促进语言学途径研究变化的动力源。同时，语言学途径研究范式的更迭与内部的自身批判也有力地推动了该途径的发展。第五章从认识论层面、本体论层面、方法论层面以及应用范围等角度深刻分析了语言学途径研究新发展的理论趋向和实质，涉及语言学研究途径新发展的哲学渊源、概念体系的发展、研究方法的改进和研究用途的拓展等问题。第六章在思考当代西方语言学途径新发展的基础上对语言学途径研究的价值和作用进行了评价，并对该途径研究今后的发展以及整体译学研究的前景进行了展望。

我们认为，语言学内部的话语转向以及译学界的文化转向促使语言学途径研究自 20 世纪九十年代以来开始真正将内部研究的思考与外部研究的关注结合起来，而对翻译自律性与他律性的综合研究将是今后译学研究的总体发展趋势，在此基础上，翻译学学科有望整合自己独特的研究方法。

需要说明的是，由于本书涉及和评论的翻译理论家众多，为了引证方便和读者检索的简便，本书对所有西方理论家的人名均直接采用原文引用的方式，而未进行汉译。但对引述的极少数中译本的论著标明出处时，采用了相关理论家的原名加汉译名的标识方式。此外，筛选和评估庞杂的文献不是一件容易的工作，限于时间、论文空间以及作者熟悉的语言等因素影响，本书介绍的研究个案有限，采样方面的局限不仅体现在数量上，也表现在范围方面。许多本该纳入研讨范围的文献和理论家不得不放弃。语言学途径研究中的一些论著如 Bell（1991）、Neubert 和 Shreve（1992），因为论述的大部分内容侧重语篇语言学理论而非与翻译现象密切相关的分析未被收录于具体介绍之列；Gutt（1992）的关联理论模式对翻译研究颇有价值，但因过于侧重心理学框架也未被收录[1]。此外，即使是对已经采样的文献进行综述和评价时，我们对其观点和思想的提炼也有将相关理论简单化的风险，而若想对各种理论都坚持不偏不倚的评价则更是陷阱重重。我们注意到这些可能的局限，并尽量在可能的范围里避免细节上的错误，对于其中可能存在的错误欢迎学者的批评和指正，以便在今后的研究中得到进一步的改进。

---

[1] 不过本书也注意到同一时期的一些重要翻译语篇分析研究同样借鉴关联理论的不少洞见，体现出明显的认知语用取向，因此会在涉及这一领域的具体描述中补充介绍认知心理研究的成果。

第二章 语言学途径翻译研究的历史回顾

所谓学派或流派，一般指具有共同理论背景或者理论方法特征相似的若干研究者所形成的群体学派名称，它是在某种具有特征的理论发展到一定阶段甚至走向消亡时出现，体现一定的谱系特征。而一门学科内不同学派或流派的此消彼长，或互为补充、共同发展，往往形成这门学科发展史的主要脉络。翻译学学科也不例外。由于根基的一部分深埋于语言学中，译学研究总是在跨学科的话语中不断使用语言学的一些概念和方法。几十年来，译坛派系林立、百家争鸣，理论研究多元发展。在此期间，语言学途径翻译研究或者本书所说的语言学派走过风风雨雨，在翻译学学科发展史上驻留了自己重要的印记。

2.1 什么是语言学派？

什么是语言学派？从目前的资料看，国内外大多数学者对其都没有清楚的定义。在谈到流派或研究途径的时候，人们往往直接提到语言学派，似乎不必定义。相比之下，倒是其他流派，如文化学途径（文化学派）、目的功能途径（目的派）都有较为清楚的界定（如 Baker 1996a, Nord 1997, Bassnett & Lefevere 1998/2001 等）。对语言学派很难界定的一个重要原因是语言学途径本身的多元化。一方面，翻译现象复杂多元，学者们关注的焦点不完全一样。另一方面，作为其主要理论源流的现代语言学也并非单一性学科，其研究并非限于一个主题，甚至也没有一套完全一致的分

第二章 语言学途径翻译研究的历史回顾

析工具。几十年来,语言学不断跨学科化发展,因研究侧重不同产生了不少流派和研究导向,学者们甚至在一些根本看法上都存在分歧,如严格意义上的语言研究对象究竟是 Langue(语言,抽象的语言系统)还是 Parole(言语,语言的实际表现)。而这种根本看法却与翻译的研究紧密相关,并导致语言学途径的译学研究事实上的内部分流:传统的语言学途径研究没有把语言和言语分开处理。一些学者虽然看到了真实翻译活动中的语言问题,但却又回到抽象的系统层面探讨具体的解决方法;而后来兴起的翻译语篇分析研究却极其注重言语(实际语言使用)的研究,等等。为了区别于传统对比语言学模式的翻译研究,一些语言学背景的译学理论家甚至不认同自己的研究是"语言学"模式,并对其提出严厉的批评(如 Newmark 1991, Neubert 1992 等)。

20 世纪七八十年代,已有不少学者对译学各途径研究进行界定(如 Nida 1984:9-15)。由于几十年来,翻译学领域理论发展迅猛、变化很大,所以他们的划分受所处的时代限制在此不做讨论。不过,即使是 20 世纪九十年代以后,仍有一些学者采用比较狭义的方式来定义这一途径的研究,如西方学者 Shuttleworth 和 Cowie 编撰的《翻译学词典》这样定义"语言学途径":

A term used to refer to any approach which views translation as simply a question of replacing the linguistic unit of ST with "equivalent" TL units without reference to factors such as context or connotation.(Shuttleworth & Cowie 1997:94)

中译文:该术语指任何将翻译仅视为用"对等"的译语单位置换源语语言单位的问题,而不考虑语境或内涵因素的研究途径。

但是该书紧接着又说,"严格来讲,这是一个让人误解的术语,因为现代语言学也试图解释说明这些领域(语境或内涵)(同上:94)。

国内学者廖七一教授则提出,"翻译科学派(The science of

15

translation）亦称翻译语言学派，包括布拉格学派、伦敦学派、美国结构学派、交际理论派和俄国语言学派。Halliday 系统功能语法、布龙菲尔德的结构语言学和 Chomsky 的转换生成语法、深层结构/表层结构的转换规则等为翻译科学派提供了理论根据。翻译科学派虽然承认翻译是技巧，是艺术，但他们始终认为翻译首先应该是科学，可以对其进行客观、理性的描写，发现其中的规律，并使之公式化"（廖七一 2000：17-19）。从以上论述看，狭义的定义都是把语言学途径看作 20 世纪六七十年代风靡一时的结构主义语言学途径。

相比之下，英国学者 Fawcett 关于该途径研究的描述显得更为宽泛，他在《翻译研究百科全书》（1998/2004）撰写的"语言学途径"的词条中，鉴于语言学和翻译研究之间的关系，认为这类处于两个学科交汇领域的研究有两个层面：

One can apply the findings of linguistics to the practice of translation, and one can have a linguistic theory of translation, as opposed to a literary, economic or somatic theory of translation. (Fawcett 1998/2004：120)

中译文：人们可以把语言学的发现应用于翻译实践，也可以采用相对于翻译的文学理论、经济学理论或身体学理论而言的某种翻译的语言学理论。

而且对于后者，他的理解是：

"rather than applying linguistic theory to elements within the text to be translated, one can apply it to the entire concept of translation itself"（同上：121）

中译文：人们将语言学理论应用于翻译的整体概念自身，而不是用于研究译本中的某些成分。此外，Fawcett 还采用"途径"一词的复数形式（approaches）来突显语言学途径多元化的现实。

Baker 在《翻译研究百科全书》的"翻译研究"词条解释中，

虽然没有界定语言学途径，但她把翻译研究的语言学模式主要分为三个小分支：结构语言学模式、语篇语言学模式、心理语言学模式（Baker 1998：155）。这样的划分当然未必全面，而且也较为笼统，不过在一定程度上还是体现了语言学途径主流研究的特征。

本书基本同意 Fawcett 的观点，即把所有围绕语言分析展开并主要依据语言学理论（无论狭义还是广义）进行的翻译研究均归入语言学派译论范围，并以"语言学途径翻译研究"的名称进行相关考察。换言之，本书所指的"语言学派"是个较为松散的概念，涵盖了所有以语言分析为基本出发点，并主要借助语言学领域的成果和发现进行的翻译研究。而且由于空间限制，本书将只针对 20 世纪九十年代以来语言学途径翻译研究最主要的代表性特征，集中考察语言学背景的翻译理论家综合运用语篇语言学、语用学、话语分析、语料库语言学、社会语言学等语言学成果进行的重要译学研究。

2.2 现代译学理论的诞生

2.2.1 语言学途径产生的社会历史语境

语言学途径翻译研究的形成有其特定的社会背景与成因。二战后，整个西方处于经济复苏时代，商业、科技高速发展，外交事务活跃，外交领域语言单一性（法语）被打破，工作语言呈多元化趋势，这都使得翻译成为日常工作不可缺少的部分。此外，二战后翻译研究的主要对象发生了一些变化。如果说 20 世纪前半叶西方翻译事业的繁荣主要体现在翻译活动和产品数量上，那么二战后西方翻译已经逐步扩展到各个领域，翻译内容开始发生巨大变化。非文学翻译与文学翻译并驾齐驱，甚至超过文学翻译的规模，这间接导致了译论研究的结构性变化：以往古典译论主要建立于文学翻译（包括宗教、典籍翻译）基础上，而二战后出现的现代译论多以非文学翻译为基础，强调翻译中语言研究的"科学性"。从以上因素来看，语言学研究途径的出现是时代和翻译研究发展的必然要求。

从理论来源来看，现代语言学直接促动了语言学途径研究的发展。Saussure 在 20 世纪初提出的普通语言学理论，不仅奠定了现代语言学基础，同时也有力地带动了翻译研究。作为研究语言的科学，语言学可以提供语言研究的基本概念、理论模式和方法，这对翻译性质、过程和方法的分析以及描述都很有帮助，语言学理论因而为不少翻译研究者借鉴。尤其是二战后，西方语言学的主流从具体语言的结构描写转向对整个人类的语言能力做出解释，其中的应用语言学、心理语言学和社会语言学的发展为翻译研究创造了良好的外部条件，译论研究受其影响开始关注对双语语义、信息转换的机制的描述。可以说，现代语言学的发展和成就为翻译的系统化研究开辟了新途径，最终促使翻译研究的语言学途径的形成。

2.2.2 语言学途径的开启

现代语言学为早期翻译学的研究提供了系统研究的概念基础。二战后，许多翻译研究者都在不同程度上运用语言学理论去阐释翻译中的各种语言现象，如现代语言学中的结构理论、转换生成理论、系统功能理论，等等。他们对翻译问题的学术探讨给传统翻译研究注入了活力，揭开了当代西方翻译研究史的理论层面，为后来翻译独立学科的建立奠定了重要的基础。

语言学导向的翻译理论大体上在 20 世纪五六十年代形成了较为系统的理论框架，并在六七十年代达到鼎盛状态。一般认为 Jakobson 的《论翻译的语言学层面》（1959）一文奠定了翻译语言学派的理论基础（也有学者，如德国的 Wilss（1982：52）认为翻译语言学理论发轫于 1947 年 Nida 的《论圣经翻译的原则和程序》），而 Catford，Nida 等人提出的翻译理论成功地将"科学研究"的概念引入译学研究。

Jakobson 是语言学途径翻译研究的奠基人。他的思想对语言学派理论研究乃至整个翻译研究都影响深远。在《结束语：语言学和诗学》（1960）里，Jakobson 提出了著名的六要素及其六功能理论，有力推动了研究语言的功能论的发展，直接或间接地影响了 Newmark 的文本类型论（Newmark 1981，1988）、House 的质量评估模式（House 1977，1981，1997）；而在《语言的两个层面和失语症的两种干扰类型》（1956）一文中他对人类言语中语言选择和合并两个基本层面的研究则启发了 Tymoczko 创建翻译元换喻学理论（Tymoczko 1998/2004）。

不过，Jakobson 在翻译理论界最著名的论著还是《论翻译的语言学层面》（1959）一文。该文强调了翻译的语言学观，是译学界公认的经典作品，属于被引用最多的译学研究文献之一，而且很早就被译成中文为国内读者所熟悉。介绍相对全面的要算谭载喜教授在《西方翻译简史》（1991）中对该文献的内容介绍。他认为"该文从语言学的角度，对语言和翻译的关系、翻译的重要性及其普遍存在的问题，做了非常精辟的论述"（谭载喜 1991/2004：199-201），而 Jakobson 在文中对翻译问题的主要论述则被概括为：1）翻译分三类：语内翻译、语际翻译、符际翻译；2）对词义的理解取决于翻译，如人们对"cheese"（奶酪）的含义的理解；3）准确的翻译取决于信息对等；4）所有语言都具有同等表达能力；5）语法范畴是翻译中最复杂的问题（谭载喜 2004：199-201）。

然而相对于文学界、语言学界对 Jakobson 学术思想长久而深入的研讨，译学界多是在谈及翻译现象时简单提提 Jakobson 著名的翻译三分法即止，对 Jakobson 译学思想的深入研究不多。因此，我们有必要从开启语言学途径翻译研究的角度重新考察 Jakobson 的这篇文献。

我们认为《论翻译的语言学层面》一文的重要意义在于首次明确肯定了翻译的语言学理论研究的重要性。Jakobson 在《论翻译的语言学层面》中首先从语言学和翻译之间的紧密关系入手，指出"就像所有语言信息的接受者那样，语言学家也是其解释者。语言科学要解释任何语言现象，都必须用同一系统中的其他符号或是其他系统的符号来翻译相关的语言符号。任何两种语言间的比较都暗含着对它们相互之间翻译性的一种考察；对广泛的语际交流实践，尤其是翻译行为，必须持续进行语言科学的审视"（Jakobson 1959/2000：114-115）。这样的论断突显了语言学途径在翻译研究中存在的必然性，不但指出语言学必须借助翻译才能完成元语言功能，同时也强调了人们对翻译进行描写和分析无法离开相关的语言学知识。

Jakobson 在文中对语言意义的符号学论述也成为后来许多译学理论研究的出发点。Jakobson 认为符号指称抽象的概念和意义而不是具体事物。人们对词义的理解，乃至对整个语言含义的理解，并不取决于人们的生活经验，而是取决于人们对赋予词的意义的理解。这种意义符码观在译学界深入人心，尤其在语言学导向的研究中影响很大。语言学派代表学者之一 Mona Baker 就曾指出，"不存在意义，只存在代码，翻译的本质是符号指代问题……以语言学范式为背景的重要的口笔译理论家，或明或暗，所持的几乎全都是这个立场，包括 Hatim，Mason，House，Bell，Baker，Delisle，Sager，Shlesinger，Blum-Kulka 以及其他许多人"（Baker 2005a：54）。

他在文中的翻译三分法（语内翻译、语际翻译、符际翻译）不仅仅从跨语言的角度，而且从超越文字意义上的符号方面对翻译进行了探讨。这样的翻译定义使语言学和符号学在翻译中获得某种天然的联系。它使人们了解到,即使是严格意义上的翻译(语际翻译)也包含多元性的语言、文学和文化层面,而不是简单的文字与文字的机械对应。其次,他在定义翻译时强调了"信息对等"而非"具体符号的对等"的思想。这种思想在后来语言学派学者的许多研究中都能找到踪迹。如,Catford(1965)对翻译中跨越语法范畴的转换机制的重要探讨(即在某一级缺少对等成分的时候可以在较高一级上确立对等关系以传递信息)就是基于同样的认识,即源语与译语的语言单位很少有相同意义,但却可以在相同的语境中发挥相同的作用。这样,源语和译语的语篇和语言单位就可以在特定情况下互换,从而构成翻译的对等成分;而Nida的"动态对等"本身就是强调信息对等而非字词对应,认为"翻译的主要目的必须是'再现信息'。译者的任务只能是再现信息,舍此而求它,从根本上说是错误的……为了再现信息,译者必须在语法和词汇上做许多调整"(Nida & Taber 1969:13)。到了20世纪八十年代和九十年代初,语言学派随着语言学的发展发生"语篇转向"、"语用转向",其研究也多是围绕"交际信息对等"展开,从语篇和交际价值等更高的层面追求信息的完整性。

"有差异的对等是语言的主要问题,也是语言学家的关注轴心"(Jakobson 1959/2000:116)——在 Jakobson 的这个名句中,"有差异的对等"强调了与之相联的附加复杂性。而且与早期许多借用"对等"来定义翻译的做法不同,Jakobson 本人并未完全依据"对等"的概念来界定翻译。他对语际翻译进行说明的时候,很微妙地使用了"涉及"(involve)这一中性的词而不是"是"(is)来说明翻译和对等信息的关系,这样就避免了完全用"对等"定义翻译的嫌疑。这也与他在翻译类型的三种分类说明中一再使用的"解释"一词(暗示翻译中主观阐释因素)以及"equivalence in difference"(有差异的对等)概念是一脉相承的。

Jakobson 关于语际翻译定义的说明中出现的"对等"术语在

很长一段时间几乎成了翻译研究的核心概念，语言学背景的译论家多使用这个概念来阐发他们的理论原则，最著名的如 Nida 的"动态对等"主张。尽管后来随着文化转向和翻译观的演变，人们很少在翻译定义中使用"对等"一词。但作为翻译的一种现象说明，这个术语仍继续出现在译学研究中。不过，可能鉴于这个概念的复杂性，许多语言学背景的译论家虽然都选择"对等"的类型学问题进行探讨（针对"对等"现象分级、分层、分类别），如卡德（Kade 1968）、寇勒（Koller 1989）、贝克（Baker 1992）等，但极少对这个重要概念的实质进行学理层面的论证。

Jakobson 在《论翻译的语言学层面》中花费相当篇幅强调人类语言的普遍性。他认为所有语言都具有同等表达能力，因此他对可译性持肯定态度——"任何现存语言中的所有认知经验及其分类都是可以传递的。一旦出现词汇的短缺，就会出现外来词或外来词翻译、新造词、意义转换，最终出现迂回的解释以增加和修饰原有的词汇"（Jakobson 1959/2000：115）。对他而言，翻译真正的困难在于每种语言都有自己强制性的范畴："语言之间的本质差异，不在于他们能表达什么，而在于他们必须表达什么"（Jakobson 1959/2000：116），它使语言具有不同的特征，从而大大制约了语言间表达方式的对等程度。即便如此，他仍然坚持可译性的观点，认为"如果在特定语言中缺少某种语法范畴，这种语法范畴的意义在翻译中可以用词汇方法表达。因此，译语中缺乏某种语法工具不会使源文的整个概念性信息无法进行文字翻译"（Jakobson 1959：235）。他的这种看法其实已经蕴涵了后来翻译转换（shift）研究的某种思想萌芽，只是没有明确提出翻译转移这个术语而已。

Jakobson 对可译性的看法和对不同语言表达机制之间对比的关注深深地影响了其后语言学派的研究方式。不少翻译理论家认为，许多翻译转化法归根结底源于翻译过程中两种语言在功能结构上的差异,而通过语言的对比研究就可以揭示两种语言在语音、词汇和语法结构上的差异,从而为翻译分析提供理论依据。他们试图用系统科学的方法解决 Jakobson 在文中提出的这些问题,并大量借助对比语言学知识。在这种影响下,翻译研究在翻译学成为一门独立学科之前的很长时间里都被认为仅是对比语言学的一个分支。如 Catford（1965）探讨的内容主要围绕不同语言系统之间的结构对比,关注语言翻译之间各种对应性和非对应性问题以寻找差异和共性的规律。即使在 20 世纪九十年代以后语言学途径研究有了很大的发展变化,但绝大多数语言学途径的研究始终没有脱离以产品描写为导向的语言对比分析,即使像后来 Hatim 这样带有明显功能和文化研究倾向的语言学派学者,在探讨语言外的制约因素对译文的影响时,仍坚持从对比语言学的角度比较和分析译文文本与源文文本（Hatim 1997）。可以说,语言学途径研究中,双语的语言比较分析一直是主流,只不过不同时期学者研究的关注点有所差异（如从语言结构规律转向语言功能的实现）。唯一的例外可能是 20 世纪九十年代中期兴起的对比语料库所做的研究。由于强调译文并非完全是语言规则的产物而是典型的译语文化的语篇表现形式,对比语料库的译学研究不是进行双语之间的比较,而是对同属一种语言（译入语）、语域相近的原创文本和翻译文本进行比较。

从今天来看,《翻译的语言学层面》的重要价值在于它强调了翻译活动应当接受语言科学的考察,第一次将语言学和符号学引入翻译研究,开启了译学研究的新思维。Jakobson 在文中的论断可以说给语言学途径翻译研究定下了基调,使该途径的研究自诞生那一刻起就有了自身鲜明的烙印:

1) 坚持以语言学为理论源头,尽管有些研究主要以某一种语言理论为背景（如 Catford 1965；House 1977/1981, 1997；Bell 1991 等用的都是 Halliday 的系统理论）,而有些则主要借鉴语言学理论中某些特定分支而非某一特定理论来创建翻译理论，比如 Nida（1964，1969）对语义学和转换生成理论的借鉴，Hatim 和 Mason（1990，1997）对语篇语言学、批评语言学和语用学的借鉴，Hatim（1997）对修辞学和对比语言学的借鉴等。

2）术语体系力图完备，突出研究的系统性和科学性。如 Catford（1965）用语言学中的层、级和范畴等概念分析语义问题，而后来的 Hatim 和 Mason（1990，1997）采用语域、含义、预设、合作原则、文类、话语、互文性等术语构建翻译的语境分析体系。不过，从另一方面来看，多源头的语言学资源也较难在翻译研究框架中整合成简单明了的研究手段，容易因此造成理论模式在实际操作方面的低效。如 Munday（2001）就曾对 Hatim 和 Mason（1990）模式中语言学术语过于堆砌的现象提出过批评。

3）相信语言的共性，对完全可译性的信赖构建了对比分析的根基。主流的具体研究手段一直是"对比"。这在早期阶段尤其明显。如 Catford，Nida，Newmark 等人的理论基础虽然不尽相同，但都有一个相似之处，即认为语言间存在着某种对称关系，译者应当努力克服语言文化障碍、努力使译文达到与源文的"对等"状态。但由于无法有效说明和描述解释翻译现象中非对等情况，面对 Jakobson 所说的"不可译"的复杂情况如诗歌翻译等，则往往将之排斥于研究范围之外（如 House 1997）。这种情况直到近年来该途径的研究有效结合了社会研究和文化研究的观点后才有所改善。

4）强调翻译交际观。大多数语言学派学者都坚持语言是交际的工具，而翻译是为了交际而进行的活动，如 Jin 和 Nida（1984）的交际观，Newmark（1981）的交际翻译类型论以及后来 Hatim 和 Mason（1990，1997）、House（1977/1981，1997）等人的交际模式。也有一些学者拓展了这一看法，认识到翻译不仅仅交际的工具，也是控制的工具，是与社会共生的现象（见 Schäffner 2003，

2004；Baker 2006b，2007 等）。

5）具有较强的客观主义倾向。迄今为止，除了少数学者外，为了能在一定范围内尽可能"客观"地探讨具有稳定性的文本转换和生成机制，大多数语言学派学者在研究时仍避免深入分析和探讨翻译中的主体性现象或偶发因素，将焦点聚集于文本在内部和外部语境影响下运行的常规以及"意图"的再现。这也在一定程度上导致了某种温和地观察语言与社会现实关系的批判立场。即使将社会权力和意识形态纳入研究视野，大多数语言学背景的学者关注的仍是译者潜意识采取的语言行为留下的文本痕迹而非文化学导向学者较为关注的译者有意识的操纵行为。

2.2.3 科学派的兴盛

"翻译语言学派是对语文学或培训班重实践、强调译作品味与文学价值、注重美学经验而缺少系统化理论的反拨"（廖七一 2000：17）。语言学派的学者认为，真实的语言交际事件必然存在可以用科学方法进行观察和概括的规律和特征。他们试图借鉴语言学理论的那种严谨而高度形式化的方式来描述翻译现象，在不同程度上运用语言学理论去阐释翻译中的各种语言现象，并在语言的各个层次把译文和源文进行比较分析以便提供具体、有说服力的依据，因而比传统随感式的翻译理论前进了一大步。语言学派译论家如 Catford（1965），Nida（1964）等都致力于解决翻译中的语言转换困难，试图使研究具有科学的依据以便对翻译有总体上的指导意义，因此早期从事语言学途径研究的学者也常被称作"科学派"。

20 世纪 50 年代后期，Vinay 和 Darbelnet 合著的《法英比较文体学：翻译方法论》（*Stylistique comparée du français et de l'anglais: Méthode de traduction*, 1958）一书从词汇、句法结构、信息这三个平面对法语和英语作了全面、细致的比较和分析，详尽地区分了翻译方法和翻译过程,强调建构规则体系是译学研究的第一要务,对西方翻译教学与研究产生了相当深远的影响。他们认为译学研究至关重要的是要细致地考察译语系统各个层面、各个成分在翻译过程中表达意义的方式,而不是意义本身,并把翻译方法分为直接翻译与间接翻译两种。其中,直接翻译又可以分为"借用"、"仿造"、"直译"这三种,而间接翻译则分为"置换"、"调适"、"对等"和"适应"四种。书中详尽探讨了这七种翻译类别在词汇、句法结构、信息这三个方面的具体运用,对可能出现的源语与译语的种种不一致作了进一步的区分并提供了相应的翻译对策。Vinay 和 Darbelnet 的研究出发点就是把翻译当作一门精密科学,认为只有这样才能减少翻译研究中的主观和臆断成分,他们对翻译中发生的语言变化进行的经典分类揭示了许多重要的翻译技巧,在译学系统的方法论体系建设和翻译规则系统的建设方面做出了重要的探索。

不过,语言学途径研究中较早系统地提出翻译理论的学者仍是英国学者 Catford。他的理论成果是《翻译的语言学理论》(*A Linguistic Theory of Translation*, 1965),曾在 20 世纪九十年代初被译成中文(见穆雷 1991)。该书主要借用 Halliday 的系统功能语法的相关概念,从翻译性质、类别、对等、转换、限度等方面阐述了"什么是翻译"这一中心问题。

Catford 认为翻译理论是以语言之间的某种关系为研究对象的,翻译转换就是指翻译过程中语言形式发生变化的现象,翻译的困难主要由语言形式上的差异造成,如词、文化特定词汇、句法、非对应语法范畴的层面存在不对等现象,他因此尝试从普通语言学角度系统确定翻译对等关系的性质和条件。Catford 首先将翻译定义为"把一种语言的文本材料转换成另一种语言的对等的文本材料"(Catford, 1965:20)。但他同时又说,"意义在我们看来是某种语言的特性。源语有源语的意义,译语有译语的意义。

第二章 语言学途径翻译研究的历史回顾

认为源语与译语文本有着'一样的意义'的观点，或在翻译中发生了'意义转移'的观点是无法成立的"（Catford 1965：35），他因此认为翻译中意义取决于形式关系（同一语言中某一种语项与其他语项之间的关系）和语境关系（语法单位或单词与构成情景或文章中的有关因素之间的关系）。他从 Halliday 系统语法的层（level）、级（rank）和范畴（category）概念[1]入手，认为尽管源语与译语的语言单位很少有"相同意义"，却可以在相同的语境中发挥相同的作用。因此，在全文翻译时，源语和译语的语篇和语言单位可以在特定情况下互换，从而构成翻译的对等成分，这就是他对"翻译对等"的构想。Catford 也针对这种假设的翻译对等现象创建了一套翻译转换（translation shifts）类型体系。翻译转换主要分为层次转换和范畴转换，其中层次转换（level shift）指源文中的语言单位处于某个语言层次；而译文的对等语项处于不同的语言层次，而范畴转换（category shift）指翻译过程中形式的脱离，又可细分为结构转换、（词）类别转换、单位转换和系统内部转换（intra-system-shift）4 种。

我们认为，Catford 的著作开创了系统研究翻译的先例，并扩大了翻译研究的范围。Catford 本着科学精神去探求翻译活动的规律，这对后来翻译研究者的影响深远。他借助语言学理论探讨翻译现象时，概念体系层次分明，定义严谨，结构统一，不少传统主观判断在其比较完整的理论框架中上升到理论高度得到分析和阐释。而且，以往西方传统翻译研究多限于文学翻译或《圣经》翻译（包括早一年出版的 Nida 的《翻译科学探索》），而 Catford 是第一个尝试对一般意义上的翻译所涉及的语言问题做详细系统的理论阐述的学者，同时也是首位提出必须区分作为经验现象的

---

[1] Halliday 把语言看成一种模式化的系统，由处于级阶（rank-scale）上的各种范畴组成等级结构（hierarchy），每个较低层的范畴都在更高一级的范畴中发挥某种语言功能（见 Halliday 1985）。

翻译对等和作为翻译对等的潜在条件或理由的学者（Catford 1965：20，27），即前者是在观察和比较源文和译文时发现的实际对等现象，而后者则是对建立翻译对等的理论思考。这种区分使对翻译的探讨得以提升到理论层面。

其次，Catford 也是翻译理论史上第一个明确地提出重要术语"转换"（shift）的概念并对其做比较详细阐述的学者。这个概念至今对于翻译技巧的说明和研究仍很有帮助，同时也是机器翻译研究、描述翻译学研究的理论根基之一，因为他关于跨越层级的"翻译对等"的对等构想和转换概念对机器研究以及语料库翻译研究中的"文本对排"程序操作提供了有益的参照和理论基础。他的翻译对等概率论不是像传统研究之前就厘定任何先验的翻译原则或标准，而是认为一旦采集的样本数量足够大，便可能在统计对等概率的基础上找出某种具有普遍意义的"翻译规则"（Catford 1965：31），因而在某种程度上体现了一种语言学理论观照下的实证性的研究方式。

与 Catford 相比，美国学者 Nida（1964）提出的动态对等理论在西方翻译理论史上更是发挥了某种里程碑式的作用。他经过长期研究，为译员探索出一套各种语篇的系统性分析程序，并且明确地把译语文本的接受者和他们的文化期待也纳入翻译程序的考虑范围。

作为语言学学派代表人物之一，Nida 在《翻译科学探索》（1964）和《翻译理论与实践》（1969）两部著作中的翻译思想影响最大。由于坚持翻译研究"最可靠的方法是语言学方法，因为它可以描述分析不同语言的相应信息间的关系"（Nida 1964：8），他将当时语言学的最新发展运用于翻译研究中，如 Chomsky 的转换生成语法、成分分析法、格语法等，并结合现代通信论和信息论的部分成果，把翻译过程描述成一种源文信息的分解以及再现于译文的重组过程，提倡翻译的目的就是要使译文接受者产生与源文接受者同样的接受效果。其语言学的研究模式使翻译中语言各个层次上的分析更为精细和完整，并使得关于意义和对等的探讨继 Jakobson 1959 年发表《论翻译的语言学层面》后得到重大发展。Nida 这一时期的主要思想观点集中体现为：1）翻译就是翻译意义，翻译中意义优先形式；2）逆转换翻译程序模式；3）强调读者反应的动态对等翻译。

意义（语义）问题的探讨在 Nida 著作中占相当篇幅。他对翻译的定义也表达了"意义先于形式"的观点，即"翻译首先在意义、其次在风格上用译语再现源语最贴切自然的对等信息"（Nida & Taber 1969：12）。在《翻译科学探索》和《翻译理论与实践》中，他主要分析了语法意义、指称意义和联想意义三种类型，并介绍了三种语义分析方法：链状分析（chain analysis）、层次结构分析（hierarchical anaylsis）、成分分析（componential analysis）（Nida 1964：72-87）。"链状分析"就是通过直线排列词项的方法来分析语义结构；"层次结构分析"就是用把语义视为有层次和等级的结构，以层次结构的观点来分析语义。Nida 较为看重成分分析法，即将句子切分为以短语为单位的结构体，如同名词短语、动词短语等，以此构成句子的结构树形图，从而使句子在结构上成为可以认识的客体。他的逆转换理论对核心句的分析就主要建立在这种成分分析的基础上。

Nida 的"动态对等"理论的基石实质上是一种逆转换程序模式。其语言哲学观根基是承认语言的共性，承认可译性的存在，即"任何能用一种语言表达的东西都可以用另一种语言来表达"（Nida & Taber 1969：4）。Nida 以逆转换为关键步骤的翻译程序模式主要借助转换生成语法理论中的核心句（kernel sentence）与转换概念。逆转换模式以语义分析为目的，强调在同一语言中用不同方式表达同一意思，不改变语义成分（如图1），即1）译者先把源文转化成结构上最简单、语义上最明白的核心句；2）再将意义在结构简单的层面上从源语转换到接受语；3）然后生成接受语中文体上和语义上的对等表达。

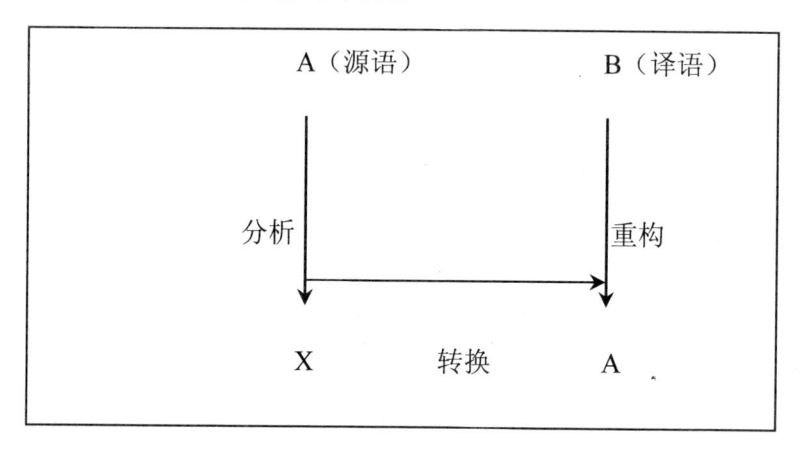

```
        A（源语）              B（译语）
           │                      │
           │                      │
        分析│                   重构│
           │                      │
           ▼                      ▼
           X       转换           A
```

图 1　翻译逆转换三阶段模式（Nida & Taber 1969：33，陈浪译）

　　逆转换为了简单化、公式化地分析源文表层结构的语法关系和词或词组的意义，首先要制定源文各词项的语义范畴并找出内隐结构成分。为此，Nida 把词分为事物词（objects）、活动词（events）、抽象词（abstracts）以及说明前三者之间关系的关系词（relationals）几种类型，并规定核心句中事物词由名词、活动词由动词、抽象词由形容词或副词来表现。核心句结构因此主要构成一种语义结构，表明源文的基本内容信息，从而成为源文信息转译到译文的基础。一般认为 Nida 的逆转化的思路是对 Chomsky 生成转换理论中转换过程的逆转，但 Nida 本人认为他的理论与后者有很大出入（王宗言 1983：7）。国内学者也有撰文指出他们两人的模式在本质上不同（见李运兴 1988：52，刘军平 1996：29-32），如 Chomsky 认为句法对于语义具有独立性，其基于句法的转换模式是形式、非语义的；而 Nida 是把语义和句法联系在一起研究的，其核心句是一种语义结构，因而逆转换在很大程度上是语义性质的，等等。然而，不可否认，Nida 理论中的"核心句"、"深层结构"等概念均源自 Chomsky 的语言学理论。

Nida 在《翻译科学探索》中描述了两种翻译导向：形式对等和动态对等。"形式对等"强调语言信息本身的形式和内容。在这种译文中，译语尽量与源语中的各个成分（句法、习语等）一致，在一定程度上反映源文词汇、语法、句法结构等语言上的特点，焦点是两种文本的对等；而动态对等指译文接受者和译文信息之间的关系应该与源文接受者和源文信息之间的关系基本上相同，焦点放在了两种效果之间的对等上（Nida 1964：159-160）。不同于 Catford，Nida 更关注翻译中语言的实际效果，倾向于探讨动态对等。他认为，尽管译者会根据文本类型、翻译意图和读者群来进行选择对等的类型，但 20 世纪以来的翻译趋势是后者。Nida 后来进一步解释，动态对等是指"用接受语言复制出与源语信息最切近的自然对等，首先是意义对等，其次是文体对等"，"译文接受者对译文的反应应与源文接受者对源文的反应基本上相同"（Nida & Taber 1969：12，200），并改用"功能对等"的术语替代以突出"翻译的交际功能"（Nida & de Waar 1986：viii）。当然，Nida 也承认翻译中不可能达到绝对对等，他指出，"动态对等……应该按照接受者对接受语的信息所作的反应与源语读者对源语的信息所作的反应一致的程度进行界定。由于接受语读者和源语读者的历史与文化背景差异巨大，因此两种反应永远不会完全相同。但译文要达到目的，这两种反应就应该在很大程度上对等"（Nida & Taber 1969：24）。

尽管主要借助了语言学领域成果，Nida 的理论却呈现杂合化特征。他对读者反应的再三强调与他本人指导宗教信仰传播的工作有关（源自捍卫《圣经》传播在各种语言使用者中的影响），但信息论和现代交际理论对他的影响也很大。信息论是 20 世纪四十年代末建立起来的一门新兴学科，通过建立用数学方法度量信息的公式，创立了信息的变换、传递和利用的模型，提出充分利用信道的信息容量，在有限的信道中以最高的速率传递最大的信息量的途径。Nida 正是根据这个理论，提出译者在翻译过程中必须对源文的形式作必要的调整，使信息的通信负载适合接受语解码器的信道容量。此外，动态对等理论也基于 Nida 对现代交际理论的认识。Nida 认为，一方面，翻译过程是一个交际过程，目的在于用接受语以最接近、自然的方式从意义和风格两方面全面再现源文信息。另一方面，翻译的目的又不仅仅是传递源文信息。译文应具有祈使功能，使接受语读者对译文的反应尽量与源语读者对源文的反应一致。这种灵活的、为我所用的多方位研究模式已经预示了后来语言学途径研究理论多元化发展的趋向。

Nida 对翻译理论发展的重大贡献之一，是首次将翻译理论从传统的以源文中心的研究导向转向以读者为中心的研究上，"把焦点从源文与译文的比较转移到两个交际过程的比较，把可能影响信息接受的各种语言和文化问题都放在考虑之列"（Jin 1997：268，转引自张南峰 2004：86），给当时的翻译研究引入新的思想和方法，尽管我们不能说他的研究是译文导向的研究。传统的翻译理论多关注译文与源文之间关系的探讨，时刻把源文置于首位而忽视了读者的存在。Nida 则明确地指出必须重视读者反应，并辅之以信息理论和接受美学。在他的以读者为中心的翻译思想下，"衡量一个翻译作品必须首先考虑的问题，就是检查译文读者会做出什么样的反应，然后将译文读者的反应与源文读者的反应加以比较"（Nida & Taber 1969：4）。英国学者 Munday 对这种革命性的译学思想给予很高的评价，认为它"使翻译理论摆脱了一直以来停滞不前的'直译'和'意译'争论，将其带入了现代时期；其形式对等和动态对等的概念把读者置于复杂翻译现象的中心，对后来的理论家，尤其是德国译学界产生巨大影响"（Mundy 2001：53）。

不过，Nida 的翻译理论本来是对《圣经》翻译实践的总结和归纳，但却以普通翻译理论的面貌出现，只提倡一种翻译原则，其传教的动机自然会影响其理论论述的适用范围。而且，追求等效在翻译的某些具体实践中尽管明显是可取的，并在一定范围内是有指导意义和可操作性的，但在现实生活中翻译目的与译文功能往往不同，等效原则的应用范围因而也受到相当的限制。

与 Nida 的观点不同，英国学者 Newmark 认为文本功能不同，意义和形式就有不同的侧重，因而译者应该相应采用不同的翻译方法。而且，在某些类型的翻译中（如交际翻译类型），如果源文写得特别糟糕的话，译者有改良源文的权利（Newmark 1988：41）。Newmark 是西方翻译理论界较早把语言功能理论引入翻译研究的学者之一，他的研究使翻译研究进一步脱离经验性的直译和意译的争论。

Newmark 借用经由 Jakobson 修改的德国学者 Bühler 的语言功能说把语言功能与翻译结合起来[1]，强调翻译方法应当依据源文语篇类型而定。这一点与 Nida 的观点有很大差别。Nida 认为内容优先于形式的原则适合翻译所有的文本，而 Newmark 则认为应采用不同的方法翻译不同功能的文本：在交际翻译中，Newmark 与 Nida 持相似的观点，即内容应优先于形式；在语义翻译中，他认为内容与形式同等重要，其侧重点是在形式上的保留。这里所说的交际翻译（communicative translation）和语义翻译（semantic translation）两个概念是 Newmark 在《翻译问题探索》（1981）一书中提出的。他认为交际翻译"尽可能使译文读者感受原作对源文读者产生的效果"，而语义翻译则"尽可能地使用贴近源语的语义、句法结构将源文语境意义准确表达出来"（Newmark 1981/2001：39）。

Newmark 的主要翻译思想为翻译文本类型论，即根据不同的

---

[1] 语言的主要功能表现为表达功能（expressive function）、信息功能（informative function）和呼唤功能（vocative function），而应酬功能（phatic function）、元语言功能（metalingual function）和美学功能（aesthetic function）则为次要功能。

内容和文体对文本进行分类，提出应当针对不同文本类型的功能特点，采用不同的翻译方法表现文本形式和内容的不同侧重，文本类型分为表达功能型、信息功能型和呼唤功能型三种。Newmark（1988）后来进一步发展他的翻译功能思想。他认为很少有文本只有单一的功能，大部分文本都是以一种功能为主而其他两者兼而有之。因此，译者采取相应的翻译策略和方法时，可先确定文本的主要功能或同一文本不同部分的语言功能，然后决定用语义翻译还是交际翻译。Newmark 的文本类型翻译理论探讨因不同功能的文本类型造成的对等程度问题，强调对等"是重要的翻译概念，在所有文本中可以程度不同地加以应用，但其重要性却不一样"（Newmark 1988：49），并由此提倡在考虑源文不同体裁的基础上采用不同的翻译方法和标准，避免了 Nida 关于对等效果"一刀切"的论述的含混性，同时也为人们多元地看待翻译问题增加了新的视点。他对于对等的具体现象进行细化和理论分析，在一定程度上弥补了 Nida 动态对等理论的局限。

不过，尽管强调功能的观点，但 Newmark 创建的并非读者导向的理论。相反，他非常注重源文在翻译中的地位。在功能效果对应得到保证的情况下，他认为字对字的直译在两种类型的翻译中才是"最佳和唯一有效的翻译方法"（Newmark 1981/2001：39）。同时，Newmark 对翻译理论的认识也存在偏见。他认为"翻译研究，翻译理论，或翻译学，此学科是分析性的而不是描写性的；其首要任务就是要让译者明白各种各样的翻译问题"（Newmark 1988/2002：62-64），并宣称"翻译理论既不是理论也不是科学，只是我们已有的而且仍然不得不具备的与翻译过程相关的知识体系……翻译理论关注的主要内容是为各种可能的文本决定恰当易懂的翻译方法"（Newmark 1981/2001：19），这使得他的研究多局限于翻译的具体方法和技巧的探讨、翻译的原则说明，规约性色彩浓厚。

2.3 早期语言学途径研究的范式危机

2.3.1 科学派研究的局限

早期翻译语言学理论对翻译学学科发展的最主要贡献在于其系统归纳了翻译中的语言现象，将翻译中的某些问题提高到语言科学的高度加以阐述，学者们用语言学的方法来分析翻译，并采用详细的清单将传达意义的翻译过程进行分门别类，关注字词或句的语言层次以及在翻译转换前后的效果对比，从而推动翻译研究向模式化、规范化和程序化方向发展。然而，随着理论研究的深入，人们逐渐发现科学派的种种局限。

首先是"科学性"的问题。科学派的兴盛打破了以往翻译研究中直觉方式和不可知论（如文艺派将翻译的成就归于译者的天赋与灵感），其诸多模式无一例外强调对源文与译文的关系进行科学、精密和细致的描写，试图通过系统描写和分类翻译中出现的种种对等情况来科学地反映翻译的面貌和运行机制。可以说，科学派的研究给人们带来了理性分析的方法，奠定了后来译学界采用科学方法论研究的基础。不过，尽管科学派的学者们提出不少真知灼见，但在翻译本质探讨和关键概念说明时却往往不了了之，流于表面而没有进行深入的学理分析。如，Catford曾指出，翻译对等依存于交际特点如功能、关联、情景和文化，而不仅仅依赖语言的形式标准，但他本人谈及在特定情景中决定何为"功能相关"时，却认为不可避免的是"见仁见智"（Catford 1965：94）。这样无疑又落入以往传统研究的不可知论和天赋论的俗套中。再如，Nida的"动态对等"建立在读者反应等同的基础上，然而学者们提出，"读者反应几乎不可能得到客观测量和评估"（van den Broeck 1978：40），因为"比较源文和译文中所谓的中间对照物

（tertium comparationis）"（即指可用以量度两个文本片段之间差异的不变量）必定带来的无可避免的主观性问题，这样，"整个对等问题无可避免地带有翻译者或分析者的主观判断"，而且当要系统地采用意义分析技巧和将核心句转换成译语文本表层结构的技巧时，翻译者在实践中"有没有遵守这些程序，仍然值得怀疑"（Munday 2001：43）。有学者因此结论，"Nida 提供了卓越的翻译模式，涉及文本的巧妙处理，但未能提供西方一般认为的科学基础"（Gentzler 1993：60）；或动态对等的理论应用范围有限，因为 Nida 无法"科学地"验测读者的接受效果，因此"应该采用他的模式去分析需要翻译的源语文本，而不是应用于分析现存的译文"（Munday 2001：53）。

科学派研究还有一个通病，就是拿着某个概念或理论就应用，而不是一开始进行学理层面的探讨，其结果是研究大多沦落为应用型理论。不少理论家直接借助某种语言学模式作为其理论基础，如 Nida 以 Chomsky 的转换语法为基础提出翻译核心句的程序模式，而 Catford 则依托 Halliday 系统功能语法以"阶和范畴语法"理论为其翻译理论基础。但是，大多数学者在文献开始仅仅给出对于翻译的定义或简单界定，就直接转入对翻译过程中机制运行的假设和描述，对研究的对象缺乏学理上的思辨和深入探讨，如翻译本质是什么，为何如此，等等，这样，对翻译现象的研究无法上升到独立学科研究地位，仅仅只是语言学在翻译领域的延伸和应用。这也在很大程度上导致翻译研究在很长一段时期内被视为应用语言学的内容。

另外，从某种意义上说，科学派的研究也是脱离实际的。当然，这并不是说他们的研究纯粹是闭门造车的结果。如，Nida 针对《圣经》翻译有关真实翻译现象和情况的详细描述无疑是对以往研究有关翻译模棱两可的论述的重大突破。问题是，早期语言学途径的研究关注的是两种语言的语言学规范，是在对比分析基础上发现的两种语言系统的关系和规律。这些抽象的系统不存在时间特征，但其研究结果却往往是带有普适性的规律总结。根据这些规律，译文语言的形成尽管可能正确，但在译语情景和文化语境中未必就恰当地履行了它的交际功能，何况着重于语言主流规律的模式也无法全面有效地描述和解释生活中各式各样具有差异性的翻译真实行为。如 Newmark 的理论研究静态地对比语言系统的特征，忽视了语境中交际双方的真实互动。他的只考虑源文类型的文本分类法实际上与具体的翻译文本分类法没有必然的对应关系，因为"语言功能与文本分类并非构成光谱般的渐变连续体、文本类型并非固定不变"（张南峰 2004：97-109）。对此，Hatim 和 Mason 在 1990 年出版的《话语与译者》的第 5 章中已经例证了静止罗列对应的文本要素根本无法描述和解释真实翻译活动现象，因为大量事实显示，文化习惯不同而导致翻译中文本的特征在跨文化交际时常常发生巨大变化。这样，尽管诸如 Newmark 研究之类的理论属于应用性理论范围，却无法有效地反映和解决真实翻译问题。

此外，Nida 的研究尽管强调读者反应，但在具体论证中他仍侧重以源文为衡量标准，始终坚持译者要抱着"与原作者大体相同或至少相似的目的"（Nida 1964：157），而且"必须满足于像其原作者"（Nida 1964：151），否则就不可能达到效果对等。同时，他认为译者不可介入，即使源文有缺点和错误也不可编辑或改写，即使有能力也不可改良源文（Nida 1964：155, 225, 226; Nida & Taber 1969：163）。这样的观点看不到"翻译与所有写作和重写一样，从来就不是不带丝毫倾向的"（Lefevere & Bassnett 1990：11），更无从解释为何实际翻译活动中存在大量改写的现象。

在早期这些学者当中，因为脱离翻译现实而受批评最多的要算 Catford。学者们认为他提供的译例"过于理想化"（即编出来的，而非选自真实的译例），而且似乎"也从来没有考虑过全文的翻译,甚至没有考虑句子以上的翻译"(Munday 2001:62)。Catford 把转换看作翻译行为的本质和翻译理论研究的出发点,试图为翻译行为建立一套无懈可击的语言学范畴,焦点集中在那些语言间典型的、规律性强的对应现象,这样就排除了对真实翻译活动中大量非对应和"不规则"现象的描写和解释,因而势必影响其理论模式解释翻译现象的有效性。更何况,翻译涉及两种语言有关的大量非语言问题,不能只关注语言的转换。其实,Catford 不是没有考虑过源语语项的交际功能,并且也提出过语境的问题(见Catford 1965:58),但由于"全神贯注于为每一种类型的翻译行为建立一套无懈可击的语言学范畴,必要时牺牲了自己所提出的理论模式的有效性"(Baker 2005a:53)。对此,Toury 毫不客气地指出这些面向源文的规范性翻译理论的致命弱点,就是企图"建立一套先验的、静止的层级,或者套用于一切的翻译,或者套用于各种事先界定的'体裁',却从来不考虑翻译如何'发挥功能,去满足接受方的某些需要,也不考虑这些需要和功能如何影响甚至限定译作的生产方式"(见 Toury 1980:40-41,16)。张南峰则指出,这类理论有两个共同点:先验主义和规范主义,却被说成是有普遍适用性的翻译理论(张南峰 2004:131)。

2.3.2 20世纪七十年代至八十年代翻译研究领域的发展

语言学途径早期研究对科学性的过度提倡容易使翻译研究溺水于语言学学科。同时,人们逐渐认识到语言学并未解决翻译的所有问题,其研究对象不能涵盖所有翻译现象,研究方法也不能解决翻译的许多实际问题。如,"在翻译实用性文本(如广告、使用说明书)而非文学作品时,坚持对等论的理论家更倾向于接受非逐字翻译的方法。他们对不同的语篇体裁和文本类型选择不同的,甚至是相互对立的标准来制定翻译方法,这使得对等论更加让人迷惑不解"(Nord 1997:8)。有学者因此提出,"翻译研究不能单单依靠语言学,原因有二:第一,翻译并不单单是甚至并不主要是语言过程;第二,语言学还没有提出真正针对翻译困难的问题"(Vermeer 1987:29)。还有的学者干脆指责这"要么是翻译理论不切实际,根本不能真正用于'真实的'翻译情景,要么就是'翻译方法',只是鼓吹某些从A语言文化转向B语言文化的死板规则,根本靠不住"(Hewson & Martin 1991:229)。到了80年代,一些学者就已经明确指出"(围绕等值论研究的学者)把自己的翻译理论搞得'停滞不前',甚至带进了'死胡同'"(Toury 1980:15,Holmes 1988:100)。

就在传统的结构主义语言学模式逐渐陷入困境的时候,一些学者自20世纪七十年代初就开始了新的理论探索,他们不再把翻译当作语言形式分析的工具,而是把翻译看作一种语言和社会的现象来予以解释。这主要表现为译学界两大理论支流在20世纪七十年代的兴起、八十年代的壮大:针对非文学的专业翻译的以"目的论"为代表的功能翻译理论和在文学翻译领域兴起的、以"多元系统论"为代表的翻译研究理论。译学理论界研究关注点自此开始发生变化。

20世纪七十年代在德国兴起的以 Reiss, Vemeer, Holz-Mänttäri 和 Nord 为主要代表的功能主义目的论(functionalist skopos theory),反映出翻译理论向着更为功能化和以社会文化为导向的翻译理论的转移。这类趋于动态的翻译理论不再把翻译看成静态的语言现象,甚至不再仅仅是个语言现象。学者们否认翻译仅仅是一种语言上的转换行为,认为翻译是人们为了达到一定的目的而进行交际的方式,语言仅是主要手段之一。源文在翻译过程中的地位是由翻译目的来决定的,而不是相反,等等。1971年,Reiss 的《翻译批评的可能性与限制》一书的出版标志着功能翻译理论流派的出现。Reiss 的翻译批评模式是建立在源语文本与译语文本的功能关系基础上的,虽然没有摆脱以对等为中心,但把功能的范畴引入了翻译批评。而她的学生 Vermeer 则创立了功能翻译理论的核心理论：翻译目的论（Skopos theory）。在《普通翻译理论框架》(*Framework for a General Translation Theory*，1978）一书中，Vermeer 提出，翻译是一种人类行为，而人类翻译行为是有目的的、发生在一定情境下的行为，所以翻译是一种有目的、应达到一定结果的行为。他接着论述了源文文本功能与译文文本功能不同的合理性，认为由于文化及语言具有个体特性，译文不可能将源文文本的所有因素都反映出来，其中包括文本功能，这使得翻译中文本功能转移成为必要。1984 年，Vermeer 与 Reiss 合作了《普通翻译理论基础》，从理论上明确地将翻译纳入不同文化交际这一更广泛的范畴，把翻译的交际功能、目的和效果以及译语读者对译文的理解和接受置于讨论的中心。书中提出翻译及翻译批评的第一标准是译文所期达到的目的，第二标准是译文的流畅，即在译语文化及语言背景下的可读性、逻辑性与艺术性，第三标准才是译文与源文间由所期达到的目的而决定的关联，而这种关联包括从最大可能的一致到对源文进行有意识的"改头换面"的整个范围（见 Nord 1997）。此外，把翻译看作受目的驱动，以结果为中心的交际活动的翻译行为理论（Mänttäri 1984）将非文学的专业翻译置于社会文化的背景下考察，特别强调翻译过程中的行为，强调对行为的参与者（行为发起者、译者、译文使用者、信息接收者）和环境条件（时间、地点、媒介）的分析（Mänttäri 1984，见 Nord 1997）。Mänttäri 区别了"翻译"（translation）与"翻译行为"（translational action）两个概念，认为"翻译"是一个狭义的概念，它涉及源语文本的使用。而"翻译行为则是一个广义的概念，它涉及译者为翻译所做的一切，包括在翻译过程中给予文化或技术上的参考意见，因而将翻译现象的外延扩大至各种跨文化转换"。Nord 后来在其英语著作《目的性行为：析功能翻译理论》(*Translating As a Purposeful Activity: Functional Approaches*

Explained，1997）一书中对这些观点进行了详细的介绍。

功能目的论把翻译的目的和作用作为译员行为的宗旨，强调了文体功能以及译者在翻译过程中的作用，打破了翻译的等值观，认为不同的翻译方法会依据不同的情景而变化。作为一种面向译语系统的描述性与规范性相结合的理论，它从宏观上界定翻译，把翻译活动列入跨文化交际的范畴加以研究，而且译员也成为翻译活动的中心。这些都拓宽了翻译研究的视野，使翻译的焦点由对源文的再现开始转移到译文的创作，促使人们走出"等值论"的死胡同。

另一方面，文学翻译领域也在悄悄进行着一场革命。1978年，Itamar Even Zohar 把他在1970年至1977年间发表的一系列论文结成论文集，以《历史诗学论文集》（*Papers in Historical Poetics*）为名出版，首次提出了"多元系统"（polysystem）这一术语（指某一特定文化里的各种文学系统的聚合），把系统的概念引入描述性研究中。他把译本看作存在于目标系统中的一个实体来研究它的各种性质，从而将翻译及译作与所产生和被阅读的文化语境、社会条件、政治等许多因素有效地结合了起来，为翻译研究开拓了一个相当广阔的研究领域。多元系统论使人们不再纠缠于源文和译文间的对等问题，而是从更广泛的系统间传递的角度来认识翻译现象。它将翻译文学看作译语文学系统的子系统部分，并且"把翻译视为译语文化变迁的主要塑形力量，为翻译研究打开了许多面向。正是在它的启迪下，翻译研究开始关注翻译文学在目标文化中的建构作用"（滕威 2006：126）。事实上，与 Zohar 一样主张从文化层面研究翻译的学者还有 Holmes，Toury，van den Broeck，Lambert，Lefevere，Bassnett 等，他们都"把翻译理解为一个综合体，一个动态的体系；翻译研究的理论模式与具体的翻译研究应相互借鉴；翻译的研究应属于描述性的，重点放在翻译的结果、功能和体系上；都对制约和决定翻译成果和翻译接受的因素、对翻译与各种译本类型之间的关系、翻译在特定民族或国别文学内的地位和作用,以及翻译对民族文学间的相互影响所起的作用感到兴趣"(谢天振 2003:112)。自 20 世纪七十年代中期开始,他们不断开会、发表论文、出版著作,最终形成独特的文化途径的翻译研究理论。到了 1990 年,Bassnett 和 Lefevere 在《翻译/历史/文化》一书中正式提出翻译研究"文化转向"的研究新范式,翻译文本的文化生产方式随后成为翻译研究的主要内容。如果说目的功能派、早期文化学派(即翻译研究派)已将翻译研究置于社会文化语境中,那么文化转向更是从抽象的文化关注转向了具体的意识形态诉求。"改写"成为文化转向的核心概念,"权力/操纵"成为文化转向的核心问题。解构主义研究理念得到广泛接受,后殖民理论、女性主义研究开始盛行,自九十年代开始,文化互动的解释性研究方式与已有的描述性研究方式共存,并大有后来居上之势。

相比之下,一度辉煌的语言学途径研究似乎走向沉寂。

2.4 并未消亡的语言学途径

尽管文化学派后来的崛起给语言学派研究造成一定的冲击,但自 20 世纪九十年代以来,以语言学为途径的译学研究仍继续不断深化发展。由于语言学自身的发展,"语言学的主要研究目标已经不仅仅是语言系统本身(如 Saussure 的 langue),而是语言在各种交际环境中是如何被使用的,语境、文类、认知、社会文化、历史、思想意识等因素与交际中的语言是如何相互作用和影响的"(Schäffner 2002b:1)。受这种影响,语言学背景的学者们关注的焦点从先前静态的语言对比和转换转向更为系统的语篇语域特征、语篇功能、语篇类型的研究,不断把超出句子范畴的语篇分析、言语行为等概念引入自己的研究领域,将语篇、语境与翻译研究紧密地结合在一起，语言分析逐渐与翻译功能、社会、文化有机结合起来，语言学途径的研究也因此呈现出不同于早期研究的新面貌。

　　与早期语言学派将语言学的发现直接运用于翻译实践的做法相比，20世纪九十年代以来语言学背景的学者们更多是根据翻译研究的需要有针对性地多方吸取语言学"养分"，进而确立"较为独立的"翻译语言学理论。他们不但考虑那些必须研究的字词、词语组合和结构，同样考虑使用中的语言以及作为情景和文化中交际事件的语言行为，并把译文看作经由对译语资源有目的选择而进行的自上而下的语篇再创作。20世纪九十年代以来，在同时受翻译研究文化转向的冲击下，以语言学范式为背景的新一代语言学派学者如 Hatim, Mason, Baker, Schäffner 等人尝试借鉴泛语言学的多种特定分支，如批评话语分析、系统功能语法、社会语言学、语用学、认知语言学等，将非语言因素纳入研究的视野，不断创建关于翻译的描写、评估或教学的模式，在探讨翻译语篇问题的同时也揭示世界观、意识形态或权力运作对翻译过程和行为的影响。这些学者对"语篇"概念的关注反映了翻译研究向话语分析和语用学领域的延伸。在他们的理论框架和具体分析中，我们可以发现现代语言学以及翻译的语言学派对语言和社会关系的新认识——语言或者说翻译中的语言，不但反映社会现实，同时也构建社会现实。

第三章 语言学途径翻译研究的新发展

尽管存在将语言学背景理论家的成就简单化的风险，但为了集中讨论关心的议题(20世纪90年代以来语言学途径的新发展)，我们仍然采取个别采样的方式，提炼一些重要学者的主要观点进行介绍、归纳和分析，内容主要涉及1) 语篇分析研究，如House基于语域分析的翻译评估、Baker 的语用分析与主述位推进模式以及 Hatim 和 Mason 结合语域、语用、符号三维语境的分析模式；2) 将翻译作为语言变体的研究，主要涉及语料库翻译研究在 90 年代中期的兴起、翻译语言变体的假设以及相关验证的方法论探讨，对语料库翻译研究的理论来源和研究类型以及代表性语料库个案研究进行相关分析；3) 批评性翻译研究，主要涉及以批评话语分析为基础的研究模式和基于社会叙事学的分析模式。

3.1 语篇与翻译：功能与语用翻译研究

3.1.1 House 基于语域分析的翻译评估模式

20 世纪九十年代以来，翻译的语篇分析研究主要借助了 Halliday 的系统功能语法作为分析的工具。但 Halliday 的理论较为复杂，内容丰富，翻译学者们往往采取简化方式挑选其中某一方面来分析翻译现象。1997 年，House 的《翻译质量评估修正模式》就是明显的例证。她在自己 1977 年的评估模式基础上，借助德英语言文化的语用对比研究成果，运用 Halliday 的语域理论以及文类（genre）、话语世界（discourse world）和参照体系（reference frame）等概念，构建了译文评估研究中语篇功能对等的语境分析模式。

House 的模式是一种非量化、以对等为核心、诊断性的质量评估方式，其实质是一套详尽的语言－文本对比分析流程。该模式关注源文和译文在语篇概貌特征上的系统对比，考虑译文在语言功能和文本功能上与源文的匹配情形以突出"错配"（mismatch）和"错误"（error）现象，对翻译质量评判的最终依据就是列出的错误列表以及有关功能成分对应的说明。

House 的研究思路是从语境决定（语言）形式，而形式表达意义/功能的角度入手，分析译文在概念意义和人际意义（简而言之，就是文本的内容信息以及文本作者和读者之间的关系）上是否与源文对等或偏离。针对源文，她将语境的情景概念切割成若干可操作的参数（见图 2），如将情景层面区分为语言使用者层面和语言运用层面，前者包括地理渊源、社会阶层和时间；后者包括媒介方式、参与方式、社会角色关系、社会态度和范畴等，而且在每个小层面上又分为句法、词汇和文本三个方面的参数进行考察。作为体现功能的具体手段，这些参数被利用起来，对源文进行一整套语境维度的分析，同时每个维度都以特定方式包含概念功能和人际功能两种成分，由实现特定语境特色的语言手段来证实（即词汇、句法和文本）。House 认为，研究者在对这些维度的分析中可以发现语篇的具体特征，进而总结功能的特性，在此基础上分析结果可作为语篇规范来检验译本的质量。

> A. 语言使用者维度
>   1. 地理地域
>   2. 社会阶层
>   3. 时代
> B. 语言使用维度
>   1.（语言）媒介：简单/复杂
>   2. 参与情况
>   3. 社会角色关系
>   4. 社会态度
>   5.（话题）范围

图 2　语境的 8 个维度（House 1997：39，陈浪译）

具体而言，该模式采用了语篇分析和对比的方法，先对源文进行语言分析，其依据的语法模式为新弗斯（Neo-Firthian）式，同时也借用语素分析、修辞风格、言语行为和语用理论、话语分析以及语言学中布拉格学派的"前景化"（foregrounding）和"自动化"（automatization）概念[1]进行功能陈述，包括文本的概念功能和人际功能。模式对译文也采用同样的方式进行描述和分析，最后比较两个文本的分析结果，通过列出译文与源文在不同层面的不对应来体现分析结果。House 模式对译文的最终质量评估主要内容包括针对源文译文在语境若干维度方面不匹配程度的说明，即隐性和显性错误的数量及类型的描述、语篇语言的概念功

---

1 术语"自动化"（automatization）指语言表达法在表达意思过程中只是被使用的工具，本身并不引起别人的注意，即语言习以为常的一些用法。这一概念首先是由布拉格学派著名的语言学家和文学评论家 Mukarovsky（莫卡罗夫斯基）提出的。他认为日常用法使语言完全自动化和常规化。但有些语言用法会引起读者强烈的注意，因为它们不是通常人们默认的习惯方式，他由此采用与"自动化"相对的"前景化"（foregrounding）或"非自动化"（deautomatization）的概念来描述偏离常规的语言用法。

能和人际功能的对等情况说明。在评估方案中，House 对错误的界定依据的是功能对应的原则，她认为译文与源文在语境各层面上的任何不对应都是错误，但是错误又是有区分的。译文与源文不对应的情况被进一步分为"维度不对应"和"非维度不对应"。前者是语言使用者和语言使用的语用错误，即隐性错误（covertly erroneous errors），而后者是源文和译文各要素之间外延意义的不对应，以及各个层次上译语语言系统的差缺，通常由删除、增加以及不恰当替换导致符号意义的改变，或不合乎译语语法、违反译语系统规范等引起的，即显性错误（overtly erroneous errors，即 mismatch）。同时，House 强调概念功能和人际功能的偏离对不同文本类型的译文质量影响的权重不同。最后，译文可根据这些分析结果和质量陈述被归入"显性翻译"（overt translation）或"隐性翻译"（covert translation）类型。"显性翻译"中，译本的作用在于用另一种语言使读者了解源文在源语语言文化场景中的功能；而"隐性翻译"是在不同的话语框架、不同的话语世界中模仿了源文的功能，这种功能上的对等是由"文化过滤"（即语用参数上的改变和变化）实现的（见 House 1997：29）。该模式认为，译文与源文的语篇特征和功能的相符合程度决定翻译质量的好坏程度。在同样的情景层面下，译文与源文的对等程度有多大，译文的质量就有多高。

  House 的模型采用了 Halliday 功能语言学中的经典概念——语域概念（register，即语场 field、语式 mode 和语旨 tenor）——用于说明语篇与语境的关系。它将语言特征和语篇使用的环境特点对应起来，体现语言使用的功能类型。"语场"涉及话题、文本内容和主题材料、词汇特征；"语旨"涉及话语参与者的性质和他们之间由社会权力、社会距离和情感投入程度决定的关系、社会态度等;"语式"指渠道、作者和读者潜在或实际的参与。"简单的"参与是文本中没有受众者的参与,而"复杂的"参与则包含各种受众者参与的语言机制,此外还有口头和书面文本的区分。不过,House 也认识到"语域"概念尽管对翻译和批评极为重要,但其描述一般局限于捕捉语言表面的特征。因此,她在 1997 年修订的模式中引入了"文类"(genre)的概念来表述"更深"的语篇结构和形态。她指出,"对于翻译质量评介,文类概念是一个重要的补充,它把单个文本实例与具有共同目的和概念的文本类型联系起来","语域涵盖语篇和微观语境的关系,而文类将语篇与语言文化团体的宏观语境联系起来"(House 2001b:138)。这样,她在模式中借用语篇、语域和文类等一系列语言学概念较为明确地展示文本的具体功能。

  House 以实现译文和源文的功能对等为前提,从语境入手设定了评估参照的参数。她认为沿袭英国语言学家 Firth 思想传统的情景语境抽象成分的研究已经取得相当多的模式成果(如 Hallday et al. 1964,Catford 1965,Gregory 1967,Crystal & Davy 1969,Gregory & Carroll 1978,等等),而其中 Crystal 和 Davy 分为三部分(个性特征、话语、范围)的情景语境系统在评估模式中最为有效。她将其改造成语言使用者维度和语言使用维度两部分,用于源文和译文在语境维度上的对比。由于功能语言学的观点是形式与功能(意义)是统一的,因此从体现语境的语言形式入手就可以判断译文是否在概念意义和人际意义上与源文有严重偏离。其参数设定如图 3。

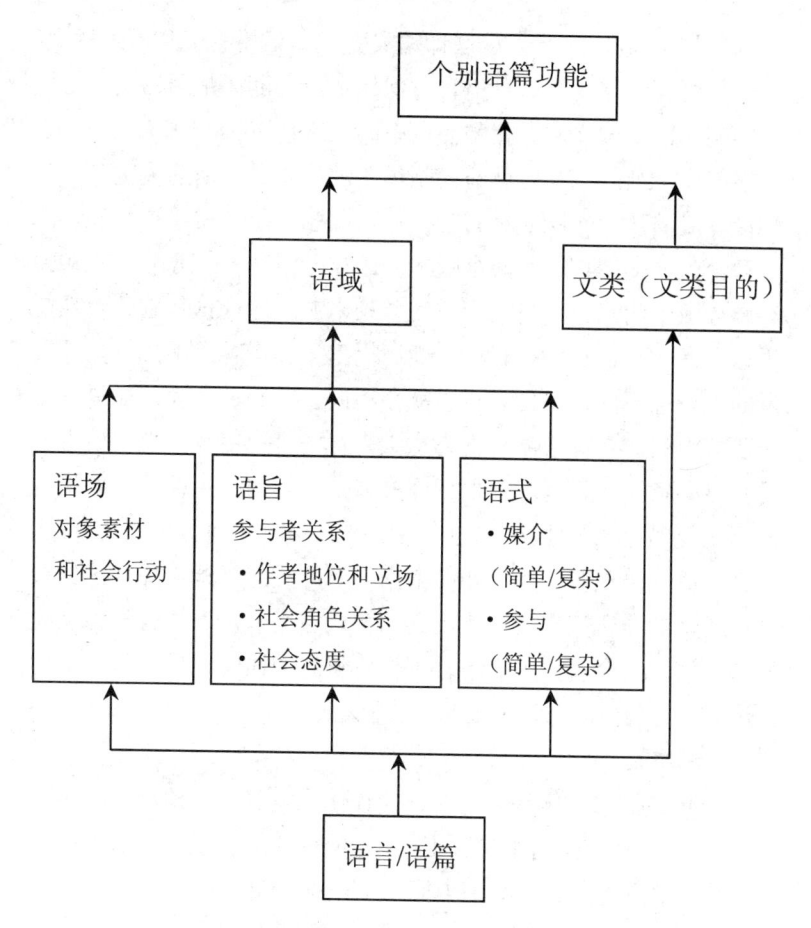

```
              ┌─────────────┐
              │ 个别语篇功能 │
              └─────────────┘
                    ▲
            ┌───────┴───────┐
     ┌──────┴──┐        ┌───┴──────────┐
     │  语域   │        │ 文类（文类目的）│
     └─────────┘        └──────────────┘
           ▲
   ┌───────┼───────┐
┌──┴──┐ ┌──┴──┐ ┌──┴──┐
│语场 │ │语旨 │ │语式 │
│对象素材│ │参与者关系│ │·媒介│
│和社会行动│ │·作者地位和立场│ │（简单/复杂）│
│     │ │·社会角色关系│ │·参与│
│     │ │·社会态度 │ │（简单/复杂）│
└─────┘ └─────┘ └─────┘
   ▲       ▲       ▲
   └───────┼───────┘
       ┌───┴────┐
       │语言/语篇│
       └────────┘
```

图 3　分析和比较源文和译文的方案（House 1997：108，陈浪译）

以往语言学背景的研究者在文献开始仅仅给出对于翻译的定义或简单界定，就直接转入对翻译过程中机制运行的假设和描述，对研究的对象缺乏学理上的思辩和深入探讨。而 House 在修订版中体现较强的学理层面的探讨，凸现翻译理论的价值和作用。她的早期模式（1977）直接给出对翻译的定义就开始展开分析，认为翻译的实质在于"意义"(即语义意义、语用意义和语篇意义)从一种语言转移到另一种语言时保持不变,翻译是用语义和语用对等的译语中的文本去代替源语中的文本(House 1977: 25-30)。而在 1997 年版本中,她就清楚阐述了翻译质量评估的关键在于对翻译本质的认识(House 1997: 1),并强调翻译质量评估应以翻译理论为前提。与以往两个版本(1977; 1981)相比,她在 1997 年修订版中明确指出自己模式的理论来源,即理论基础就是功能语言学(House 1997: 118)。她还提出,翻译观点不同,翻译质量的概念也不同,评估方式也就会不同。House 认为,如果是翻译研究中的新阐释学派,认为意义来自语言使用者,文本根本就没有核心意义,那么就会把翻译看成是直觉的、阐释的;如果是翻译研究的行为/反应/功能主义者,则翻译评估就会把读者反应和目的语文化规范作为主要的依据,而严重忽略源文文本;如果是描述性翻译研究、后现代主义和解构主义以及以语言学为主的翻译学派,就会利用独立语言单位所包含的语境或者话语分析的方法(以文本和话语为基础的方法)去进行翻译评估(参见 House 1997: 1-23)。

House 模式的优势还在于她的评估方案已经开始涉及真实的翻译语篇中语言运用的具体问题。她的模式提供了关于语篇的语言学分析、描述和对比,不但将语篇与情景和文化语境联系起来,同时还通过文类等范畴与带有相同交际目的的其他语篇联系起来。这样,对译文的评价必然包括对译文产出语境因素的考虑。

House 的模式的局限也很明显。有学者认为 House 对"显性翻译"或"隐性翻译"等关键概念定义不清楚(Munday 2001: 94),而 Gutt(1991)则质疑仅仅靠语域分析是否能重现源文文本功能及作者意图。即使有可能,House 模式的基础是要发现源文文本和目标文本间的"不匹配"。然而,不匹配现象虽可表明翻译误差,但这类误差同时也可因其他翻译策略的使用而产生,如外显或补偿,House 模式并未对此情况作过解释(Gutt 1991: 46-49,转引自 Munday 2001)。还有学者干脆称其为一种对照源文找错误的校对式清单(Baker 2005a),认为该模式虽然将意识形态和市场因素纳入模式中,但因为仅对语境要素进行清单式罗列,因此体现的并非是真正动态的语境观(Baker 2006a)。其他学者则认为问题在于语篇分析"应当被理解成为了翻译缘故而进行的分析,而不是一种只为文本分析缘故而进行的文本分析"(Schäffner 2002b: 5)。而我们认为,House 在模式中虽然借用语篇、语域和文类的语言学概念以系统地展示文本的具体功能,但在实际分析时因为多局限于语域分析和句子微观分析,尽管具体分析中包括了超语篇的特征,但在实际分析中绝大部分的内容都是关于语篇内部语言特征,欠缺对语篇内外语境因素的综合分析。同时,模式也没有将 Halliday 功能语法中其他表现语言功能的关键性参数,如及物性系统、情态系统、主位系统等概念纳入模式的理论构建中,因此模式对译文语境、语篇生产意图等方面的解释力会受到很大的制约。

尽管如此,我们认为 House 的模式与传统静态对比的语言研究仍有较大区别。因为尽管 House 自己也指出这是一种建立在详细的源文/本分析的基础上、以源语文本为取向的模式(House 1997: 159),然而模式由于同时也引入了语言使用者为导向的功能分析,并明确承认非语言因素对翻译行为的影响,这种将语言分析与真实世界的翻译情况联系起来的倾向使模式对真实生活中译文评估的解释力有所增强。其次,House 对语言功能和文本功能进行了区分,将文本类型学与 Halliday 的三个语言元功能结合起来,这样就兼顾文本共性和具体文本中的语言使用,开始具有动态研究的特征。另外,传统的翻译评估模式往往纠缠于错误数量的绝对化，而 House 认为使用评估模式唯一可行的方式就是一边使用客观确定的情景层面作为比较参照，一边也依赖分析者的直觉。但是，与新阐释学途径不同，在其模式使用时，分析者的每个直觉判断都是经过讨论的，尽可能以客观根据来确定判断。翻译质量评估在 House 看来不可能像自然科学那样彻底客观化。评估最终不是科学性的，而是社会、政治、种族、道德和个人立场的体现（House 1997：115-119）。应该说这些看法对我们具体的评估实践是非常有指导意义的。

当然，作为一种翻译质量评估模式，我们认为 House 的模式的确存在一些问题。首先，House 的"文化过滤"（cultural filter）概念实质上就是一种"语言规范过滤器"，其用途就是让读者觉得译文就是源文。"文化过滤"是支持译者以译语读者的眼光来看源文，并根据译语习惯来规范源文的实际需要而采用的捕捉双边语言—文化共同体在期待规范和文化约定方面差异的手段（House 1997：70，71，115-117）。House 认为，为了达到隐性翻译在功能对等的目标，译者首先要仔细考察文化差异，才能改变源文，如果文化差异未被证实，译者没有理由使用文化过滤，有意造成若干语境参数上源文和译文的不对等。因此，"文化过滤"概念实质上是一种为了交际顺利流畅需要改变语言表达方式的说明，用来方便源文和译文的对比研究，完全排除了对真实生活中大量存在的译者文化改写现象的描述和分析。

其次，翻译是以语言为媒介载体的跨文化实践活动，脱离语言分析的翻译批评当然是不可想象的。然而，如果在评估中将语言分析和主观评价硬性分割，对翻译整体评估亦无益处。House 质疑传统的翻译评估的笼统模糊性，将语言分析和社会评价进行区分，并且也指出不能分离这两部分。她再三强调语言分析不能涵盖质量分析的全面，因为翻译评估评涉及译文、译语社会、读者和评论者等多维世界的复杂体系，但同时又在论著和一系列论文（House 1997，2001a，2001b，2002b）中反复强调质量评估要保持科学性就必须以语言分析为主、社会评价为辅。她认为自己的模式就是通过语言分析的结果为评估者的社会评价提供可能的依据，认为语言分析可以为社会性评价提供强有力的论证支撑（House 1997：118），但从未对此提供具体例证或进一步说明来显示该模式的语言分析如何与社会性价值判断结合起来，或者说我们不清楚语言分析如何具体地为主观评判奠定基础。也就是说，一方面 House 的模式没有像传统对比语言学那样斤斤于字比句次上，而是上升到语篇层面，强调语用对等，将语言使用以及语言使用者与语篇的关系引入批评视野。但另一方面，为了追求模式自身的科学性，House 设置语言功能参数进行客观分析时，将带有主观性的社会评价内容完全排斥于模式具体操作的程序外。可以预见，译文评价者在运用该模式完成语言分析后，将不得不求助其他分析方法或工具来研究该模式拒绝操作的内容，即社会性评估问题，同时还要设法将其与上述语言分析的结果衔接起来以完成评估全过程。这样，由于宏观和微观分析在其中没有得到完全的融合，无法从整体上把握译作，将影响评估行为的评价、监督、检测功能。而这一切，我们认为，都源于 House（1997）保守的翻译文化语言观，即强调翻译"毕竟是个语言现象"，而翻译评估的目的应该不是价值判断，而是"尽可能客观地"重建译者的选择以及他的决定过程。这样，对于一个整体意义上的翻译评估而言，该模式显然是局部的、不完整的，其可应用性将受到明显的限制。而且一旦应用于翻译教学中，该模式的自身局限（即欠缺翻译伦理、翻译社会功能方面的要素）容易误导学生以为只要学会一些语用、语法分析技巧，掌握双语的语域知识，译者就可以做好翻译任务了。显然，如果不对模式进行必要的补充，直接应用于翻译教学将存在潜在的危险。

3.1.2 Baker 的语用分析与主述位推进模式的引入

Baker（1992）的《换言之：翻译教程》（*In Other Word*）针对翻译训练而写，她将系统分析的方法应用于翻译语篇分析中，并把翻译问题的探讨上升到到语用层面，是译学界将 Halliday 系统功能理论应用于翻译研究的一次重要尝试。

Baker（1992）沿袭的是从传统的字词句篇这样自下而上的方式来描述翻译中文本运行的机制，内容涉及不少句子以及句子层以下的语义和语法问题，如词和词组对等问题、人称、数、时态和语态等语法范畴问题。尽管如此，"语篇"层次的分析才是她想强调的重点，因为超句子的信息分布、衔接与连贯等语篇功能和语用对等的分析占全书篇幅一半以上。而且对于翻译问题，她基本采取交际符码观点，即翻译是交际活动，译者应高度关注双语交际中语用调整和语用迁移。如从主题结构与信息结构入手探讨"篇章对等"时，主要介绍了 Halliday 的信息分布理论，讨论了主位几种类型以及标记性和非标记性的情况，并针对翻译现象对其进行补充和修正。这种探讨是在篇章层面对语序和交际功能之间关系进行的分析，完全是语义导向而非关于语法导向的，目的在于"信息流"的流畅与否。而从衔接（cohesion）的角度探讨"篇章对等"，重点在于强调译者必须认识到不同语言衔接手段使用的频率和场合不会相同，译者必须具体考虑语言的各自特点，以便使译文的表达最终实现顺利交际的目的。而从连贯（coherence）和隐含（implicature）两个方面探讨"语用对等"时，将合作原则和礼貌理论引入分析之中，围绕翻译中意义的实现探讨跨文化交际中如何克服种种困难。总之，Baker（1992）的探讨总体上体现某种鲜明的翻译交际观。

第三章 语言学途径翻译研究的新发展

在系统功能理论中,语篇功能(即在语义层中将语言成分组织成为语篇的功能)主要通过三种方式得以实现:主位结构、信息结构和衔接。主位结构的概念最早是由布拉格学派(the Prague School of linguists)的创始人 Mathesius 在分析句法功能时提出来的。在 Mathesius 的句子实义切分理论中,人们可以按实际语境将句子切分为表述的出发点,即主位(theme),以及表述的核心,即述位(rheme)两个部分。Halliday 后来发展了这一思想,并以英语为主导建立了主位分析模式。这是一种基于信息流向的功能分析法:从主题结构上讲,一句话分为主位和述位;从信息结构上讲,它可分为已知信息和新信息。主位是交际中已知的信息,述位是未知的新信息。这样,主/述位推进的过程成了语流发展动态性的表现。未知信息一旦被说出,就成了已知内容,它又可以引向新的未知内容。不断延续便形成话语链,以一个中心信息为核心的一组语句就可以组成一个语句群,几个语句群又可以组成一个语段,若干语段最后组成语篇,即交际的最大单位。由于主/述位推进模式可以用来研究句子以何种方式与上下文语境发生联系,在翻译的语篇分析中,译者以此作为参照可以避免信息传递上的错误。不过,Baker 本人似乎意识到在翻译研究中单纯运用 Halliday 理论存在局限,如主述位分析在不同类别的语言中会受到特别的限制,因此她提出采用布拉格学派的功能句子观(functional sentence perspective, FSP)和交际动力(communicative dynamism, CD)理论进行补充。

布拉格学派的第二代学者 Danes 和 Firbas 继 Mathesius 之后把实义切分理论进一步发展为功能句子观(functional sentence perspective, FSP),而且 Firbas 还提出交际动力的概念,对主位和述位作了更细致的区分来观察语际转换现象。与较为直观、操作简便的 Halliday 模式相比,布拉格学派的功能句法观更注重语境对意义的影响。Halliday 模式是将主题（subject）结构与信息结构截然分开，主述位由句子中的相对位置决定；而布拉格学派的功能句法观认为主题结构与信息结构有对应关系，合二为一。"功能句子观"认为句子的成分在一定的交际视角中发挥作用，表现为句子是有序的。先出现主位，再出现述位，以便对主位进行描述。由于主位成分依赖于语境，它的交际价值不如独立于语境的述位成分。这样，分析信息流的方法就可以总结为：一个小句由两种成分组成，即奠定根基、依赖语境的成分和构成核心、独立于语境的成分。前者交际动力程度低，总是主位的，后者则有可能是主位，也可能是述位。一个小句可以完全是由独立于语境的成分组成。在这种情况下，主位将成为交际动力程度低的成分，述位成为交际动力程度高的成分。此外，Firbas 使用了"交际动力"的概念来描述交际发展的特性，认为随着语篇的展开，已知的、依赖语境的成分对交际发展的作用相对较小，而随后出现的独立于语境的成分的作用相对较大。这样，通过主位和述位对话语的作用就可以解释它们的重要性。"交际动力"最为重要的价值在于反映了话语的某些语境方面的特征，如意图而非基本语序。但是句子的线性排列和功能并不总是吻合，即使同样的主语—动词—宾语语序在使用时也会产生不同的效果，如语调的轻重造成的交际功能变化。Firbas（1968）曾用一个例子"John has been taken ill"进行说明（黑体强调重音所在）：

　　陈述某人的健康状况（John has been taken **ill**）；

　　证明所说的人的身份（**John** has been taken ill）；

　　证实信息真实有效（John has been **taken** ill）等（Baker 1992：161）。

　　Baker 受此启发，针对性地借鉴 Johns（1991）及 Papegaaij

第三章 语言学途径翻译研究的新发展

和 Schubert（1988）的研究成果，介绍了 4 种减少线性错位现象的策略：改变语气、改变动词、名词化以及移位（extraposition）。Baker 认为，源文本主位分析的重中之重是译者应意识到主位结构和信息结构的相关标记性[1]（markedness）。她认为被 Halliday 理论研究者通常忽略的有标记的述位（marked rheme）其实对翻译中的分析也很有用，它"将有助于我们更清楚地意识到说话人或作者在交际过程中做出的寓意性选择"（同上 1992：129），从而帮助我们决定是否应在译文中使用标记形式把相关意图表现出来。主位选择的可预见性越高，说明其标记性越弱、越具有普遍性。日常语言使用中，最常见的是不带标记的句子结构。而选用带标记的主位，除了因为某一成分将成为句子的主题与出发点，使其更为突出、更为引人注目之外，另一个重要作用就是可以使句子更好地与上下文相连。Baker 用以下例句进行了说明：

English extract from A hero from Zero (p.v):

House of Fraser shares were highly sensitive to any rumours of a bid, and we waited with caution and anxiety for the green light from the ministry. And waited.（Baker 1992：157）

因为英语句子通常默认主位的存在，因此此处主位的省略是一种有标记的语言使用。Baker 认为"And waited"一句中，主位"we"的省略是为了突出述位，保持读者对内容的专注，强调信息的连接。此外，"And waited"还造成了某种语用暗示，即"我们"一直在等，但什么也没发生，或者是"我们"白等了。

---

1 标记概念（markedness）由俄国语言学家、布拉格学派的重要成员 Trubetskoy, N. S.（特鲁别茨柯依）（1890-1938）根据分析音位的需要于 20 世纪三十年代首次提出。标记理论是结构主义语言学中重要的理论之一，标记概念最基本的含义是在语言里，无标记项比有标记项更为基本、更为自然。在语言系统的各个范畴中，广泛存在着对立但不对称的现象。标记理论把这些对立做了"有标记项"（marked term）和"无标记项"（unmarked term）的区分，在这些不对称的对立项中，有一项是基本的，负载的意义是中性的；与之相对应的另一项则在这类中性意义的基础上，又加上了某些特征意义，因而具有了某种"标记"，成了"有标记项"。以"有标记项"和"无标记项"的基本特征为依据来描述或分析语言成分的不对称现象是近代语言学研究中常用的分析手段。

Baker（1992：172）也指出译者不能总是遵循源文的主位结构。"重要的是译文有自己的主位组织；译文读起来要自然通顺，不损害源文的结构；译文尽可能保留源文中有标记结构所强调的内容，同时保持自己作为语篇连贯的观点"。与此类似的还有衔接方面的语篇对等问题。贯穿全文的连接词在密度和推进方面会影响整个文本信息流状况，但语言不同，衔接网络上就会出现差别，如阿拉伯语与英语不同，在衔接手法上偏好同一词汇重复，而且不喜欢采用词语替换方式。因此，翻译时为了保持信息流畅性，译者要关注因衔接规范的不同可能导致的语篇功能的转移。从 Baker 的结论来看，似乎译语的语言文化规范才是最终促使交际成功的重要保障。

语篇连贯除了上述形式连贯（通过词汇语法衔接手段实现的语篇表层连贯），还包括功能连贯，其连贯的实现主要建立在逻辑、语言和社会符号层面上，需要语言内外部的语境、世界知识、言语行为、合作原则、共有知识和联想等手段来实现。Baker 从交际的角度谈论了这种功能上的连贯概念，认为连贯不是文本而是文本读者判断的特征，完全"取决于受话者或信息接受者对现实世界的理解和感受"（同上 1992：219）。一旦涉及翻译，这意味着译者遇到的困难范围和类型不会取决于源文自身而是取决于"译文对于读者的意义"(Snell-Hornby 1988：42; 转引自 Baker 1992：222)。Baker 以有关伦敦哈罗德百货公司的文章翻译为例，指出阿拉伯译文中添加了有关这个店名的解释，并重复"商店"字眼加强关联。这使非英语文化的阿拉伯读者的预期世界得以接轨。

Baker 关于语用方面的探讨涉及意义预设、意义连贯和意义隐含三方面，但重点在于后两者与翻译策略之间的关系。Baker 引入了 Grice 的会话合作原则（cooperative principles），即 1) 数量准则（quantity maxim）（话语信息要适量，勿过量）；2) 质量准则（quality maxim）（说话要真，证据要充分）；3) 关系准则

第三章 语言学途径翻译研究的新发展

(relation maxim)(话语要有关联);4)方式准则(manner maxim)(话语要清晰、明确、简洁、有序),并结合词语和结构以及指代一致的习惯性意义、言语的(语言和非语言)语境、背景知识等其他方面探讨了理解意义隐含和实现意义连贯的翻译策略问题。她认为"连贯"是一个很复杂、包罗万象的概念,会受各种语言和非语言因素的影响。不过,对于会话原则的每个准则的解释虽然可能因为具体的语言团体习惯不同而有差异,但相同的是人们都得利用特定准则在自己语言文化团体中经历传递意图的过程(Baker 1992:238)。为了实现连贯,译者通常不得不缩短源文中的世界模型和译语读者较为熟悉的世界模型之间的距离,而这取决于两方面的因素:一是译者评估译语读者的知识和期待的能力,二是译者对自己的作用和他对忠实于何方的看法问题(到底是源文还是译语读者)(同上 1992:228-258)。

不同于早期许多语言学派学者的研究,Baker 的研究体现了强烈的功能观,强调以信息为中心而不是以词或结构为中心的翻译方法。她将翻译中的语言问题上升到"交际功能"层面来谈,主要探讨的核心是"翻译语篇交际功能"的实现,而非翻译结果的简单对与错。同时,她的研究开始关注动态的语言使用。除了采用 Grice 的会话含意角度研究语言使用的语用效果,主/述位分析实际上也是从动态角度出发的。词、词素、短语、句子等都属于静态的语言系统范畴,它们不考虑上下文,不考虑语境的因素。而主/述位的排列不是随意的,它们受信息焦点的牵制,随语流的发展而发展,体现对语境和结构更高层次的考虑,是话语现象而非句子的某个特性。由于翻译活动是动态的,在一定语境制约下进行,因此,与以往字词句层次的研究相比,她采用的动态交际句子观与翻译问题的分析更加相关。

其次,Baker 所说的关于译者不能总是遵循源文的主位结构以及要特别小心语篇衔接规范在跨语言交际中发生变化等观点,我们认为,这本身已说明单纯使用语篇分析等手段在翻译研究和翻译实践中的局限。Baker 研究中的主述位以及衔接等概念均由语篇语言学而来。原本的相关研究侧重的是单语言机制问题,因而未必适用双语交际中的问题。它们只是为源文语义分析提供一个视角,未必能保障译文的质量。翻译中,仔细分析源文的主位推进有助于了解语句中信息的分布,以及它们所体现的交际功能和句子内部结构的配列,但对于实现译文的交际效果事实上并没有决定性的影响。如汉英翻译中,英语是具有主谓结构的语言,汉语多用"主题—述题"结构(见 Chao 1968; Li & Thompson 1976, 1981)。两种语言的主位结构转化时,主位问题往往具体体现在如何把英语中的主语转换成汉语中的话题,即在译文中重新安排主位,确立话题,而不是呆板地用主位、述位结构套英语的主位、述位结构,否则由于主语的转移可能严重损害源文信息结构,造成与译者力图呈现的信息完全不一样的效果。Baker 其实非常关注这一点,强调具体问题具体处理,并专门举例指出在试图用主位推进模式来分析将动词置于句首的语言(如阿拉伯语)时就不一定像对英语那样适用了(Baker 1992:128)。她比较了 Halliday 信息分布理论与布拉格学派(如 Firbas)的功能句子观的不同,提醒译者关注不同语言之间常因信息分布特点不同造成语序和交际功能错位现象。同时用主、述位模式分析语言,语言学家的实施方法也是不尽相同的,"每一种解释都会很自然地偏向于语言学家的母语或其谙熟的语言"(同上 1992:140)。因此,译者在建构译语语篇时要针对不同语言的特征差异,应选取适合自己所处理语对的理论进行分析。Baker 本人似乎更倾向于布拉格学派的功能句子观,即认为交际目的使句子结构在不同情景中发挥了相应的作用,主述位不仅仅由句子中的相对位置决定,而是受到线性修饰(句法)、语义和语境(上下文)的综合因素的影响。她认为，一方面，功能句子观对解释非英语语言，尤其是那些不受语序限制或受语序限制较少的语言的相互作用的组织更有帮助。另外，功能句子观通常奠定了与翻译问题和策略密切相关探讨的基础（同上 1992：160）。总之，在将语言学相关理论应用于翻译研究方面，Baker 很注意如何将语言学理论有效地结合到翻译研究中，以真正说明和描述翻译中的语言现象。

此外，Baker 引入了 Grice 的会话原则，也表现了鲜明的翻译交际观和动态的意义观，因为 Grice 不像其他语义学家那样利用逻辑语义概念去分析语义，而是试图通过分析语言交际过程中的交际意图去揭示语义。合作原则中的"合作"并非合作愉快意义上的"合作"，而是指"更基本的合作，是一切类型语言交际的固有特征"（见 Malkmjaer 2001）；而且 Grice 的合作原则是听话人对说话人行为所做的假设，因此是以听话者为中心的学说。Baker 将其引入翻译分析中说明她的分析已开始脱离源文至上的传统观点，而是更偏向读者和理解语境因素的动态研究。不过，另一方面，她在书中一些笼统结论似乎表明一切困难在于译者自己对源文的理解和对读者期待的认识，其分析没有触及问题的根本所在。现实生活中的言语交际十分复杂，会话含义的推导多种多样，必须调动交际者的多种语境知识才能获得，在跨文化交际（尤其是翻译）中这种情况更为复杂。不同的文化背景和语言规范都可以限制含义推理的范围。然而 Grice 的合作原则既不是前提，也不是推理方法，只能算是对推理过程的描述。因为意义推理的前提必须参考相关语义和语境。前者受语法限定，是确定的；后者因人而异，是变量。但在这个变量参数如何选定和输入的问题方面，Grice 的合作原则理论没有相关论述。换言之，Grice 会话含义理论的推导过程本身不够精密化，没有详细说明受众根据什么推断出含义的具体步骤。而将合作原则引入翻译研究的 Baker 也停驻于此，没有结合翻译的具体现象提供更清晰、深入的分析和说明。她只是提醒译者，不同语言和文化中运作的配合原则给翻译带来的困难，如日美政府谈判时，日本首相结束交谈时的惯常礼貌用语"我会尽量处理"容易被美方误解为解决问题的承诺（同上1992：234）。

Baker 建议利用 Grice 的合作原则和会话含义论进行分析，译者不必一味采取明晰化策略，而应在译语中保留一定的含义空间，"为了试图填补读者的知识空白和满足他们对常规和可接受事物的期待，译者应当很小心不要过度处理，解释太多，让读者无事可做"。但她也承认"最主要的困难似乎在于（译者）对译语读者知识范围和他们对这个世界不同方面的设想"的评估能力以及有效平衡两方面的能力，即一方面满足读者的期待，另一方面提供新的不同的见识以保持读者的交际兴趣（同上 1992：254），等等。至于译者如何才能获得并正确运用她所说的评估能力和平衡能力，Baker 却没有细谈。

Baker 关于超句子的语篇语用的探讨落脚点在于语言层面的"流畅"表现。但是，和 Nida 关于"动态对等"的论述一样，这种探讨仅仅停留在交际流畅的讨论上，没有进一步说明这是何种性质的交际。实际上，翻译不仅仅是或主要不是一个交际的问题。由于个体注意侧重点，认知效果，生活阅历，社会文化背景，受教育的程度，对过去、现在和未来的看法及期望等，都会有很大的差异，交际者的语境假设不可能完全相同，对同样事物的看法以及同一话语意义的推理也不可能一致。几十年来，功能目的派、后殖民主义理论、女性主义理论研究已表明译者的不同处理方式受所处的社会文化意识形态的影响，是否采取明晰化的翻译策略与译者的翻译（交际）意图、翻译立场有关，乃至与整体翻译任务的目标有密切的关系，而不主要是译者能力和主观愿望的问题。

Bake 这种反复强调翻译语言表达的"自然和可读性"的交际观后来受到 Venuti 的严厉批判（Venuti 1997），而她自己也在后来的研究中（如 Baker 2006）实际上否定了翻译为单纯交际活动的观点。

3.1.3　Hatim 和 Mason 的三维语境分析模式

对于译语表达和翻译中的转换处理如何现源文信息结构的交际效果，仅仅借助语篇分析或语用分析是不够的，人们需要的是更为复杂和精细的解释性研究模式。有学者在将布拉格学派的功能句法观运用于翻译研究时就强调，"要使这一理论具有实用价值，就必须按更敏感于语境的语篇原则进行大量的调整和重塑"（Hatim 2000：78）。Hatim 和 Mason 在整合语篇语言学、修辞学、语用学成果的基础上引入符号学分析，发展了一套更复杂的翻译描写模式。

Hatim 和 Mason 是整个西方较早把话语分析的基本方法和语篇语言学的基本原理应用于翻译研究领域的学者。在《话语与译者》(*Discourse and Translator*, 1990）一书中，Hatim 和 Mason 整合了一系列眼花缭乱的语言学术语，创建了语境三维研究模式。该模式从语境概念切入，把翻译视为交际的话语进行研究，并且把处于交际活动中心地位的译者的翻译活动看作社会生活中特定的语言实例进行分析，说明译者在具体翻译过程中受到语境的交际维度、语用维度和符号维度的三方面的制约。模式本身采用了回逆性的研究方式重新勾勒译者决策的过程，试图描述翻译作为交际的过程中谁对谁说了什么（交际维度）、讲话的意图是什么（语用维度）、通过何种社会文化符号进行的（符号维度），并认为"交际交易"（Communicative Transaction）、"语用行为"（Pragmatic Action）和"符号互动"（Semiotic Interaction）这三种语境成分对于语篇类型、语篇结构和语篇组织起决定性的作用，而语篇中每个成分的"局部"意义又与语篇"全局"的社会文化/意识形态等符号价值产生各种交互作用。他们试图通过这种互动性的说明帮助译者在不同的价值观体系中（相应于特定文化）确定语篇信息，做出相应的翻译决策。

Hatim 和 Mason 建构三维模式的初衷是认为翻译活动具有高度的多样性，但这种多样性中仍存在相似之处，翻译理论家的任务就是辨清这些相似之处，将功能的多样性融入翻译过程的总体模式。然而，以往关于翻译种种问题的频繁讨论却从未涉及翻译工作的语境。他们借用社会语言学的一句著名的套话，指出问题的解决在于弄清"是谁在翻译什么？为谁翻译？何时翻译？在何处翻译？为何翻译以及在何种情景之下翻译？"，并提出了"功能的变化要从语言使用的变化取决于语境这个角度来考量"（Hatim & Mason 1990：6，1）的观点。

三维模式仍然借助 Halliday 理论从语域（register）分析入手来看翻译中的语境问题，认为语域的三个变项（语场、语旨、语式）为交际的发生提供了各项基本条件，读者可以借助语域的分析参与对语境的重构。但是鉴于语域分析在翻译研究中的局限，模式添加了语用分析和符号分析来完善有关语境分析，将语用学（主要用于意图研究）和符号学（用于文化和意识形态研究）纳入研究视野，并借此把诸如语言使用者的理解、信念、文本的社会情景以及对语言使用者和社会体制的话语所产生的作用等概念吸收到交际过程的说明和分析中，最终构建了某种超越语言形式的语言学翻译研究模式。具体而言，该模式中的交际维度包括与语言使用者和语言使用两个方面相关的语言变体：前者指交际者在地域、时间、社会、标准化、个人特点方面的变化，后者指具体使用的语域因素，即语场、语旨、语式；语用维度包括言语行为、语用蕴涵、预设、语篇行为等；而符号维度则体现在作为符号的语篇、话语、文类与其他对应符号的互文活动。在这三个维度之外的影响因素是文化和意识形态（Hatim & Mason 1990：

237），见图4。

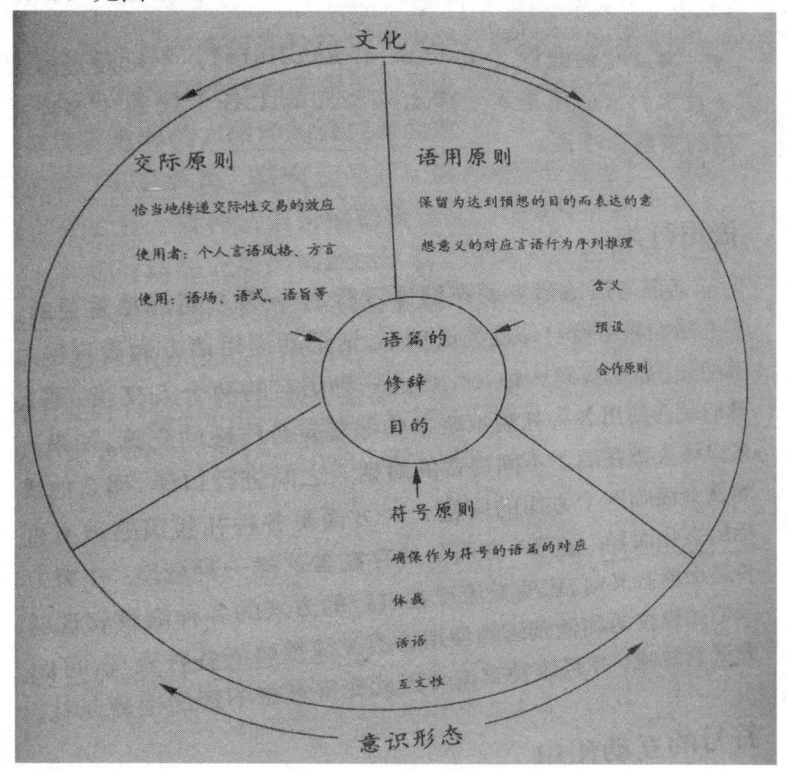

图4 Hatim & Mason 三维模式图（王文斌译，1990/2005：365）

不过他们在1990年的书中中未能具体说明"意识形态"这一部分。因此，模型中意识形态层面的研究还很薄弱，直接影响这个层面与下级层面之间的关系描述，并使模式在描述翻译整体行为方面显得不够充分。Hatim 和 Mason 后来在1997年的《作为交际者的译员》（*Translator as Communicator*）一书中对模式进行了修订，明确汲取了目的论和描述翻译研究理论的一些观点，并对意识形态部分进行了大量补充，将"意识形态"概念细分为"翻译的意识形态"（the ideology of translation）和"意识形态的翻译"（the translation of ideology）两种类型，同时演示了如何从词汇选择、衔接手段、及物性等语言分析说明这类问题（本书将在 3.3 章节中具体介绍）。该模式自此开始在翻译的社会话语分析中得到运用（如 Calzada 2001）。

在说明三维模式如何解释语境交际维度的方面，Hatim 和 Mason 认为，一切文本都可以被看成是在特定社会背景下进行的交际交易活动，所以翻译活动应被视为"在社会语境中进行的交际过程"（Hatim & Mason 1990：3）。语境的交际层面的研究强调文本产生的交际情景，不同的交际情景需要不同变体的语言，因此实际研究的是语境中涉及语言使用者和语言使用的不同语言变体问题。Hatim 和 Mason 认为 Halliday 等语言学学者创建的"语域"概念可以有效地界定和识别这方面问题，不过，他们对语域概念在翻译中的运用也提出了自己的反思，并根据翻译活动的实际特点进一步发展了这个概念。首先，他们反对一些学者对情景类型静态罗列的做法，指出语域概念与实际语言使用上的差异："情景类型的范畴充其量只是为了分类的需要。在实际分析中，情景与语言两者之间的对应始终处于模糊之中，而且语篇分门别类的不同标准需要得到考察"；其次，他们从语言使用者和语言使用两个角度出发，提出"限制性语域"（restricted register）的概念以便对翻译所发生的情景进行有意义的特征描述。"限制性语域"，即受具体交际目的限制的语域分析，有较为明确界定的语言活动范围，并且使用中的语言形式和式样数目有限，语言使用因此具有一定的预知性（同上 1990：50-51）。Hatim 和 Mason 认为，对这一受限制性领域中的语言使用，人们完全可以采用语域分析对语境进行描述，但是，对于那些非限制性领域中的语言运用，由于不可能对其中的词汇项和语法项进行有意义的量化分析，则必须采用语用分析和符号分析的手段对语境进行研究。

在解释语境的语用维度方面,Hatim 和 Mason 认为语场、语旨、语式的特征一旦被用于传递特殊的效果,就会不可避免地传达有意图的行为。他们引入了 Austin 的言语行为理论、Grice 的合作原则、Sperber 和 Wilson 的关联理论等语用学领域的成果,将语言学的这些概念与翻译的实际问题联系起来,旨在研究翻译中语言和语言使用环境之间的关系,使译者能有效地理解在不同的语言交际环境下语言和语言的使用。他们首先强调 Austin 言语行为理论对翻译的指导作用,认为在特定话语的语域(语场、语式、语旨)中选用词汇和句法,最终取决于和话语目的、真实世界等方面相关的语用考虑。接着他们以言语行为理论中的言外行为观点对翻译的影响为线索探讨了言外之力在翻译中传递的问题。Hatim 和 Mason 认为,取得对等并非仅仅在于命题内容方面的对等,还在于言外之力的对等,而后者常常取决于各种文化标准的差异。对言语行为解读的关键取决于言外结构的问题,即言语行为在一序列句子中的位置和地位(也就是在上下文语境中的位置),而这种言语行为序列的累积性效应会引发"语篇行为"(text act);翻译过程中,译者的目标并不是以一个言语行为来匹配另一个言语行为,而是旨在取得言外结构的对等(同上 1990:76)。值得注意的是,Hatim 和 Mason 在此并没有盲目地套用言语行为理论,反而花费不少篇幅梳理语用学领域本身对该理论的批判(如 Levinson 1983; Haslett 1987; Van Dijk 1982),如采用非自然的语料(指研究欠缺对实际语篇的分析)、对言外之力和言后之力的先验假设(忽视交际中受众的积极作用)、割裂话语与其所在的社会关系体系等。Hatim 和 Mason 将这些现象归罪于"语用学采用的近乎哲学式的研究方法"(Hatim & Mason 1990:79-83)。他们结合翻译活动本身特点对该理论在翻译中的应用提出修正和补充,并借鉴会话分析中通常采用的实证研究方法进行语料收集和分析,将交际双方的动机、信念、背景知识、交际发生的社会关系体系

（权力和地位）纳入言外之力的考察范围，从而将心理因素论的言语行为分析扩展到关于意图和含义推导的交际研究，合作原则、关联理论的部分成果也因此被吸收进模式，用于分析翻译交际双方根据效力和效能最佳化原则进行合作的努力。

由于"参与交际情景的其他说话人的各种语言行为就是说话人自身话语产出的语境，它以同样的生产力起作用"（Sebeok 1986：753；转引自 Hatim & Mason 1990：104），Hatim 和 Mason 认为，在社会现实中语言使用者得以真正以言行事，还必须凭借文字符号在语篇内外的交互作用。他们因此强调"语境符号学是促进交际向前推进的原动力，是隐藏在语用和其他语境特征背后的促动力"（Hatim & Mason 1990：104）的观点，并在语境模式中引入符号维度。在梳理符号概念作为"符号—符号实体—符号功能"的演变历史后，他们不但批判了 Saussure 的一些符号学思想，而且还将 Pierce 以非语言符号为分析起点的研究思路以及 Barthes 神话研究中获取内涵与外延意义的动态符号观吸收进自己的模式，强调符号学的基本原则对翻译研究的启示与借鉴，即 1）符号指文化结构，2）符号学超越文字语言，3）符号示意的基本机制具有共性，4）符号示意行为的关键在于语境和上下语篇（co-text）（同上 1990：107-116）。在符号学和语用学交叉作用下的互文性领域中，Hatim 和 Mason 从"中介/斡旋作用"的角度审视译者对互文性指涉的移植做出的决策。互文性在此被分为两类，其中"被动互文性"的目的在于构成语篇内部的连贯和衔接，并产生意义的连续性；而"主动互文性"则旨在激活语篇之外的知识和信念系统。Hatim 和 Mason 指出互文性是具有动因的关系，应该从文本的功能或者交际的总目的方面加以解释，而意图性是互文性参引的总体符号描写的基础，仅仅借助信息含义，任何互文性参引都无法转换成另一种语言，因此在一般情况下，意图性的重要性超过信息内容，在翻译互文指涉时影响文类性质、话语态度、语篇修辞目的的符号都应该优先保留。

总的来说，Hatim 和 Mason 主要是从语篇类型、语篇结构、话语的语篇组织三方面说明语境三维模式在翻译中的运用。语篇类型方面，他们区分了论证文、说明文和教导文等类型，探讨语篇类型杂合化的问题，并举例说明语境的三维成分如何影响、决定语篇类型的聚焦点（text-type focus）；语篇结构方面，他们提出，语篇类型聚焦点往往反映了特定文化从符号角度组织语篇材料的方式，而使用任何特定结构的动因取决于语篇使用者对语境的反应方式，即语篇使用者寻求特定语篇类型聚焦点的修辞目的。在这个方面，语域分析手段为语境和语篇结构之间提供了理想的联系。Hatim 和 Mason 提出语篇结构有可能在翻译中会被修正的观点，但认为一旦源语语篇的修辞目的可能受到损害，在译文中进行的语篇结构修正就必须终止。同时，他们也认为受源语语篇修辞目的和译者翻译目的两方面影响，译者的自由度（即译者对语篇结构修正的幅度问题）受到相当的限制。话语的语篇组织方面，他们指出具有动因的谋篇机制（如主述位递进、衔接与连贯等）为实现话语意图（最为突出的是语篇类型的聚焦点）和实施特定语篇计划（语篇结构）提供了途径。语篇组织几乎取决于语篇结构，两者有因果关系，但最终还是取决于总体的语境。在具体分析中他们将语篇组织的不同表现与更高层次的语境价值联系起来，说明语篇现象以及语篇组织如何回应诸如权力、意识形态等超语篇因素（同上 1990：139-222）。

Hatim 和 Mason（1990）采用大量单语言的例证解释和说明语言学的理论概念，因此真正的翻译例证并不多，较为具体的例证要算以《爱弥儿》的翻译为样本的讨论。他们具体展示了三维模式的运用可操作的程序，即文类、话语、文本类型调节意义的互文方面。总的来说，他们在 1990 年的研究成果看起来更像是为了说明语篇分析中有哪些成分可以用于翻译的研究，而且指导思想仍带有明显的以源文为中心的"对等"观念,只不过他们强调的对等是远大于词、句、篇的交际和语用层面的对等,并在符号层面将其具体化为语篇、话语、文类三方面的对应而已。这样的研究更多基于某种桥梁式的交际翻译观,即认为翻译是一个动态的交际过程,译者站在这个动态过程的中央,在源文作者与译文读者之间充当协调者。两位学者尽管承认译者的主观感受的必然介入,但仍告诫"虽然普通的读者可以在创造性阅读中加入自己的信念和价值,但译者对此却要深加提防"(同上 1990:224)。Hatim 后来把译者的操纵活动区分为个人性和集体性两种类型,他赞同"识别和认可'出于适当动机'而造成的互文介入",而适当动机就是指"符合译文规范的表达方式"。而对翻译中具有"语言帝国主义"意味的互文介入则持反对态度,提出"要避免那种不必要的意外介入"(Hatim 1997:44)。问题是这种介入往往受特定意识形态、翻译目的的影响,并非译者主观上一相情愿的决定。无论好坏与否,译者的干涉作用在现实生活中大量存在。Hatim 和 Mason 的这些种论断不知不觉地把自己摆到了一个居高临下、客观公正的位置上,断言哪些行为是可行的,哪些是不允许的。这种徒劳的、理想化的规约性的结论又让人想起前语言学途径研究时代的研究状况。

Hatim 和 Mason 在 1990 年研究中虽然采用符号学思想,并借用社会符号家 Kress 关于文类的定义,但实际研究仍主要立足于语言符号体系的研究而非真正的与社会环境分析紧密相连的社会符号学,其讨论也并未涉及任何实质性的现实语境问题,因此实际上仍属于一种"拟语境"研究。他们只是把语篇以及语篇内的成分当作符号来使用,通过互文性考察,揭示它们如何实施语域特征以及由此显示的作者或译者的某些意图。其模式强调更多的是语篇中具有"局部"语用意义的每个因素,作为符号个体与作为具有"全局"符号价值的符号彼此间发生交互作用，最终形成了可供语用分析的联系网络。因此，Munday（2001：102）就认为他们的研究虽然很有启发性，不过，虽然分析了一系列的文体，但焦点仍然以语言学为中心，只检验了术语和现象范畴。

不过，他们在书中把关于翻译语篇的讨论上升到文化和意识形态层面，其研究对象也不再是源文和译文两种语言体系，而是强调语言的使用并注意到影响语言使用的各种社会文化制约因素，这与传统的眼界狭隘的语言学翻译理论形成对照。以往像Catford一代的语言学背景的翻译理论家，往往只是把翻译当作语言形式分析的工具，而不是把翻译看作一种语言和社会现象来予以解释，而Hatim和Mason已把意识形态、政治气氛纳入认可范围。其次，作者们借助多个语言学理论框架和成果，从诸多领域广泛吸取养料进行"为我所用"的研究，其鲜明的多元特色也是传统语言学翻译理论借助单一语言学源头不具备的。

3.2 语言变体与翻译：语料库翻译研究

3.2.1 语料库翻译研究兴起

20世纪九十年代以来语言学途径研究另一个引人注目的发展是语料库翻译研究。九十年代初，英国曼彻斯特大学科技学院创建了世界上第一个对比翻译语料库——翻译英语语料库（Translational English Corpus，简称TEC），收集由英美翻译家从世界其他国家语言翻译过来的英语文本，将语料库应用于翻译研究。在此基础上，Baker建立了翻译语料库的基本理论并成立了语言工程系的翻译研究中心，从此翻译语料库研究开始蓬勃发展。国内学者廖七一（2000，2001）、丁树德（2001）以及张美芳（2002）

对该语料库都曾进行过相关介绍。

3.2.1.1 语料库翻译研究理论来源

语料库翻译研究的诞生明显受语料库语言学和描述翻译研究两个相关研究领域的影响,前者的影响主要表现在研究方法和技术手段上,后者的影响则主要体现在理论架构和研究范式上。

"以语料为语言描写的起点或以语料为验证有关语言的假说的方法称为语料库语言学"(Crystal 1991:86)。作为研究语言的一个手段,代表性取样、语料的标注和可机读性以及语料规模的开放性都是语料库研究的重要特征。它与以往小规模、手工操作、脱离语境的语言学研究相比有较大差异,集语言学理论、数学思维模式和计算机技术为一体,试图在人、计算机和语料数据之间的相互作用下采用客观科学的方式全面完整地描述语言。20世纪八十年代后,光电符号识别技术大大加快了语料的标注处理,促进了语料的分析和利用,语料库语言学因此发展迅猛,以伯明翰英语语料库为代表的一大批语料库相继建成,包括 Svartvik(1996)和 Halliday(1991)等人的概率语法研究、Tottie(1991)的英国英语和美国英语话语风格研究以及 Sinclair(1985)等人关于英语搭配的量化研究等。语料库语言学与计算语言学共享某些经验、技术和资源,但却是完全独立的一门学问。二者哲学基础不同,工作目标也不同。计算语言学源自 Chomsky 早期的理论,试图用转换生成语法机制处理语言,而且一直沿用由 Chomsky 理论衍生而来的树形结构库等做法,而语料库语言学源自语言学研究中的实地工作、数据采集等经验主义传统(卫乃兴 2004)。基于语料库的翻译研究正是借助语料库语言学发展的一系列分析工具如词语索引(concordances)、语境关键词(KWIC)和词表(wordlist)等技术对翻译文本的词频(frequency)、词量(token)与词型(type)百分比、搭配、语境词语、译者风格、译本中的杂合现象或"第三代码"现象（源自 Frawley 1984，见 3.2.2 中的解释）等进行具体调查，并严格遵循假设、验证、解释的实证研究路线，试图以自然科学的研究方法提高翻译研究的科学性，最终形成大规模、系统性、可比性强的研究特点。

另一方面，翻译研究语料库的设计思路明显受经典描写方法的直接影响。Baker（1993）指出语料库翻译研究的理论来源，除了与语言学领域中语境研究和语言功能观的兴起有关，主要还受益于描述性翻译研究的多元系统论和规范论。描述性翻译研究（DTS）对翻译有独特的看法，即，1）翻译是"目标语文化的事实"。它有时是某种特定身份的事实，有时甚至会形成自身的可识别的（支）系统，但任何时候它都是属于目标语文化（Toury 1985：29）。(2）翻译是独立的文本，而不是对其他文本的表述。受其影响，语料库翻译研究具有突出的译语导向特征，其文本样本的选择大都严格建立在译语系统的基础上，而且都是外部的、临时的。此外，大多数语料库翻译研究将翻译语言作为独立的语言现象进行研究。当然，这并不是说翻译语料库研究因此采取了文化学的研究模式。因为将翻译语言作为译语的一种变体现象来研究，语料库翻译研究的解释更多是认知性的，而不是社会或文化性的。语料库翻译研究的奠基者 Baker 的兴趣在于描述和解释翻译中不受源语或译语干扰影响的语言模式，她假设这些模式在所有的翻译语言中都非常典型，但在非翻译语言中则并不普遍（Baker 1993）。也就是说这些语言模式不是特定社会、文化和历史语境的产物，不像 DTS 研究中的翻译规范概念那样随跨越不同的文化而改变，而是更多受到来自翻译过程内在因素的约束。

英国学者 Olohan 曾对翻译语料库研究的理论出发点做过精练的描述，认为这是一种非规约性的研究，包括三方面的要素：1）描述性调查方法；2）假设的原型翻译情况、规范和普遍性；3）翻译的语境化（Olohan 2004：16-23）。她认为在翻译研究中运用语料库方法的理论特征可以概括为：对现有译本进行描述性研究的兴趣；有志于研究翻译成品中的语言，而不是研究对比语言意义上的语言；试图揭示翻译中可能的和典型的特征来理解翻译中的非常规性；进行基于语料库的定性和定量相结合的分析描述，主要集中描写词汇、句法和语篇特征；探讨不同类型的翻译在方法论上的运用（同上：16）。

翻译语料库研究的出现形成了当代翻译学与以往译学研究的不同特点，如语料库之前的翻译研究一般使用文本的片断作为例证，一般不使用量化分析的方法。但利用语料库方法之后，人们可以处理大量的文本，精确地描写其中所选的语篇特征以及译者的翻译风格，从而能准确地分析不同类型的文本之间在语言特征上的差别。如对语料的量化分析证明不同语言形式在不同文本（源语文本、译语文本和翻译文本）中出现的频率会有显著的差异，它可以使我们更直观、更清楚地认识翻译语言本身的特点，从中了解翻译中典型的语言用法及文体之间语言发生变化的程度，并能从一些方面解释译者特有的语言使用习惯、特殊的句法结构，等等。此外，以往的研究多从语言习惯入手调查翻译的规范，而一部分语料库研究已开始考虑通过对源语和译语的规范进行比较，分析译者自身的社会、文化对翻译文本的影响，如语言的相对地位、某文学类型在文学多元系统中的地位等。可以说，语料库手段的引入使翻译研究领域中定量研究与定性研究、语言研究与文化研究得以更好地结合使用，研究的结论具备较强的可观察性和可重复性。这在大规模数据分析基础上进一步推动了对翻译的性质和特征的科学研究。

3.2.1.2 用于翻译研究的主要语料库类型

用于翻译研究的语料库类型主要包括双语或多语平行语料库（parallel corpora）与单语对比语料库（comparative corpora），其区别在于前者是 A 语言的源语文本和 B 语言的译入语文本组合，而后者则包括同一语言的两个不同文本的集合（翻译与非翻译的同语言文本）。从基本概念的考察就可以区分这两种语料库使用。如规范化特征研究中，规范化的定义有两层含义，即译者针对源语文本或则针对译语文本在译文中的保守性语言倾向（Kenny 2000/2006：94）。这种针对不同对象的定义已经昭示语料库研究在方法上的不同。前一种情况会采用平行语料库来比较源文和译文的相关片段（如 Baker 1995），并用源语和译语中的原创文本来补充研究（如 Kenny 1998, Munday 1998）。后一种情况大多使用单语对比语料库（如 Laviosa 1997）来比较译文文本与非翻译的译语文本的语言模式。

平行语料库收集的语料主要包括源语文本和相应的翻译成一种或几种语言的译本。其中双向平行语料库指 A 语言的源文本和译入语 B 语言的译文本、B 语言的源文本及其译入 A 语言的译文本。平行语料库主要用来进行语言对比研究，如可对两种文本在词汇、句子和文体上的异同进行对比分析，以便发现译文规律性的特征。但在具体研究时，一些学者发现了平行语料库在调查译者行为和翻译规范方面的局限性，如一些对比强烈的语言特征实际上有可能是受了文类、话语和修辞目的的影响（Mason 2001b）。

相对于前者，一些学者更偏好使用对比语料库调查译文本身的特征。对比语料库涉及同一语言的不同文本语料，既收集某种语言的原创文本，同时也收集从其他语言翻译成这一语言的翻译文本，条件是两种文本语料在"使用范围、语言变体和时间跨度上应相似，而且在长度上也具有可比性"（Baker1995：234）。对比语料库的研究模式打破了传统上源语语篇的主宰地位和"对等"的观念，尽管起步较晚，但在探索特定历史、文化、社会环境中的翻译功能，探讨翻译文本的性质、译者的个人风格、源语对文本类型的影响以及对译语语言的影响方面已经取得重大成果。

Baker 曾从学科建设的意义上评论了这种语料库的使用对翻译研究的意义。她认为翻译研究的焦点转移可以借助这种类型的语料库研究得以实现。在 1993 年纪念 Sinclair 的文集和 1995 年对翻译语料库研究潜能的探索中,她曾描绘了语料库语言学在翻译研究中的应用蓝图,指出多语言的对比语料库可被用于改变翻译研究方法论:"我的意思是我们需要实现这门学科理论研究焦点的转移,从源文到译文的比较或者从 A 语言到 B 语言的比较转移到本质上是语篇的产品与翻译的比较。换言之,我们需要探索语篇在相对自由情况下生产的原本个体与在进行翻译的常规条件下(即一个充分发展和连贯的语篇存在于语言 A 中,并要求在语言 B 中重新编码)产生的文本是如何不同,而对比语料库的目标是去识别与源语和译语无关的译本语篇的特有模式"(Baker 1995:233,234)。

不过,一些研究已经显示这种单独使用单语对比语料库的不足,如 Bernardini 和 Zanettin(2004)认为仅以单语对比语料库进行研究,不易区分因语内比较和语际比较所造成的不同类型的翻译普遍性特征,而且不同的研究因为研究重点而对变量参数的设置不同,所选择的语言配对、翻译方向、译者因素、文体类型等因素都会影响研究结果。对于对比语料库中成分的可比较性,Laviosa(1997)也提出过质疑,尽管她本人多次使用这种类型的语料库。她建议采用不同的建库标准(如翻译方式、翻译方法、与译者母语相关联的翻译导向、被翻译的源语以及文本的出版状况等)来描述翻译语料库。

目前,学者们的共识是将两种语料库结合使用,希望更有利于人们认识翻译的全貌。在这个方法论改进的问题上,Kenny 的研究(2005)具有突破性的意义,它显示平行语料库的使用可以弥补对比语料库研究中因排除源语文本可能造成的缺陷。Olohan 和 Baker(2000)曾采用单语对比语料库对非强制性关系词"that"在原创英语与翻译英语中的使用进行研究,发现英译文中"that"

使用得更多，并由此得出结论认为明晰化是语言在翻译转换中的一个普遍倾向。但 Kenny（2005）在使用德－英文学文本平行语料库（GEPCOLT）来验证 Olohan 和 Baker 的这项研究成果时发现，源文与源语的影响也应该考虑到研究之中。她首先发现英译文中"that"使用的比率与 Olohan 和 Baker（2000）的发现是吻合的，但仔细考察源文后，她发现英译文约占一半的情况使用"that"的时候，德语源文也有相应比例的"daß"（德语连接词，相当于英语中的 that）使用。换言之，译文中"that"省略的时候，德语源文通常也是省略的,因此源文语言特征的影响也不能忽略。此外，尽管在许多情况下动词"say"之后使用非强制性"that"一词，看起来并非为了对应德语中的"daß"，但还需要确认一下源语文本中是否使用了除"daß"以外的其他连接词形式来表现从句的叙述性质，否则就很难断定英语译文中使用"that"的做法全都属于明晰化现象（Kenny 2005：161）。Kenny 仔细对比源文和译文，发现当双向转换发生时候，即从英语源文的"that"到德语译文的零连接词或从德语源文的零连接词到英语译文的"that"转换中，后者更为常见。因此，这种倾向可以被视为翻译明晰化特征的一种情况。Kenny 的研究确证了 Olohan 和 Baker 的部分发现，同时也说明在翻译研究中深入开展平行语料库研究的重要性。不过，平行语料库的运用并不是要重新回到源语与译语文本二元对立的老问题上去。Kenny 特别指出她研究的目的是探究"如何在单语对比语料库研究范式的基础上进一步通过平行语料库来完善翻译现象的综合研究方法"（Kenny 2005：157）。

3.2.1.3 关于翻译语言变体的假设

迄今为止，基于这两种语料库的翻译研究范围基本覆盖了从翻译的过程到产品的各种现象，主要成果涉及翻译语言特征、翻译转换与规范、译者文体等方面，甚至包括翻译与全球化问题，如 House（2002，2003）关于德语－英语语料库的研究聚焦现代德语如何受翻译影响发生内部的语言变化。而其中最引人注目的就是对翻译普遍性问题（the universals of translation）的研究了。"翻译普遍性"被定义为"翻译文本而不是原话语中出现的典型语言特征，并且这些特征不是特定语言系统干扰的结果"（Baker 1993：243）。也就是说，翻译语言被看作一种客观存在的语言变体，在整体上表现出有别于源语语言，同时也有别于译语语言的一些规律特征。这样的定义暗示了翻译普遍性作为一种概率性分布特征可以在归纳的基础上获得，而且翻译普遍性与语言系统之间的差异无关，是翻译内在的特征。因此，学者们坚信在这个假设基础上展开的研究有可能成为揭示翻译性质的一个窗口。

在语料库翻译研究兴起之前，已有很多翻译理论家对"翻译普遍性"问题做了大量的探讨，如 Blum-Kulka，Levenston，Toury，Vanderauwera 和 Klaudy 等，他们总结出翻译普遍性的三个主要表现，即"简略化"（simplification）、"明晰化"（explicitation）和"规范化"（normalization）。其中"简略化"指的是译者将原作的语言或信息作简化处理，"明晰化"指的是译者将源文中暗含的信息加以明确介绍，而"规范化"指的是使译文符合译入语规范，从而降低源文的文本特征。这些研究虽然都取得了一定的成果，但从总体上看，其局限性也是很明显的，主要包括：缺少能够对已采集到的信息进行证明和评估的严谨的理论框架；多数研究局限于句子层次的分析，并主要建立在文学类文本的研究基础上；研究者收集的文本数量过少，采用的策略彼此冲突，因此有时候得出的结论是不全面的。

语料库翻译研究的学者们在前人的基础上，采取翻译产品/译语取向的视角，结合定量和定性的方法对翻译普遍性问题进行了更深入的研究。由于语料库研究"数据驱动"式的研究特征明显，其理论性结论是从具体数据推导出来的，可以反复验证，这有效地弥补了以往单纯定性分析的不足。自 Baker（1993）提出基于语料库的翻译普遍特征研究以来，围绕这一主题的研究大量涌现，1998 年 *Meta* 期刊还曾专门为翻译语料库研究推出了一期特刊。具有代表性的一些研究成果主要有 Baker（1993, 1995, 1996），Laviosa（1997, 1998a, 1998b, 2002），Kenny（1998, 2001, 2005），Olohan 和 Baker（2000），Olohan（2003, 2004），Mauranen（2002），Mauranen 和 Kujamki（2004），Tirkkonen-Condit（2002, 2004）等。十几年来，学者们在各语种语料库中对翻译的普遍性特征进行了实证检验，其中既有证明也有质疑，而且学者们在前述三个翻译普遍性的表现之外又有了新的发现，即"整齐化"（leveling out）和"集中化"（convergence）。其中"整齐化"指的是翻译文本在语言特征上彼此有相似的倾向，而"集中化"指的是翻译文本在翻译普遍性特征上表现出的更高的趋同性（见 Laviosa 2002：33-74）。不过，"翻译的普遍性"到目前为止仍是一个有待调查证实的假设，不能当作既成事实来说明。

3.2.2 翻译语料库理论的发展和方法论的改进

20 世纪九十年代以来，从事翻译语料库研究的学者越来越多，而且这个领域已取得较为丰硕的成果。对语料库翻译研究的发展历程进行总结的理论著作首推英国翻译理论家 Laviosa 的《语料库翻译研究：理论、发现和应用》（*Corpus-based Translation Studies: Theory, Findings, Applications*, 2002）以及 Olohan 的《翻译研究语料库入门》（*Introducing Corpora in Translation Studies*, 2004），尤其是后者对语料库翻译研究的理论观点、研究成果/实际应用进行了更为细致和全面的梳理与归纳。不过，在语料库研究方面影响最大的还是要算被尊为"翻译语料库之母"（Laviosa 2002：18）的 Baker。Baker（1993）最早呼吁采用语料库研究方法，通过大批量的数据存取和相关软件至少半自动化的处理来分析作者并非有意识控制地语言习惯、捕捉语言选择的模式而非个体的语言选择,而且也正是她(1995)首先提出建立对比语料库作为语料数据来源来研究全面的翻译普遍性特征和具体的简化特征。总的来看,Baker 的突出贡献主要表现在语料库研究的理论建设方面,迄今为止她的不少思想仍是这一研究途径方法论的基础。

在语料库翻译研究的发展初期,Baker 就曾讨论过语料库翻译研究理论建设的三个基本方面:(1)语料库翻译研究与以译入语为导向的研究方法之间的联系;(2)语料库翻译研究所使用的独特的方法;(3)这一方法在研究翻译的语言学性质方面具有的潜力(Baker 1993),并在后来的研究中指出语料库研究应将重点放在翻译过程中三个主要方面的相互关系上,这三个方面分别是"公众的预期、理论家的假设或主张以及职业翻译家的实践"(Baker 1999:8)。她的论断从一开始就明确了语料库翻译研究的译语导向和描述的性质,同时也勾勒了此类语料库研究的大致框架,指明了翻译研究者从事语料库研究的具体任务,具有较强的理论前瞻性和指导性。

Baker 对于语料库翻译的不少理论探讨具有学科建设的意义,她在一系列文章中从目的和研究对象的角度将翻译语言学途径的研究与语言学研究区分开。Baker 认为语料库翻译研究的最终目的是探索翻译语言中规律性存在的原因和驱动因素。开发语料库这种连贯的方法来识别翻译的语言特征,其目的不仅仅是揭示"第三代码"[1]的本质,更重要的是要找出理解影响翻译行为并

---

[1] 美国学者 William Frawley 在 1984 年编撰的 *Translation: Literary, Linguistic, and Philosophical Perspectives* 一书中发表题为"Prolegomenon to a Theory of Translation"的序言。他从符号学的角度重新定义了翻译,认为翻译是把一种符号所携带的信息用另一符号重新表达,其中经历了符号的转换过程。而在这种重新认识(re-cognizing)或重新编码(recoding)的过程中,"第三符码",即源符码和目的符码的双边动态调解而提取的新信息(new code),发挥了解码、提取信息与重组信息的重要作用。Frawley 在质疑"对等"是否能被识解成经验的(参照符号的绝对同义)、生理的(相同的感知和认知器官)及语言的(语言的普遍性)基础上,提出翻译是产生新符码的动态的行为,强调译文不是源文的衍生物。

造成其特殊语言的连贯性质、压力和动力（Baker 1995）。对此，她颇有见地地指出：

"研究者应当非常小心，不要将翻译研究的对象混淆于或简约成语料库语言学研究的对象。就翻译研究学者而言，对语言特征的具体描述决不是目的本身：它只是实现目的的一个手段，一个帮助我们理解在译者语言里留下痕迹的工作压力和约束因素的起点"（Baker 1999：292-293）。

"识别语言习惯和风格模式并非其（语料库研究）目标，只有当它告诉我们某个译者或者一般译者的文化和意识形态定位，或是影响我们翻译行为的认知过程和机制，它才具有价值"（Baker 2000b：258）。

这样的洞见准确反映了 20 世纪九十年代以来语言学途径发展的方向，即立足于文本的内部分析，但视点已经跳出文本之外，把文本中的发现和文本的生成过程联系起来，探询语言特征和与之密切相关的社会或心理层面的动因之间可能的联系。语言学途径的翻译研究并不仅仅是那种语言学意义上的语言研究，它关注更多的是对翻译行为和现象本身的描述和解释，是一种翻译学意义上的研究。

Baker 在语料库方法论建设方面的贡献突出。语料库翻译研究的一个显著特点就是研究方法非常重要。"传统上，翻译模型限制研究模型并影响到翻译理论的建设，而语料库研究与此恰恰相反，是研究模型限制了翻译模型并影响到理论的阐述"（Laviosa 2002：118）。由于涉及真实数据以及其不同的研究用途，如何挑选可供比较的特征以设定语料库的参数、如何去解释研究的发现结果将会直接影响翻译语料库研究的信度和效度。但是，在任何科学研究的领域中往往存在研究者对方法论不加批判地应用的现象。对此，Baker（1995，1999，2004 等）多次撰文强调方法论在语料库研究中的重要性，并探讨现有理论框架的不足和可能的改进方向，认为研究者应当认识到数据的诱导因素问题，不断改进设计思路，努力提高数据的代表性和自然性，而且研究者应当更多从纯描述性研究向解释性研究转变。她本人（2000）关于译者翻译风格的研究就可以被视为语料库研究方法论方面的一次重要探索，较为成功地将语料库中发现的语言模式与超语言的翻译过程方面结合起来进行研究（本章下一节对此有具体的评价和分析）。

Baker 在语料库早期发展阶段率先主持研制翻译英语语料库（TEC）主要是为了利用语料库语言学的方法和手段实现翻译研究的客观性和描述性。但随着研究的深入，她后来在《基于语料库的看法：翻译中的相似与差异》（2004）一文中也专门强调了研究中的主观性和客观性的问题，呼吁人们客观冷静地看待语料库手段的科学性，不能过高估计可能取得的成果。因为数字和数据只是吸引人们去关注和挑选可供研究的语言特征，其本身并不能自足地解释存在的现象。Baker 认为，"对同一发现结果的不同解释方式取决于研究者个体选择关注的变量"（Baker 2004b：167）——人类分析者的判断才是关键。尤其在语料库研究中，往往都是研究者自己创建研究对象，然后将其进行语境化研究，这势必会给研究带来一定的局限性。她指出，语料库研究引起方法论方面的许多质疑，但这些异议在所有试图以真实数据进行比较的研究中早已存在。虽然以往研究的小规模不充足的数据无法获取可信度高的发现，但在翻译研究的这种情况下，太多可供研究的数据带来的难题并不亚于以往过少的数据造成的研究信息上的困难，尤其是如何挑选可供比较的特征问题以及如何解释研究的发现结果。但是，换一下角度，人们可以看到语料库研究在这个方面的一些优势，即其他的研究者可以利用同样的研究数据根据不同的目的做出不同的解释和发现，如发现的结果可以在其他的研究中得到评估和质疑，又或者别的研究者可以借助先前研究中被忽略或忽视的参数对同样的结果提出不同的、也许看起来更为有理的解释。Baker 的上述论断实际上已从方法论角度提醒人们注意定量和定性研究的结合中定性分析对语料库研究意义所在，强调分析者的参与程度赋予计算机的分析深度，应该将语料库作为辅助手段来探索翻译的机制和性质。由此，这类翻译研究与其他类型的研究相比必须更为清楚地阐明其研究方法论。

事实上，语料库的不少具体研究已经证实量化分析特征突出的语料库研究中自动化部分实际很小，更多的是人工设计思路和研究立足点与针对自动化结果的质性分析。只有在描述的基础上加大合理的理论解释和构建才会推动语料库研究的发展。Olohan（2004：45-62）曾具体介绍过语料库设计中的主要问题，指出语料库的建库标准取决于研究的目的和问题以及待验证的假设。时间性和区域性在语料库设计中起着很大作用。同时，作者和说话者的国籍、种族、年龄、性别都可作为入库标准，而这一切取决于这些信息与学者想从语料库中调查的问题的相关程度；Kenny在评估语料库研究手段时也指出，自动化技术处理时首先要考虑其中涉及的大量的噪音（noise，即无关信息），它们必须由对词汇创新性感兴趣的人类分析家来手工排除。更困难的是人们想从特定类型的语料库处理中得到的东西与他们能够理性寻找到的东西存在巨大差距。如 Wordlist 软件对任何文本处理得到的关键词和字串都会随着使用者设定的参数值而改变。评估通过半自动化手段来回溯性研究如词汇创新性使用这样抽象概念的表现，最终只有一个办法，就是比较软件的结果和受训练的人类专家手工获得的解答线索（Kenny 2000/2006：100-102）。而像 Munday（2002），Mason 和 Serban（2003）那样获取了较有价值的成果的研究都只是部分借助了语料库研究手段，重点仍是人工的设计和对观察结果的具体分析与解释。

3.2.3　代表性语料库个案研究

我们主要从革新方法论的角度出发，选取 Baker 对译者风格的研究（2000）、Kenny 对翻译中词汇规范化和创新性的研究（2001）的个案进行分析，尝试探讨这些研究对于语言学途径发展的可能价值以及对翻译学进一步发展的相关启示。

3.2.3.1　文学翻译译者风格的方法探索（Baker 2000b）

自 20 世纪九十年代以来，Baker 一直利用语料库作为研究翻译不同特征的资源，研究对象包括译本的独特性质和译者个体的独特风格等课题（见 Baker 1993, 1995, 1996, 1998, 1999, 2000, 2004；Olohan & Baker 2000b）。其中，她在 *Target* 上发表的《调查文学翻译译者风格的方法探索》（"Towards a Methodology for Investigating the Style of a Literary Translator"，2000）一文对推动语料库翻译研究的发展具有方法论意义上的重要价值。我国学者张美芳曾在参考 Baker 文章的基础上具体描述过研究的主要内容（见张美芳《利用语料库调查译者的文体——Baker 研究新法评介》，2002）。不过评价这项研究的意义时，张文关注的是"Baker 通过语料库来进行译者文体的研究，显然更有说服力"，以及肯定该研究本身的两个理论假设出发点"译者的文体与译者的交际意图和译文的功能紧密相连"、"译者的认知环境与其文体特征息息相关"（张美芳 2002: 57）。我们则更多是从学科建设角度发掘 Baker 本人在这项研究中体现出的翻译学独立学科的意识，并认为该研究较有代表性地反映了 20 世纪九十年代以来语言学途径研究方法上的重大变化。

Baker 的这项研究利用语料库对比分析了英国当代著名翻译家 Peter Bush 和 Peter Clark 的多部译著，发现了两者不同的翻译风格。样本包括 Bush 翻译的 3 本小说和 2 本传记/自传，源文出自 3 位作家,源自巴西葡萄牙语、本土西班牙语和南美西班牙语等 3 种语言,Clark 翻译的 3 本小说,源文出自 2 位作家,源自阿拉伯语。Baker 主要比较了译文在词类/词次比率(type-token ratio)、平均句长(average sentence length)以及对报道式动词"say"的使用上的不同,并专门访问过两位译者 Bush 和 Clark 以了解译者的语境及所处源语和译语的文化背景。研究调查数据如下(表中一些缩写为译作名称的缩写):

1. 词类/词次比率表(Baker 2000:250)

Bush	总值	FT	RofS	Turb.	Quar.	S&C
标准化词类/词次比率	49.87	52.42	51.96	44.51	54.88	43.32
Clark	总值	Dubai Tales	Grandfather	Sabriya		
标准化词类/词次比率	41.00	42.34	39.53	41.07		

2. 平均句长表 (Baker 2000:251)

Bush	总值	FT	RofS	Turb.	Quar.	S&C
标准化句长	23.76	31.82	28.49	10.34	19.64	10.85
Clark	总值	Dubai Tales	Grandfather	Sabriya		
标准化词类/词次比率	8.07	8.45	7.91	7.87		

3. 报道式结构中动词"say"的使用表(Baker 2000:252)

	Bush	Clark
	共 296146 个字词	共 173932 个字词
say	218	168
says	145	18
said	210	905
saying	41	102
总计	614	1193

Baker 对这些结果提供若干可能的解释，希望能引发人们对方法论的讨论。她认为，结果（1）和（2）表明 Bush 的译文词类/词次比率高些，平均句子长度也长些，各文本之间变化也大些。由于词类/词次比率是借助语料库来分析或衡量作者所用的词类范畴和种类，由不同词类出现的次数与文本的总字数相比得出的比率。"低比率意味着作者使用的词汇量较小，涉及词汇的范围较窄；反之，高比率则表示作者所用的词汇范围较宽"（Laviosa 2004：149）。因此，可以说，相对于 Bush 而言，Clark 的词汇的选择范围较小，而且在不同译文之间的表述范围较小，语言更为简明易懂。

　　另外，Clark 倾向于使用直接引语，喜欢使用简单过去时的"said"一词，并大量使用副词来修饰这个引导动词，如"angrily, apologetically, decisively, disapprovingly, in a shaky voice, in a strange voice, in amazement, in a voice trembling with genuine affection, in an alarmingly, imperious way, indignantly, insistently, quickly, quietly, sympathetically, tenderly, gently, aggressively, affably, defiantly, with a mixture of bafflement and disapproval, with a slight foreign accent, with an air of condescension, with a smile, with a grin, with a laugh, with some asperity, with all courtesy"（Baker 2000：254）。而 Bush 喜欢把"say"这个动词用于非直接引语，如过度使用典型结构"as someone said"，在非直接引语中也更喜欢用"says"（一般现在时），见以下例证（Baker 2000：255）：

bb000002　　As Albert Manent's friend had said at the university, "without those Andalusian guards the …

bb000004　　As Ibn Hazm beautifully said, I was exchanging a green and pleasant land "for one he …

bb000004　　… few meters of land that, as Carlos Fuentes said, the Dutch reclaim patiently from the sea: …

bb000004	…Marx, l'éternel voleur d'énergies! As Rimbaud would have said). Thus, I steeled myself for…
fn000035	…do so stridently. As Titón has said, the film isn't proselytizing on behalf of homosexuality…
fn000035	This wasn't what I should be doing, and, as I said, I didn't know any writers. But then I met…
fn000035	…to play the homosexual, I'm turning homosexual.' As I said, there was a blackmarket sale of…
fn000035	…people are very grateful that the film exists. As I said, people knew the story, they knew what…
fn000035	If you ever get an opportunity, send them to me. As I said, they're Sèvres porcelain. But that's…
bb000002	…to eliminate them. As T.S. Eliot says in a quotation picked out from … José Angel Valente's…
bb000004	…European predecessors. As Vargas Llosa rightly says, exposing the terrible consequences of…
bb000004	…of imagination and reason, as Malraux says of Goya, beneath the lying appearance of delirium.

由于直接引语清楚地定义了人物说话的开头和结尾，大量副词使用使人物情感跃然纸上，读者得以直接旁观书中人物的喜怒哀乐、所见所闻，但始终与书中的人物和事件保持一段距离，因此 Clark 译文中的世界与读者是有"距离感"的，是将遥远的异域文化世界"客观"呈现在读者面前。Bush 译文中叙事者和书中人物的话语没有清楚的界线，非直接引语是鼓励读者融于文本的世界，实际上倾向于将叙事者的观点和思想强加于读者。而且Bush 译文大量使用动词"say"的现在时，更是营造了直接的气氛，其精心制作的叙事构造了一个通过叙事者看到的世界。

Baker 研究的重要价值主要体现在该研究的后面步骤中，即调查译者对语言模式特别使用的可能社会动因，同时也探讨源文文体对于译者风格的可能影响。

Baker 对 Clark 的部分译文与源文进行了对比，推测 Clark 常用的某些语言模式很可能来自他所译的阿拉伯源文，其中最突出的例证就是他频繁地使用副词来修饰转述词"say"，偏爱使用过去时态，即使源文一些地方使用了现在时态，他也改译为过去时态。同时他也偏好直接引语，不大喜欢使用间接引语，这些都与阿拉伯语中语言使用特点一致。为了进一步探讨译文是否受到源语影响，Baker 调查了不大可能受源文影响而产生的句型特征，如引述结构中使用"that"的情况。"that"在涉及的所有源语（阿拉伯语、西班牙语、葡萄牙语）中都没有对应词，因此在英语译文中无论是省略还是使用"that"都不受源语的影响。Burnett（1999）及 Baker 和 Olohan（2000）曾发现翻译中英语译文明显地倾向于在"say"等引述词后面使用"that"，因此认为明晰化是语言在翻译转换中的一个普遍倾向。当 Baker 把这一方法再用于 Bush 和 Clark 的译文调查，发现 Bush 的译文语言更接近典型英语语言（original English）句型特征，即较多地方省略"that"，而 Clark 的则更像"规范化的"（normalized）英语翻译语言（translated English），即较多使用"that"。

Bush 和 Clark 译文中"that"的省略和使用的分布表（Baker 2000: 258）

	say (Bush)	say (Clark)	said (Bush)	said (Clark)	says (Bush)	says (Clark)	saying (Bush)	saying (Clark)
使用 that	15 / 31%	20 / 53%	13 / 27%	18 / 53%	5 / 13%	2 / 29%	3 / 30%	4 / 50%
省略 that	33 / 69%	18 / 47%	36 / 73%	16 / 47%	33 / 87%	5 / 79%	7 / 70%	4 / 50%

Baker 专门访问了两位译者，发现他们都是受过高等教育、经验丰富的专业翻译者，其母语都是英语，有很强的语言表达能力。但两人为何在文体方面存在如此明显的差异？就类符/形符比率而言，英语、西班牙语、葡萄牙语和阿拉伯语之间没有可比性，在英、阿语之间，句子结构也没有可比性。Baker 因此假设，风格的这些差异归因于译者本人，而不是源语或原作者。她进一步调查发现，Bush 一直居住在英国本土，而 Clark 长期在中东做翻译，为英国领事馆工作。对此她的解释是，译者受社会和对实际生活环境认知过程的影响，会做出"适应性调节"（accommodation），讲话或写文章时会考虑到不同的听者/读者的语言能力而采取不同的策略。因此，Clark 译文倾向于将遥远的源语文化（阿拉伯文化）带给读者，语言浅显易懂，而 Bush 译文则倾向于把读者带入相对亲近的源语文化（如西班牙文化、葡萄牙文化），语言表达更具挑战性。此外，Baker 考虑译者的某些风格也许是受所选择的源文材料所致。Clark 所译的 3 部著作都是普通的叙述体小说，一般读者都能读懂，他的语言风格也倾向于通俗易懂，而 Bush 所选文本大多数难度相当高，其读者是受过高等教育的人，因而有可能导致他过度使用"学术型话语"（learned discourse）的语言结构，如"as x said"。

在这项研究中，Baker 研究的一个基本理论出发点，即翻译是创造性而非派生的活动，显示了语言学派十几年来在研究视野上的重要改变。在谈论研究的动机时，她质疑传统的"源文至上"的翻译复制观，指出翻译研究主要从两个学科——文学研究和语言学——继承了与"原"作品相关的风格的联系。到目前为止，大家对某个译者的风格，或者某群译者的风格，又或是特定历史时期译本资料语料库的风格兴趣淡漠或完全缺乏。很明显，"这是因为翻译传统上被看作是一种派生而非原创的活动"，而这种观点暗示一个译者不能，甚至不应当有自己的风格，译者的任务仅是尽可能地复制源文的风格。"但是就像去拿一件东西不可能不留下指纹那样,如果我们根本不可能以完全排除个人影响的方式去复制语言片断,那么我们就有充分理由去质疑这些假设的可行性"(Baker 2000:244)。她因此特别强调,"如果翻译理论家希望能信服地说服人们翻译是一项创造性而非复制的活动,我们就必须从译者而不是作者的角度开始探索风格的问题(同上 2000:262)。

其次,她发展了关于"风格"的复合概念,也显示出语言学派十几年来在研究视野上的重要改变。关于"风格"这个长期以来在文学界、语言学界、翻译界探讨的术语,Hatim 和 Mason 在《话语与译者》一书中曾将其定义为"在特定背景下特定语言使用者的特性"并将风格的选择界定为特定社会角色和特定语言活动类型的特色(Hatim & Mason 1990:10)。他们的定义因同时强调了"风格"蕴涵的个体性和社会性特征而与传统上将"风格"视为语言总体系的某个特征的观点(如 Nida 1964:169)区分开,展示了语言学途径的翻译研究从对"语言"(语言结构系统)的关注已开始转向"言语"(即语言个体的实际使用)的关注。但是,在 Hatim 和 Mason 看来,"风格"仍只限于语言特征的方式,他们仅将"风格"区分为:1)个人言语风格,即个体语言使用者无意识的语言习惯;2)表现特定语言的习惯表达形式(Hatim & Mason 1990:10)。而 Baker 对"风格"的定义则更为宽泛、复杂。她将其定义为"以语言或非语言特征的方式体现出来的一系列类似于拇指纹的个性特征"(Baker 2000:244),包括译者对所翻译的文学文本的类型挑选,其特定的策略如对喜欢语言的选择和对前言、后记、脚注或术语表的一贯使用。换言之,她在定义"风格"时,除了强调语言的句式特征(如译者的用语特点、译者与他人相比所具有的个性化用语习惯等),也无意忽略已经成为译者风格组成部分的翻译过程,如翻译材料的选择、一贯坚持的翻译策略以及非翻译的源语平行文本的不断干扰等超语言因素。同时,在探讨译者风格问题时,她也并非评价译作的优劣好坏,也不是评价译者的优胜,而是评价不同的文体所起的不同作用,并以此为基础探讨影响译文风格(语言模式特色)的社会文化因素。可以说,她的研究视野超越了单纯关注语言运行的方式和机制的探讨,已经将语言特征与形成语言特征的社会文化系统联系起来。也正因为如此,她在这项研究中开创性地勾勒了一种有别于以往语言学派只重译文和源文"文体对应"研究的新的方法论理论框架。它是一种以语料库为手段的译者导向的翻译研究,即不是传统意义上考察原作者的风格是否在译文中得到传递的研究,而是显示文学译者个体是否具有自己独特风格的问题。

Baker 的主要贡献还在于她的基于语料库研究的理论框架把特定的文学翻译语料库中的语言模式与超语言的翻译过程方面联系起来。语言学途径学者研究的焦点始终不会脱离对语言形式的考察,Baker 的这项研究也不例外。她强调研究对象为译者潜意识的语言习惯,而非有意识的操纵改写,这意味着在这种研究中"风格是一种样式性的问题:涉及喜爱的或重复的语言行为模式的描述,而非个人或一次性的干预例子"(Baker 2000:245)。Baker 还提出,若一个文学翻译者持续地表现出对特定的词汇、句式、衔接手段或者甚至标点符号风格的使用,人们就需要探索:1)译者对特定语言选择的偏好是否独立于源文作者的风格?2)它是否独立于源语的普遍偏好,而且很可能是独立于特定社会方言的规范或诗学?3)如果答案在两种情况下是肯定的,那么我们是否能从译者个体的社会、文化或者意识形态的定位来解释这些偏好?因此,除了语言使用模式的特征,源语和译语的相对地位、源语文化和译语文化的距离、涉及主题和文学文类的译者的选择以及译者的职业地位,等等,均在研究范围之内。而这一切均源自她超越语言层面的研究目标,即"识别语言习惯和风格模式并非其(语料库研究)目标",语言特征的价值在于"告诉我们某个译者或者一般译者的文化和意识形态定位,或是影响翻译行为的认知过程和机制"(同上:258)。

Baker 这项研究引发了学者们对语料库研究方法的进一步探索,有学者建议把这个框架与另外一种包括译者的原创作品语料的平行源语－译语文本语料库的研究结合起来。研究者可以一开始对源文文本和译文文本进行分析,分离出被视为译者风格一贯特征的主要变化,然后通过另一种可供参考的译者原创文字作品的语料库来进行检验,看他/她的风格在多大程度上与原创作品相似(Laviosa 2002:84)。还有学者考虑到 Baker 讨论的两位著名译者以及其他著名的文学译者往往同时也是翻译学者,因此提出编制这些译者书写的其他文本的语料库(最有可能是学术性文本)进行对比(Olohan 2004:150)。

Baker 关于译者风格的研究也引发了诸多方法论上的疑问。如要解释翻译活动的社会环境之中所观察的这类语言现象是可能的,也是学者渴望的,但是做起来很难;另外,人们在区别文本中发现的译者写作的语言习惯和译文作品中受源文材料、译者对译语读者期待的理解和受驱动的方面也有相当的困难。最困难之处在于译者风格同时包括了译者无意之中形成的语言习惯模式,以及译者为了遵从某个章程而进行的有意创造。因此,还需要更进一步更精细、明确的研究设计来区分语料库调查中这两种因素。

3.2.3.2 翻译中词汇的范化与创新性的研究(Kenny 2001)

语料库翻译研究常常被误解为只研究翻译中的常规现象(普遍性特征),忽视非典型和一次性的语言模式。而在实际翻译中译者创造性地使用译语的现象,尽管程度不同,却是大量存在的,因此研究译者创造性行为非常重要。在这个方面,Kenny(2001)关于翻译中词汇和创新性的语料库研究对推动翻译语料库研究有较为重要的意义。Kenny 在 20 世纪九十年代攻读博士期间开展的

第三章 语言学途径翻译研究的新发展

这项研究不但创建了一定规模的平行语料库来研究翻译的规范化特征（利用德英语料库考察译者是否用习惯性的表达来翻译源文中的创新性词汇），同时也成功地拓展了语料库研究的新方法，在语料库软件和量化分析结合的基础上把来自平行语料库和单语参照语料库两种不同的数据结合起来进行分析，发展了一系列调查词汇创新性的研究方式。

Kenny（1998：8）很早就指出，语料库研究学者面临的最大挑战是在译文导向的语料库研究中提出何种问题，以及如何提问。面对翻译普遍性研究中单语对比语料库的主流范式，Kenny 最先将平行语料库引入翻译普遍性研究中（Kenny 1998, 2001），并且针对 Olohan 和 Baker（2000）采用的对比语料库方法提出结合平行语料库进行辅助验证的建议（Kenny 2005）。平行语料库的研究一直坚持从源文和译文的关系来看译文，但这种双语对比研究并不意味着研究的关注转移到对比语言学领域。Kenny 对此进行了学理上的区分，认为对比语言学收集源文本和译文本作为表现不同语言对同一超语言现实的典型表达方式的实证数据来源，从结构或两种语言的其他属性来解释转换的发生。而翻译学者更感兴趣的是那些能用源自翻译过程的性质和压力来解释的译文特征而不是语言系统的对比（Kenny 1998：8）。

Kenny 关于翻译对源文词汇方面创新性处理的研究实际上是一种关于翻译规范化的研究。"规范化"被定义为 "符合译语典型的模式和实践的倾向，甚至到夸大它们的地步"（Baker 1996b：176-177）。这种定义似乎指向规范化的两个不同方面：1）与典型译语模式吻合的倾向，2）夸大译语特征的倾向。只有前者受到更多的关注，如 Venuti（1995）提出的"归化翻译"的概念就是把翻译规范化问题探讨从文本的语言模式化扩展到拟译本的选定、翻译策略、政治、规范等全球性选择和策略的层面。Baker（1996）的规范化讨论聚焦于典型的语法结构、标点符号和搭配模式。与Baker不同，Kenny没有从语法结构或标点符号入手，而是从词语入手，同时她也更喜欢把规范化特征看成是易于受译语文化、译语接受规范影响的特征而非严格意义上的翻译特征（见Kenny 1998：5；2001：67）。

Kenny创建的德英文学文本平行语料库（简称GEPCOLT）约200万词量，收录了当代德语实验文学文本（多为奥地利作家）以及对应的英译文本，每种语言样本的字数均有百万字，其中一些文学作品的入选是因为考虑它们具有"实验性质"（Kenny 2001：115），因为她认为从这样的作品中更容易发现词汇的创新性，后来事实也证实的确如此。

Kenny开展研究的思路是，首先对从高频词形表中挑选出的可能具有创新性的罕见词（Hapax legomena［希］）进行分析，然后参照拼写法来源、母语使用者意见以及供参考用的普通德语语料库（the Mannheim Korpora）获得创新的词汇形式。接着在双语词语索引软件Concordancer的辅助下把这些创新词语的对应英译文找出来，而英译文词汇的创新性再通过字典提供的信息、母语使用者的判断以及供参考用的英语语料库（the British National Corus）的检测来确定。除了创新性词语形式，Kenny还通过Concordancing索引软件具体研究了基于词汇节点（node）"Auge"（德语，"眼睛"）的非常见词语搭配的创新情况。

Kenny采取了许多方法来识别源文本中有创新性的词语，对后来的研究者很有启发。具体而言，她首先假设创新性强的词语形式不会常见，因此第一种方法就是聚焦于语料库中只出现过一次的词语形式（罕见词）。她制定了德语语料库中所有罕见词的清单，清除所有她认为肯定不是创新性的词语，如技术术语、带有可分动词的德语动词（因为这种结构符合德语词派生的规律）、非标准的拼写法变体、被其他作家使用的在正规词典中可以找到的词条，等等。这样，所有只出现过一次的词汇中，99.8%被去除，只剩下 0.2%算是创新性词汇。另一类创新性词语被假设成仅为某一个作家创新或使用的词语。她由此采取的第二种方法是采用 Wordsmith 检索工具中关键词的特征来识别作家个人专用词汇形式，结果找到了 3 种，分别是"Augenherzen"（eye-hearts）、"Busenstube"（bosom room）、"Irrenwäscher"（lunatic water）。Kenny 考虑的第三类观察的对象是创新性的词语搭配。她专注于非常见的词语组合，通过一个语料库中频繁出现的词汇结节"AUGEN"（德语，"眼睛"）并检查与它有关的搭配情况（如经常出现在它周围的词语）来识别非常见的、创新性的词语用法。最后，作家专用的词语搭配和作家专用的词语形式均被视为具有创新性的考察对象（Kenny 2001：189-210）。调查的部分数据如下：

1. GEPCOLT 中根据词汇处理类型的创新性罕见词形式的规范化表（Kenny 2001：177）

创新特征	实例总数量	规范化实例数量	规范化百分比	采取补偿手段的实例数量	已补偿的规范化现象的百分比
创新性拼写	6	3	50%	1	33%
派生形式	8	7	88%	2	29%
合成动名词	6	5	83%	0	0%
复合词	97	37	38%	6	16%
总计	117	52	44%	9	17%

2. GEPCOLT 中根据源文归纳的创新性罕见词形式的规范化情况（Kenny 2001：182）

源文文件	译者	实例总数量	规范化实例数量	规范化百分比	采取补偿手段实例数量	已补偿的规范化现象的百分比
bier.de	Hannum&Rieder	12	8	66%	3	43%
gold.de	Kirkup	4	2	50%	0	0%
hofmann.de	Middleton	3	0	不适用	不适用	不适用
jelinek1.de	Hulse	18	6	33%	4	66%
jelinek2.de	Hulse	18	7	39%	0	0%
kirchhof.de	Brownjohn	3	2	67%	0	0%
loest.de	Mitchell	5	3	60%	0	0%
ransmayr.de	Woods	2	1	50%	0	0%
roth1.de	Green	7	2	29%	0	0%
roth2.de	Green	7	0	不适用	不适用	不适用
weller.de	Knight	3	0	不适用	不适用	不适用
wodin.de	Brownjohn	34	20	59%	1	5%
zuern4.de	Green	1	1	100%	1	100%
总计		117	52	44%	9	17%

3. GEPCOLT 中根据源文归纳的涉及节点 AUGE 词汇的创新搭配（Kenny 2001：209）

源文文件	译者	实例总数量	规范化实例数量	规范化百分比	采取补偿手段实例数量	已补偿的规范化现象的百分比
Bier.de	Hannum&Rieder	2	1	50%	0	0%
Jelinek1.de	Hulse	5	1	20%	0	0%
Jelinek2.de	Hulse	1	0	0%	不适用	不适用
Kirchhof.de	Brownjohn	1	1	0%	不适用	不适用

第三章　语言学途径翻译研究的新发展

续表

源文文件	译者	实例总数量	规范化实例数量	规范化百分比	采取补偿手段实例数量	已补偿的规范化现象的百分比
Loest.de	Mitchell	1	0	0%	不适用	不适用
Roth1.de	Green	2	0	0%	不适用	不适用
Roth2.de	Green	1	0	0%	不适用	不适用
Wodin.de	Brownjohn	13	10	77%	0	0%
Zuern1.de	Green	2	0	0%	不适用	不适用
Zuern4.de	Green	31	0	0%	不适用	不适用
总计		59	13	22%	0	0%

4. GEPCOLT 中根据搭配类型发现的创新性词语搭配的规范化情况（Kenny 2001：207）

罕见词语搭配类型	实例总数量	规范化实例数量	规范化百分比	采取补偿手段实例数量	已补偿的规范化现象的百分比
常见词语搭配的利用	6	4	66%	0	0%
合成词的分解	1	0	0%	不适用	不适用
词汇衔接性词语搭配	1	0	0%	不适用	不适用
其他罕见词语搭配	10	2	20%	0	0%
重复的个人偏好词语	41	7	17%	0	0%
总计	59	13	22%	0	0%

Kenny 对这些发现进行分析，结果发现德语语料库中 44% 的创新词汇形式（见 Kenny 2001：177）在其英语译文中被规范化，

97

包括拼写法创新、派生创新、合成动名词创新以及其他创新的合成词形式。其中，源文中创新性的罕见词被翻译后规范化倾向较为明显，这尤其表现在那些不常见的派生形式或复杂的动名词形式的罕见词翻译中，而当罕见词是合成词时，规范化倾向就会减少。不过，涉及"Auge"的搭配中就只有22%在英译文中被规范化（见Kenny 2001：209）。此外，只有17%被规范化的罕见词发生了补偿现象（见Kenny 2001：182），而所有被规范化的非常见词语搭配根本没有发生补偿现象（见Kenny 2001：207）。如果把重复的情况算在内，只有不到1/4的情况发生了规范化；如果去掉重复，则占1/3。Kenny把导致词汇创新的词汇形成类型以及人口统计因素如作者、译者、出版者的信息都算作影响规范化的可能因素。最后，Kenny对创新性搭配的分析揭示了译者对语言创新性和规范化两方面结合使用。她指出，"某些译者可能比别人更倾向于规范化地使用语言，并因为德语本身更为系统的词语构成——动名词的派生和转化——以及那些充分利用词语合成习惯的创新性合成词和搭配的缘故而专门采用规范化方法处理源文的词汇特征"（同上 2001：211），并建议今后开展规模更大的相关调查。但她同时也承认，在大部分情况下"GEPCOLT语料库源文中的创新词语并未在译文中被规范化，一些译者被证实自身就是极具创造力的语言大师"（同上 2001：210）。

  Kenny的研究，尽管规模并不大，而且和其他语料库研究一样存在样本评估方面的主观性问题，却提供了翻译中词语规范化的证据以及非规范化的新证据，如创新性以及译者方面的独创性（即指在翻译源文本中采用创新性词语时产生了译文文本的创造性成分），推动了验证翻译普遍性理论假设的研究。更重要的是，Kenny在研究中提出和发展了一些内在连贯的研究方法，可以用于其他语言配对组合并为其他学者反复使用，这对于今后开展更多规模更大、设计严谨的语料库翻译研究来说具有重大价值。

总的来说，基于语料库的翻译研究多以有关事实的量化分析和描写为主，而对其背后内在动因和机制解释得较少。要完整地勾勒翻译现象的概貌，语料库技术手段必须与其他分析工具结合起来，把文本中的发现和文本的生成过程联系起来，从社会的、文化的、历史的、政治的和认知的角度对量化研究的发现加以研究。我们认为这将是语料库翻译研究今后进一步发展的方向。

3.3 译者行为与翻译：批评性翻译研究

Hermans（1999/2004，2007）曾把翻译系统视为由具体的翻译和有关翻译的言说构成的体系，并从系统论角度提出翻译的自律和他律问题。他在访谈中同意我国学者黄德先的看法，即翻译的内部研究（如翻译系统的内部结构、翻译系统内部各要素之间的相互关系）关注翻译系统的自律，翻译的外部研究（翻译和其他系统的相互关系，如翻译与意识形态、翻译与政治、翻译与历史、翻译与经济等），关注翻译系统的他律（黄德先 2007：229）。而 20 世纪 90 年代初，尽管不少语言学导向的学者把语篇分析方法用于译文导向的源文－译文分析或者是译前文本的分析中，如 Baker（1992），Erdmann et al（1994），但主要目的还是试图认识或解释翻译中语言使用的一般规律，因此大致属于 Hermans 所说的翻译系统的自律方面的研究；而后来的一些话语分析研究（如 Mason 1994，Harvey 1998 等）发现，翻译的"微观现象"与社会或社会"结构"在宏观层面的表现之间存在系统的联系。同时，"文化转向"使人们对翻译性质和功能的看法也发生变化，许多学者们从以往的加强沟通和借鉴的文化桥梁式的翻译交际观背后，更看到"译者的作品还可以有效地分裂而不是沟通不同的文化，使他者的形象平面化而不是多元化，增加文化间的不信任而非合作的理解"（Pym 1998：124，转自 Schäffner 2004：144）。一些学者因此认为那种心照不宣地认为译文是源文的完全复制或者源文发挥了与译文同样的功能的观点是站不住脚的(Baker 2006b, Mason 2006b)。在《翻译中的叙事学和翻译的叙事学》("Narratives in and of translation", 2005b)中，Baker抨击了许多学者以非批判性、不合实际的方式进行的翻译研究，指出"学者们关于文化，语言和翻译的探讨……在试图说明语言和翻译的政治方面令人失望。世界被他们描绘成文化间的误会在其中是无意造成的、单纯无害，一旦我们对文化差异变得敏感，并有训练有素的专业人员在不同文化之间用不带偏见和负责的方式进行斡旋，就可以避免文化误解"，并提出"译本和翻译学者必须抵制将其在社会中的作用过度浪漫化的诱惑，而且应该承认他们参与各种促进和传播叙事和各种类型话语的决策方式，这些话语既包括促进和平，也包括加速冲突的"(Baker 2005b: 4)。由此，一些学者在研究中逐渐将翻译的自律和他律问题结合起来研究，从语言分析的角度对翻译的社会功能进行批评性研究。

从严格意义上讲，翻译的语篇分析本是单向的，即从语言学理论到译文的语篇分析，然后对分析结果进行解释。这种研究方式对翻译学理论本身的建构和发展起的作用很小，并使语篇分析不得不借助语言学工具自身发展而随波逐流。而后来兴起的批评性翻译研究是一种双向研究过程，不但有对语篇的分析以及对分析结果的解释，另一方面，也揭示翻译中语言在各层次的变更特征与翻译话语的意识形态和社会权势关系建构之间的联系。这类不但涉及翻译现象中社会文化问题的描述性研究，同时也揭示翻译行为模式与语言模式之间的对应关系，发现翻译本身在体现和建设社会文化和思想特征过程中表现的系统性，从而促进人们对翻译现象本身的认识。可以说，对话语参与社会变革的研究把语言学途径翻译研究的重心从语言的交际功能转移到话语的建构作用方面。

3.3.1 结合批评话语分析（CDA）的翻译研究

批评性翻译研究的主要途径之一就是借助语言学领域中批评话语分析的视角和手段来分析翻译现象。批评话语分析（Critical Discourse Analysis，略称CDA）与传统语言学不同之处在于它不是以语言的内在结构和功能为最终目标，而是通过详尽分析语篇/话语的结构、策略、过程以及话语在再生意识形态中所起的具体作用，即通过对语言的分析来剖析社会生活中各种实际问题。CDA打开了语言学与其他社会科学的联系，为社会现象研究提供了以文本为基础的实证研究方法。借助于CDA，学者们批判性地研究和评论译文产品的社会功能，通过对语言的社会话语分析来揭示是谁、通过什么途径控制着翻译中意识形态的转变、生产和再生的手段、机构。

自20世纪末以来，语言学导向的学者开始大量借助CDA的观点，针对具体的翻译文本特征展开系统的研究。Hatim和Mason在1997年大幅度补充其1990年的模式，深化意识形态对翻译活动制约的探讨，倾向于认为它们之间是一种双向影响方式的过程，即"语言使用者既是话语的积极主角（实施者）同时又被动地受到话语权威的影响"（Hatim & Mason 1997：144）。他们将意识形态问题分成两种情况考虑，一是翻译的意识形态，二是意识形态的翻译。而且他们认为译者的斡旋（mediating）行为本身就是一个意识形态问题，影响了上述两种情况。在结合功能目的论和Toury的DTS翻译观基础上，他们进一步具体化语用维度，采用受众构思等概念来补充人际功能的研究，并在反思Venuti的归化和异化的理论基础上深化符号维度的方法论和概念体系的构建。不过，与文化学派大量关注译者基本导向的研究不同，Hatim和Mason想关注的是语篇世界传递给处于不同文化语言环境中文本接受者的方式，关注如何通过语篇脉络的手段认识态度、意识形态因素以及这些形式在译语语篇规范、文类和话语要求下所做的变化。Hatim 和 Mason（1997：143）指出，文化学派学者的研究，如 Hermans（1985），Bassnett 和 Lefevere（1990），Venuti（1995）等研究让人们深刻认识到翻译与意识形态之间的密切联系，但强调他们自己关于意识形态的探讨却主要从语言学领域本身关于语言中成果斐然的意识形态研究中受到启示。CDA 领域里 Fowler（1979），Hodge 和 Kress（1993），Fairclough（1989）等学者的洞见帮助他们加深了对意识形态影响话语，同时话语实践也帮助保持、巩固或挑战意识形态的理解，他们因此借鉴到自己关于译者作为交际者的研究中，期待提供为译者的选择造成的意识形态后果的证据以及语篇世界在转换时的微缩语言模型。可以说，在语言与社会互动研究中他们专注的更多是语言表达传递意识形态的方式，即语言的使用问题。

Perez（2001）结合 Hatim 和 Mason（1990，1997）的三维模式及 CDA 的研究视角，针对收集的欧盟议会发言的语料，考察及物性[1]的转变和这些变化与译本内外的意识形态问题的联系，提出一个集描述性、解释性和施事性为一体的三层次分析方法。模式包含对翻译行为的描写、对意识形态的解释以及对语篇言语表达效果的考察。尽管在施事性方面的研究仍很薄弱，但她已提供了一个较为详尽的研究翻译对社会意识形态构建的语言模式：以及物性现象的考察为出发点，集中观察其中最突出的物质过程类型在翻译中的表现，系统论述了从源文和译文在词义延伸（expansion）、词义缩小（contraction）、去物质化（dematerialization）、物质化（materialization）等方面的变化，以及物质过程的类型变化（从

---

[1]《系统功能语言学概论》（胡壮麟等 2005：75）：及物性是一个语义系统，其作用是把人们在现实世界中的所见所闻、所作所为分成若干"过程"（process），即将经验通过语法进行范畴化，并指明与各种过程有关的"参与者"（participant）和"环境成分"（circumstantial element）。Halliday 认为，人们可以通过及物性系统把人类的经验分成六种不同的过程：物质过程、心理过程、关系过程、行为过程、言语过程和存在过程。

事件过程到行动过程、意想/添加、非交易过程到交易过程、施事参与者类型变化、去人称化类型的变化)、源文与译文中及物性系统过程种类的变化等,从而论证语言上的小变化可能导致语篇的语用-符号层面/意识形态方面的大变化。研究对译本的效果提出了后续研究的话题:如果欧盟统一化的进程借助了翻译工作的力量,那么翻译者创造的是何种类型的统一?创造的是怎样的欧洲?

而 Munday(2002)关于古巴男孩偷渡事件报道的翻译研究结合 CDA 和 DTS 的研究方法,结果显示翻译的干涉作用可以从译本中的变化里找到蛛丝马迹,包括内容、文学形式、政治和意识形态的转变。研究还发现在特定语境中没有译出的部分常常与译出的部分一样具有启迪性。通过这样描述性的研究,Munday 分析了译本如何受特定语境约束因素的制约,同时又反作用于意识形态,左右社会大众的看法(该研究的具体内容见第 5 章)。

Schäffner(2003,2004,2006)则提出将政治话语分析(political discourse analysis,PDA)与翻译研究结合的观点,从理论上论证,对政治语篇的分析不能忽视对翻译现象的全面描述,两者携手研究可以丰富两个学科。政治话语分析本是批评话语分析在政治领域的延伸应用。它把语言行为和政治行为联系起来,针对那些为了实现特定政治目的而策略性采用的政治概念、关键词进行批判性的反思,目的在于研究语篇所体现的政治思维和政治行为以及在政治行为中如何通过语言的选择来达到政治目的。PDA 一般需要结合一定的社会背景,从社会认知的角度研究政治语篇中的语言特征和语篇策略(Chilton 2004,Chilton & Schäffner 2002b)。而翻译与政治、意识形态常常存在着千丝万缕的联系。这使得人们在当今紧张的国际政治局势中开始关注翻译的问题。如"9·11"事件后,FBI(美国中央情报局)突然意识到没有足够的译员翻译相关文件,如阿语译员。因为就像《华盛顿邮报》(2001-9-24)

指出的那样，这些译员不但被要求具备语言能力，同时还要求相应的语言背后的文化和意识形态方面的能力。而往往满足后一项筛选条件的人很难找到（Schäffner 2004）。

政治领域中存在大量与翻译相关的再语境化现象（recontextualization）。如 2002 年四月德国新闻杂志 *Der Spiegel*（《明镜》）对以色列总统 Mosche Kazav 进行了采访。隔了一天后，英国报纸 *The Times*（《泰晤士报》）对此进行了报道。德语译文和英语译文如下（转引自 Schäffner 2004：123-124）：

a.（德文）

Der Spiegel: In Europa wird inzwischen sogar über Handelssanktionen debattiert.

Kazav: Europa macht einen Fehler. Ich habe keine Angst vor ökonmischen Schaden. Aber Europa vergißt, dass wir gegen Terror kämpfen. Dem sollten sich die Europäer anschließen. Doch ihre Position ermutigt Terror. Sie haben das falsche Ziel im Visier. […]

Der Spiegel: Deutschland denkt sogar über eine Teilnahme an einer internationalen Nahost-Schutztruppe nach. Können Sie sich deutsche Soldaten in Israel vorstellen?

Kazav: Unsere Erfahrung mit Uno-Truppen ist nicht gut. Im Südlibanon marschieren die Hisbollah-Kämpfer einfach an den Blauhelmen vorbei und greifen uns an. Uno-Truppen können keinen Terror stoppen.（Der Spiegel 15 April 2002）

b.（英文）

"Europe is making a mistake," Mr Katzav told the German news magazine *Der Spiegel*. "Europe forgets that we are fighting a war against terror which they should be part of. Yet their position encourages terror, they have the false target in their sights." […] President Kazav said yesterday: "Our experience with United Nations troops is not good." He added that in southern Lebanon "Hizbollah fighters simply marched past the peacekeepers and attacked us. UN troops cannot stop terror."

  Schäffner发现德语源文中的问题：回答格式被改成了英文《泰晤士报》中采用直接引语的报道风格，而且时态也发生了改变，从暗示重复性、经常性的行为的一般时态变成英文中的过去时态，似乎暗示攻击行为只是一次单纯的事件。最重要的是，英译文添加了额外的一个词"war"（"战争"）而不是德文中"kampfen"（"斗争"），Schäffner认为这显示了意识形态方面的考虑。"9·11"事件后，时任美国总统布什宣布发动一场针对世界范围的恐怖主义的"战争"，而欧洲的大部分圈子对这项声明持批评意见，如德国许多政治家和《明镜》杂志都反对使用"krieg"（"战争"）一词，而倾向于使用不那么惹人注目的"kampf"（fight，"斗争"）一词。可是，当大家还在争论将巴勒斯坦自杀攻击称作"恐怖主义"是否恰当之时，以色列政府就已使用"反恐战争"一词。因此，英译文实际上把以色列总统 Mosche Kazav 的话语与其官方话语统一起来。Schäffner据此推测，如果德语文本是从希伯莱语采访而来，很可能会避免翻译"krieg"这个词，而这同样也会是出于意识形态方面的考虑。

  值得注意的是，Schäffner的研究并没有停留在这种关于译本语言表层变化的描述上。相反，她据此提醒人们关注翻译的社会功能，即在政治现实中可能造成的问题（Schäffner 2004b：126-127）。她认为媒体在传播政治理念和其他国家决策的信息时发挥重要作用，人们将在这样的报道基础上形成想法，而政治领导人也会在通过媒体提供的信息上做出决策，因为政治家或者政治分析家一般不会去读源文，也不会要求对源文和译文做细节性的对比分析，信息可靠性因此变得十分重要。于是译文一旦写出来，就成了有自己生命的文本并且成为人们寻求信息和知识的基础，在许多时候甚至是唯一的信息来源。可是，追终媒介提供的翻译声明的源文会得到或多或少令人惊讶的发现，如德国总理 Schröder 的说话证实其实是不是他的而是别人的观点（见 Schäffner 2001）。这些伪翻译现象在复杂的国际政局中往往导致政治领导人做出粗暴的协商立场。

Schäffner 认为 CDA 聚焦于文本中语言结构和文本产生与接受的社会、政治和历史语境发生的关系，学者着重研究权力结构和意识形态在语篇和话语方面的表现形式和它们在词汇和语法层面特定的语言表现手段，并以此将语言形式与社会以及政治活动联系起来。可是 CDA 是单向语言性分析，而对语篇特征（译文的）或话语及社会政治效果进行评论，如果单单只依赖译文，不去审视文本产生的条件或将之与源文进行对比，将会十分危险。尤其危险的是分析译文话语的目的是为了说明源文和源文文化的语言/语篇特征、话语实际或权力结构的显现。如英文版中关于朝鲜人自己的观点其实存在大量翻译中常见的改写问题，如果不找源文看会很危险（Schäffner 2004：137）。也因为如此，带有双向性语言分析特点的翻译研究可以在这个方面为政治话语分析提供帮助。

Schäffner 不但指出翻译的政治问题涉及的内容，即：是谁决定了何种文本被翻译，以及从哪种语言译出、译入哪种语言？译本在何处产生？是谁挑选和训练译员以及多少译员、什么样的语言组合？同时也提出可以将政治话语分析中的分析策略运用到翻译研究中。她指出，有 4 大策略性功能把政治情景和过程与话文类型和话语组织层次联系起来，它们是胁迫，抵抗、反对/反抗，掩盖，合法化和非法化，这四大策略用样可以应用于翻译的微观和宏观层面上。

胁迫（Coercion）：实施权力可通过控制信息来源，如进入本土文化的源文的挑选（基于主题、作者、文化），审查译文产品，雇用本国机构的译员等。

抵抗、反对/反抗（Resistance, opposition and protest）：权力胁迫可导致反对的力量。译员自身的反抗，积极挑选信息源，让本国读者能理解"它者"。反抗可以意味着对主流翻译实践和策略的反抗以及创新（异化、抵抗式、规范和参与）。

掩盖（Dissimulation）：定量或定性的信息控制，如，通过阻止文本成为翻译来源以便阻止人们接受信息，或只提供译文源文经过挑选的节选内容，或故意出版不正确的译文（如翻译的政治、伦理以及政治的翻译），如 Halliday（2000）指出的那样，对朝鲜人谈话是否真的经过翻译的问题的探讨——即使是经过翻译的，对朝鲜人谈话的翻译也是以"评述"而非译本面貌出现。

合法化和非法化（legitimisation and delegitimisation）：运用特定的翻译策略，为国家意识形态使用或废除某些文本，从正面表现自我形象，从反面表现他者形象。（Schäffner 2004：144-145）

我们当然可以把 Schäffner（2004）视为揭示翻译与意识形态研究的极端例子，因为政治领域中意识形态现象是非常突出和敏感的问题。但是现实中，口笔译者的确通常在那些受社会目的和意识形态影响的语境中，尤其是政治领域里工作，涉及政治的翻译和翻译的政治问题。从这个意义上来说，翻译作为社会－文化情景中人类交际活动的产品，本身也是一种社会政治实践，一种政治行动和参与的形式。Schäffner 的研究再次说明人们在翻译研究中必须把文本特征和文本产生和接受与意识形态的具体语境结合起来。CDA 对此的确为翻译研究提供了一个良好的批判视角，而其他学者如 Baker（2006b）则利用交互社会语言学理论来揭示翻译的话语就是由政治结构和社会实践构建而成。

3.3.2 基于互动社会语言学的分析模式

以往语言学途径研究者把社会纳入到语言中来（如 Nida

1964），认为语言中含有社会因素，翻译中的语言反映不同社会文化的特色，但语言不等同于社会，翻译研究的任务是通过语言分析来尽力认识翻译中语言使用的规律。到了 20 世纪九十年代初，Mason（1994）的研究不但注意文本内语言结构的效果，也关注文本外的社会历史语境对文本的影响。在 21 世纪，由于全球范围内冲突，许多对翻译感兴趣的人们卷入情报收集、文化差异协调、宣传的活动，大量的翻译实践受意识形态的推动，以更加明显的、具有伦理意义的方式参与影响社会、与不平等权力关系斗争的抵抗运动中。在翻译以及其他跨文化交际过程中，可以发现大量对同一事件的不同叙事方式，引发人们对其背后评价体系与价值体系的关注。在现实、历史、时间、权力等因素的制约下，叙事者在叙事的同时也表现出某种行为的动机和模式，即在其叙事本身中就蕴涵着对其行为进行理解和阐释的线索，它为我们提供了认识现象的某种回溯性研究的可能，并促使学者们对翻译的新思考涉及更多协调语言和文化边界的问题。

Baker（2006b）《翻译与斗争》的研究与其在 1992 年的研究相比，对于翻译与社会文化看法上已有较大转变，认为翻译在产生、维护和改变社会关系中具有很重要的意义。她从批判理论的角度出发，认为翻译研究的目标就是帮助人们建立并提高对社会的认识，希望译者要认识到自己工作的重要性，而读者则通过这种对译本语境化中语言结构所蕴涵的意识形态的揭示，认识到翻译背后的政治现实，不要轻易受文本的意识形态的左右。

该书理论来源多元化。尽管主要采用了社会叙事的研究视角，但实际还涉及互动社会语言学、认知心理学、跨文化交际、话语分析等领域的方法。由于理论来源庞杂，全书将较多的篇幅用于对社会叙述理论框架的介绍和说明，与翻译相关的案例分析比例偏低。如全书的大部分（如前 5 章）主要说明翻译、权力和冲突的关系、运用叙事研究方法的理由、叙事类型、叙事的核心特征和建构功能。后一部分才开始利用社会认知概念和社会运动中的文献集中研究口笔译员在翻译中的各种行为方式,尤其是在与相关出版商、编辑以及其他机构合作中他们如何强调、削弱或者改变源文本或源话语中被编码的叙事的方面,具体说明口笔译者如何参与社会现实的形成过程(如第 6 章),以及人们应当如何运用评估模式来认识和判断译本的叙事问题(如第 7 章)。尽管如此,书中最后部分中那些具有时事性、政治性的翻译实例已经清楚地说明"翻译不是社会和政治发展的副产品或其单纯的结果,同样也不是文本和人们自然运作的副产品,而是使这些发展和运动成为可能的重要成因"(Baker 2006b:6)。

"叙事"(narratives)是该研究中的核心概念,对于语言和翻译的认知功能和社会功能的全部探讨都紧紧围绕这个概念展开。而 Baker 在序言中指出她采用的这个概念源于社会学与交际理论,不是语言学和叙事学中的那种叙事概念。它指人们体验世界的无可回避的主要方式,是人们给自己或他人讲述其居住的世界发生的故事。这些故事是根据现实需要构造的而不是发现的。它们支配人们的行为并影响人们与他人的关系。Baker 之所以采用社会学的叙事概念则基于两点理由:一是叙事作为一种动态实体被理解成随着人们经历故事的不同而发生或微妙或剧烈的变化,而这种观点强调人们的行为最终受其认识事件的叙事的影响,强调了人们在互动中与他人的关系和定位的复杂性和流动性,同时也承认了叙事具有重要的颠覆或改革的潜力;二是这样的叙事理论能够帮助人们考察翻译如何在跨越时间和文本限制的叙事中发挥其重要作用。狭义的叙事学倾向于关注文本个体在某个时间的具体表现,而社会叙事学关注社会中更大范围、全局意义上的叙事,涉及所有的文类和模式,包括非语言的研究材料来源(Baker 2006b:2-4)。

Baker 主要对叙事概念的政治性和建构性特征进行了探讨,

并将其与翻译的作用联系起来。她引用社会学家的观点,认为"每一次对某种叙事的接受都涉及对其他叙事的拒绝,意识到这一点,就能知道叙事问题根本上是政治性和因人而论的。就批评的意义而言,正是这些竞争的叙事之间的差异赋予它们自身意义"(Bennett & Edelman 1985: 160, Baker 2006b: 20)。同时,她也认为叙事是一种主动性的建构现实的方式,叙事的政治介入以及叙事的不同方式和接受手段影响着抗争与控制之间的状态。首先,对过去的叙事定义并决定了当前的叙事,为了争夺和挑战现在的叙事,个人和团体都从过去的叙事中选取内容来突出他们眼下叙事中所说的现状的显著特征。其次,对过去叙事的重述也是一种控制的手段。它使个人社会化,得以进入已建的社会和政治秩序中,并鼓励他们用认可的过去叙事来解释目前的事件。如果这些已被认为是合法化的,就限制了他们目前个人叙事的范围以及认识自己的意识(为自身选择社会角色)。如墨西哥裔、非洲裔的美国移民都是通过对过去的集体叙事的类似重述来强调一种一贯受到过度压迫经历的团体意识,以论争他们今日所受的压迫。由于当今许多斗争都不限于单一的语言团体,大多数情况都发生在国家间的角斗场所,甚至一些区域性、本土内部的斗争如今已不得不成为典型的跨文化、跨语言性的斗争。每当叙事的一个版本经过重述或翻译进入另一语言后,往往会被注入新环境中来自另外、更广阔叙事或叙事者个人叙事的因素。因此,翻译在叙事的社会化过程中发挥着重要的作用(Baker 2006b: 8-49)。

"Framing"(框架化或建构)是该研究中另一个重要概念,它指互动过程中出现的参与者对何种活动正在卷入、说话者如何表达他们所说的话的认识,是"一种表示意义的积极过程,人们借助该过程得以有意识地参与构建现实"(同上 2006: 167)。在实践中,框架化(重新框架化)可以利用各种语言学或非语言学手段为读者或听众提供充分的背景资料。这包括利用辅助语言

第三章 语言学途径翻译研究的新发展

方法,比如语调、排版、视频方法(色彩、影像);语言手段如时态转换、指示词、语码转换以及委婉语使用等。而语言使用者,包括口笔译者,可利用叙事特征(暂时性、关联性、选择性和意义突显性)为读者或听众构建/重新构建叙事的文本或话语。Baker指出,无论从字面意义还是比喻意义来看,翻译因其自身缘故都可以被看作一种框架化活动(frame)。她引用了一个例证:"9·11"事件后,美国把所有新型的暴力,即他们不支持的各种形式的暴力,都翻译成"恐怖主义"一词,并通过这种方式把自己的行为正当化。结果,"恐怖主义话语"获得全球性的可译性,不但美国的盟国使用这类术语,其敌对国也使用,如 bin Laden(本·拉登)不但被美国人称作"bad terror"(坏的恐怖主义分子)的支持者,他本人也把自己看作"good terror"(好的恐怖主义者)一方(Baker 2006b:107)。其次,翻译也是一种重新框架化的活动。"框架化的不确定性"(frame ambiguity)指同一事件可以用不同方式进行框架化。如,暴力斗争的形式可以被框架化为"战争"、"内战"、"游击战"、"恐怖主义者行为"或甚至"不太紧张的冲突"等好几种类型(Chilton 1997:175)。尽管翻译的明晰化倾向通常消解或隐蔽框架的不确定性,但它同样也可以被利用在翻译中对叙事进行重新框架化。Baker 列举了阿语"wilaya"一词的翻译,译成英语"state",既可以表示任何国家或政体,也可以表示当今选举地区意义上的州的概念。bin Laden 在 2004 年 10 月 29 日在 Al-Jazeera 电台录制的影带中的讲话被翻译成两种版本。Al-Jazeera 电台译员选择更广泛意义的前者,而新保守主义的媒体机构 MEMRI 则选择第二个意思,译文如下:

(1) Al-Jazeera 版本

In conclusion, I tell you in truth, that your security is not in the hands of Kerry, nor Bush, nor al-Qaida. No.

Your security is in your own hands. And every state that doesn't play with our security has automatically guaranteed its own security.

（2）MEMRI 版本

Your security is not in the hands of Kerry or Bush or Al-Qa'ida. Your security is in your own hands, and any [US] state [wilaya] that does not toy with our security automatically guaranteed its own security.

MEMRI 坚持认为 Laden 是在威胁美国的每一个州，而且 Laden 是向美国选民提出某种涉及选举的交易，即如果美国人不选布什当总统，他将实施某种政治特赦。而密歇根大学历史系的一位教授则反驳这种看法，认为 Laden 在谈到任何 state（国家）不要与穆斯林的安全开玩笑的时候，不可能是说他认为罗得岛之类的美国州立政府能做到这些，而且也不可能指的是任何州投票的方式，因为 Laden 一开始就说美国人的安全不在任何总统候选人的掌握之中。所以 MEMRI 采用这样的翻译方式只是为了激活某种"（恐怖分子）干扰美国选举"之类的框架认知（Baker 2006b：108-109）。

Baker（2006b：112-138）针对译者的干涉作用，具体探讨了翻译中将源文叙事重新框架化的改写策略，包括时空框架化、文本材料的选择性挪用（如文学翻译中的选择性挪用、媒体翻译中的选择性挪用、口译中的选择性挪用）以及语言类属化（genericness）策略，如加标记的再框架化（framing by labeling）、参与者的移位（repositioning of participants，涉及副文本评论中的位置变动、文本和言语中的位置变动）。

其中，"时空框架化"涉及对特定文本的选择以及将其置于某个特定的时空语境，鼓励人们建立在特定语境中的叙事与当下触及生活的叙事之间的联系。如作家 Roald Dahl 以及 Enid Blyton 英语原作的最新版中，有关种族主义和仇外的成分早已被当今出版界的叙事净化，但其西班牙译文却始终保留源文中叙事的完整

第三章 语言学途径翻译研究的新发展

无缺的状态，甚至还强调那些应被删除的成分。如 Blyton 的小说 *Five Fall into Adventure* 中有一句"The girl stared at him"（中译文：那个女孩盯着他）。但在 1990 年出版的西班牙译文中仍保留未删减版本中充满种族意味的词组"La niña que parecía un Gitano le contempló con fijeza"（中译文：那个看起来像吉卜赛人的女孩紧盯着他）（López 2000：3），而 Roald Dahl 的小说 *Charlie and the Chocolate Factory* 中涉及工人种族来源的说明在英语版本中早就被删除了，可是西班牙译文却仍然将他们的肤色与巧克力颜色联系在一起（López 2000：34）。这种"忠实"使那些没有通过审查的叙事在新的情景中获得新生，并使它们得以在流通传播中保留下来，影响译语受众的叙事观点。

在探讨"参与者的移位"方面，Baker 首先列举了关于译名的加标记框架化策略。"West Bank"（西岸）和"Judea and Samaria"是关于同一地区的不同译名，在中东斗争语境中有特别的意识形态考虑。"Judea and Samaria"是《圣经》对于巴勒斯坦南部和中部地区的称呼，目前处于以色列的统治下。这些名称被嵌入犹太复国主义叙事，其叙事是把 1967 年前的以色列，连同整个西岸和加沙地带，都看成犹太人的自然而然的家乡。对"Judea and Samaria"不加批判地使用会立刻表明说话者或作者的叙事立场，并使那些使用者立刻深陷犹太复国主义的叙事，不管他们是否有意识地赞成这种叙事。BBC 的译员和编辑因此发明了一些书写方式，如用方括号的注释提醒读者外加内容的事实。这样，"Judea and Samaria"之类有争议的术语在译文中最终得以重现而不是隐瞒，而译员一方面清楚表明他们的立场与犹太复国主义是有差异的，另一方面仍能待在作为记者和译员职业规定的框架空间内，免受不忠实于源文的指责。

其次，Baker 认为译者也可以通过副文本进行干涉，从而引导读者采取相对于源文叙事中描述社团不一样的定位。她举例说明，19 世纪中国作品翻译的一个特点就是显示中文文本中的内容与中国人现实生活的不同，其假设不仅仅是文本和现实的分离，而且也是译者的责任去"向英国读者揭示虚构性文本之后的'真实'"。这种职责以"影响和引导读者对中国人低劣本性的理解"之类直接或间接的评论表现出来，效力于当时更宏大的殖民叙事（Baker 2006b：134）。

Baker 认为参与者移位的再语境化策略（即重新框架化）可以发生在语言的各个层次。几乎所有的语篇特点都可以从局部或整体的层次，包括指示词的改变、语言变体的利用、语域的选择性使用、时态与人称变化等，重新配置源文叙事之内以及与源文叙事相关的参与者之间的关系，并最终影响叙事的效果。如译者利用埃及方言翻译 *Othello*（《奥塞罗》），并用埃及方言书写译作序言，力图显示阿拉伯国家文化的多样性，以破坏西方关于阿拉伯文化集体性的叙事。此外，Baker 从 Hale（1997）的法庭口译实例中得出结论，口译员进行口译的同时会根据自己与法庭的关系（将自己设定为法庭职业工具的一部分并将自身与法庭功能结合）以及自己与那些社会级别定位更低的参与者之间的关系来确定自己的社会位置。Hale（1997）观察到法庭口译中面向法官的翻译中口译员提升了语言的正式程度，而面向证人或辩护人的翻译则降低了语言的正式程度。在每一种情况下，口译员都采取某种语域，反映了他对每种类型参与者处于何种社会和教育等级的预测估计，而恰恰是他们对这种语域的使用使他们加入对社会空间参与者定位的活动。除了指示词、方言、语域的选择性使用，时态与代词的变化导致的翻译重新定位同样影响了本体和公共叙事之间的相互影响，并使个体在共享的集体性经验的语境中获得不同程度的显现。Baker 借用 Polezzi（1998，2001）的研究例证了这一点。作者 Giuseppe Tucci 在 *A Lhasa e Oltre*（《拉萨之行》）中关于拉萨的带有专业权威专家性的描述在 1956 年版英译作品 *To*

第三章 语言学途径翻译研究的新发展

Lhasa and Beyond 中发生较大变化,其中,时态与代词的变化造成了最终累积性的叙事方面的新效果。源文中普遍使用的现在时态确保了叙事与描述的一致,而旅游者和读者一致的身份受到人称代词等手段使用的加强,这使整个源文获得了客观和不受时限的故事地位;而英译文采用了不同的时态(现在时用于开头的总介绍,过去时态用于说明旅游经历),不鼓励读者个人与叙事者的身份一致,将"科学家"Tucci 改成诸多游记作者中的一员。这样,读者虽然从其个人故事中获得关于西藏风趣而富有知识的介绍,但同时也是不完整的、注定是历史性的版本。Baker 最后借用 Fisher 提出的基于连贯性和忠实性的叙事评估范式说明人们应当如何判断某种叙事,从而避免武断地对该叙事提出支持或反对的立场。

较之以往语言学导向的大多数研究,Baker 的这项研究体现了更加动态的语境研究观。以往的研究强调语境在翻译交际过程中的解释和规范作用,而在 Baker 的叙事研究中,我们发现语境在翻译完成和流动、接受的整个过程中是动态变化的,并非事先给定,而是在语言使用过程中生成的。语境中的所有因素(社会的、认知的)都会影响译者对语言的选择,同时,他们根据相关的目的对语言进行的选择和使用反过来又促进了新语境的产生。这种语境化的研究较好地揭示了翻译的意义构建和社会构建作用。

此外,Baker 的这项研究还体现了语言学途径研究 21 世纪以来发展的某种新趋势,即把宏观研究与微观分析结合起来的研究方式。她赞同社会学家关于"叙事影响人们的理性观、客观现实观、伦理观以及他们对自己和别人的看法"(Bennett & Edelman 1985:159)的观点,但同时认为社会理论研究一直偏向宏观分析,忽视了文本和语言的研究,而"这样的做法对翻译学者和语言学者而言是存在严重局限的"(Baker 2006b:20)。对于语言学和文学研究中只限于狭隘的语言和结构分析范畴(情节、人物、事件等）的叙事探讨，她也持保留的态度。在研究口笔译活动如何在充满冲突的全球化语境中发挥作用方面，她采取了针对文本，尤其是译本和口译语句的微观文本分析与宏观的社会交际分析结合的研究方法来补充已有的社会叙事的研究。书中讨论的具体翻译手法、语言使用等问题均是为了说明翻译是社会化进程的一部分，这样较为全面地探索了斗争性和竞争性的叙事的话语如何在口笔译行为中以及如何通过口笔译行为实现协商。这种他律与自律结合的研究不但为翻译研究领域提供了叙事学应用，同时也启示我们思考今后译学研究方式可能的发展趋向。

Baker 的研究还从某个角度深化了我们对翻译性质的探讨。在人类社会生活中，语言的方式决定着人们的交往态度、对话的可能性与程度乃至对世界和现实的理解。通过控制语言的使用方式进而控制人们的思想和行为方式正是意识形态实施的主要方法。Baker 的研究从社会叙事角度研究翻译活动和意识形态之间的作用和反作用，明显有批评语言学、认知心理学、阐释学成分，不但探究翻译的社会代理人问题，也将其运作的机制概念化。这种研究实际上把翻译看作一种社会调节活动，将翻译的现实功能纳入动态范畴和动态结构之中，使我们对翻译的认识提升到批评意识觉醒的层次，并丰富了批评理论导向的翻译学研究的内容。

对于翻译研究而言，Baker 对叙事概念的探讨还有一个重要意义，就是更加凸现了翻译伦理研究的必要性。Baker 从叙事的政治性入手，将翻译与伦理问题联系起来。叙事具有强大的社会认知建构功能，而叙事选择的本身体现了强烈的政治色彩。作为语言的中介者，口笔译者经常被特别地置于全球范围内实施话语干涉的位置上，无论有意还是无意，他们都有可能在翻译中破坏原作者的叙事立场。何况他们也有自己的叙事立场。在这种语境中，他们的职业伦理意识就显得非常重要。Baker 再三强调中立的思想是一种幻觉（Baker 2006b：128）。口笔译员每次进行翻译

第三章 语言学途径翻译研究的新发展

时都面临一个基本的伦理选择：是复制文本或言语中的叙事编码的已有的意识形态，还是让自己与这些意识形态分离，如干脆拒绝翻译某个文本或拒绝在某个特定语境中进行口译？无论口笔译员选择何种局部策略，这些选择累积而成的策略总是导致超越当下文本或当下事件的效果。作为社会行动者，口笔译员不是从头到尾只涉及语言产品传送工作的毫不相干的、免除责任的职业人士，而是要对他们所帮助流通的叙事负责。无论有意还是无意，他们翻译文本和言语都参与了创造、协商和争夺社会现实的活动。翻译理论研究者、翻译教学工作者都应当深入探讨伦理课题，为从事实践的口笔译员提供必要的行动指南，而口笔译员自己也应该时刻反思自己行为的伦理意义，在职业生涯中对自己生产的文本和言语负责，对译文叙事的当下性和合法性的影响承担应有的责任。

第四章 语言学途径翻译研究转变的动因

在这一部分中,我们以动因考察为线索,以语言学、翻译学在这段时间的发展变化为背景参照,并结合语言学背景的研究者自身的反思与批判,对语言学途径翻译研究 20 世纪九十年代以来的种种变化进行深入分析,探索促进当代西方语言学途径翻译研究新进展的可能动因。重点的探讨将聚焦于语言学界语言—言语—话语的研究热点变化、翻译学领域中不同学派之间的学术互动、语言学途径内部的范式更迭和自我批判。

4.1 语言学领域:"语言–言语–话语"的研究转变

自从 Saussure 倡导普通语言学研究以来,现代语言学形成了以研究语言结构为中心任务的传统。学者们试图用语言分析的方法从各种语言材料中找到规律性模式,并主要分成两大阵营:形式主义与功能主义。它们的分界线在于,形式主义认为语言学的中心任务是研究语法成分之间的形式关系,不需要涉及这些成分的语义性质和语用性质,而功能主义持相反的看法,认为形式必受意义的影响,两者无法分开(徐烈炯 2002)。受这一根本分歧的影响,双方学者在语言的自律性、语言形式与功能的关系、语料研究、语言变体研究等问题上分歧明显(顾钢 2002),并且因此在研究方式和研究重点上存在很大的差异。对此,Harris(1998a: 6)曾将现代语言学的主要研究方法归纳为两种类型:孤立法(segregational approach)和整合法(integrational approach)。前

第四章 语言学途径翻译研究转变的动因

者认为语言研究就是一个完整、封闭的符号系统,因而主要研究脱离语境的语言单位及其系统;后者认为语言是融合在社会交际过程中的人类能力和活动的混合物,语言研究不能忽视非语言成分,强调语用、功能及社会文化对交际的重要作用。

自 Saussure 1913 年去世后的 50 年间,结构主义和以 Chomsky 转换生成语法为代表的形式主义一直是语言研究的主流,甚至在今天,世界范围内形式主义"在人数、知名度、著作数量等各方面都压倒功能主义"(徐烈炯 2002:11)。Saussure 曾在《普通语言学教程》中区分外部语言学(有主体和语境参与的语言使用研究)和内部语言学(语言系统内部的关系网络研究),并指出"(语言)的社会性是其内在特性之一"(Saussure 1999:115)。但他主张从结构主义角度来共时地研究语言,并把语言学研究的对象主要定位在语言的内部研究,因此研究注重更多的是形式结构的描写而非意义的解释。Saussure 的大多数继承者,如之后的布拉格学派、哥本哈根学派、描写语言学派,也都强调语言结构的研究,从形式出发研究语法,将内部语言学的研究发展到极致,再加上结构语言学一再强调语言学的研究范围要与其他社会科学的研究范围严格区别开来,语言因而被看成是一个内在的、自足的、封闭的系统,语言的研究范围越来越与日常生活相脱离。

被认为是形式主义代表的转换生成语法强调对语言心理层次的研究,虽然使语言研究从描写的结构主义转向解释语言的认知机制,但没有从根本上改变结构主义的弊端,仍然不注意语言的使用及其社会功能——Chomsky 认为语言是一种心理现象,并强调"语法是自律的而且不依赖意义"(Chomsky 1957:17)。他强调从形式的角度研究语言,力图在语言生理共性中找到人类语言的普遍语法。Saussure 曾把语言(language)视为抽象的语言系统和具体使用的总和,并由此将它区分为 langue(语言)和 parole(言语),前者指整体语言(抽象的语言系统),后者则是个体语

119

言（语言的具体使用）；而 Chomsky 则相应地区分了语言使用者的语言能力（competence，即语法知识）和语言行为（performance）。在 Saussure 到 Chomsky 的语言自律传统中，"语言"（langue）/"语言能力"（competence）一直被视为系统性的、唯一值得研究的对象。也就是说，他们认为语言研究的对象就是抽象的语言符号系统，不包括个体的、具体的语言使用。尽管 20 世纪八十年代以前一些其他学者，如 Firth，Sapir 等人，很早就主张将语言结构以外的研究纳入语言学，但他们的研究与 Chomsky 的研究相比一直处于弱势地位，没有得到重视。

　　转换生成语法、结构主义语法学都曾对早期语言学途径的翻译研究产生过不小的影响。以 Nida（1964）的研究为例，他以逆转换为关键步骤的翻译程序模式就主要借助转换生成语法理论中的核心句（kernel sentence）与转换概念，而他对源文的分析则大量采用传统语法学中的成分分析法，并借鉴转换生成语法派生分支格语法的分析法。不过，由于借鉴的语言学理论本身忽视了语言的实际使用的因素，学者们看到真实翻译活动中的语言问题后，实际上又回到抽象的语言系统层面探讨具体的解决方法，自然无法有效地分析、描述和解释真实翻译现象和问题。

　　自 20 世纪七十年代开始，语言学发生重大变化。"语言学家重新开始考察生活语言、语言系统和翻译理论之间的相互关系"（Snell-Hornby 1998：49）。语言学在世界范围内开始发生了从静态（结构）研究到动态（功能）研究的大转移，语篇语言学、语用学、话语分析、认知语言学等领域的大发展无不强调对语言使用或语言使用者的研究，这使得语言学途径翻译研究在理论源头方面发生了重大变化。实际上，自 20 世纪七十年代起，语篇语言学、语用学、话语分析、社会语言学、交际学的观点和方法就不断被引入翻译研究中。翻译被理解成根据译语习惯将源语文本再语境化的语篇生产。语篇、语境、交际意图成为翻译研究者关注的焦点，同时，从语言学领域引进的其他一些概念如语篇性、功能、语篇类型、文类（习惯）等开始影响人们对翻译的思考（见 Reiss 1971; House 1977/1997; Hatim & Mason 1990, 1997; Neubert & Shreve 1992; Baker 1992; Hickey 1998; Schäffner 2002b 等）。在语言学领域的语境转向浪潮中，不断壮大发展的语用学、话语分析没有把语言看作静态的对象，而是将其视为动态的过程，人类的言语行为也因此被放入了社会语境和认知框架中加以考察。研究语言就是认识人的社会，甚至是人的自身。越来越多的人赞同语言与功能相互交织，密不可分。随着语言的研究由偏向自然科学的发展逐渐回归人文研究，译学研究也部分地受这种影响发生变化，并明显反映在根基深扎于语言学土壤的语言学途径研究中。从这个意义上来说，语言学界在这段时间的重大变化为翻译界20世纪九十年代后语言学途径研究的新发展提供了充足的学术准备和可贵的学科环境。

4.1.1 语言学领域的语境转向

20世纪九十年代初，Hatim和Mason在《话语与译者》一书中曾就当时翻译研究的发展趋势探究其语言学理论源头的变化，指出："语言学的范围已经扩展，超越了单个句子的层面。语篇语言学试图从语篇使用者角度来解释语篇形式，而译者必然作为特殊类型的语篇使用者介入了这种协商的过程，根据语篇提供的证据处理如意想意义、隐含意义、预设意义等因素以便在跨语言文化的界限中传递意义。社会语言学、语用学和话语语言学等不同领域研究的对象均与这个协商过程密切相关"（Hatim & Mason 1990：33）。

作为译学研究新发展的语言学理论源头，无论语篇语言学、话语分析，还是言语行为理论、语用学、互动社会语言学，它们都有一个共同特点，就是关注语言行为而不是语言系统能力，研究的视角都是从语言的内部转移到了语言的外部，从理想语言的研究转向了日常语言的研究，从纯语言意义的研究转向了语言意义理解的研究。语篇语言学把文本视为交际活动，而不是一串串定形的文字与结构；语用学则研究语言的使用，而不是把语言作为一个抽象的系统；语言学中的布拉格流派和英国语境主义理论更是把语言看成主要是一种社会现象，与文化自然、密不可分地纠缠在一起。在这些流派和其他语境导向的研究途径看来，语言深深地嵌入文化之中，语言使用只有与所处的文化语境参照下才能被正确理解。可以说，语言学领域的这种语境转向使其开始真正关注语言在社会交际层面。

4.1.1.1 语用学兴起

在现代语言学中，由于 Saussure 和 Chomsky 结构主义语言学的影响，语言使用的研究一直不受重视。直到 20 世纪七十年代，Austin、Searle 和 Grice 等哲学家的研究使人们认识到研究活的、社会的语言对于了解人类语言和心智的重要性。此后，人们对语言使用的研究兴趣才迅速增加。可以说，语言学研究在 20 世纪五十年代至七十年代主要探讨了句法方面，六十年代至八十年代前后则主要探讨语义方面，只是到了八十年代至九十年代，语用学作为语言学的分支才得以较大发展。语用学不同于语义学、句法学，它将语境作为影响意义的主要因素进行研究，本身算是语言研究的一个革命性进步，其学科兴起的标志包括 1977 年《语用学杂志》（*Journal of Pragmatics*）创刊并发行；1981 年国际语用学协会成立；"语用学"的名称开始在书名中出现，如 Levinson 编写的教科书《语用学》（*Pragmatics* 1983）和 Leech 的理论著作《语用学原则》（*Principles of Pragmatics* 1983），等等。由于翻译研究中语言学的导入总是滞后于语言学领域本身的变化，直到 20 世纪九十年代初翻译界才出现运用语用学来研究翻译的重大成果。最

第四章　语言学途径翻译研究转变的动因

　　早将语用学较为成功地应用于翻译研究的见诸于 Hatim 和 Mason 的《话语与译者》(1990)、Gutt 的《翻译与关联：认知与语境》(1991，2000，2004) 以及《关联理论：翻译中成功交际的指南》(1992) 和 Baker 的《换言之》(1992) 等。

　　语用学作为"有关语言交际中由参与者所传递和操控的语言意义方面的研究"(Baker 1992：217)，关注语言的功能而并非形式，研究语境中的意义而非意义本身，分析句子的使用而非结构。语用学的发展过程就是一个语言意义的探索过程。在语用学的发展历程中，Grice (1967) 在系列讲座中系统地阐发了会话含意理论、语用推理论，从而将人们对交际的关注重心引向字面意义以外的隐含信息。20 世纪八十年代初，Levinson (1983) 提出指示语、会话含意、命题、言语行为、会话结构等以语用语言现象为重点的议题；而 Leech (1983) 也提出以礼貌为核心的人际修辞原则等社交-语用研究，将关注焦点转向信息传递以外的人际关系，进一步拓展了语用学的探索范围。Sperber 和 Wilson (1986) 年提出以心理认知为基础的关联理论框架，力求更有效地解释交际中的语用原则。Levinson 则在 1991 年系统提出新格莱斯语用机制 (Neo-Gricean Pragmatic apparatus)，从交际双方的角度阐释话语的一般含义。

　　学界一般认为语用学的源头有两个。一是符号学起源，源于美国学者 Peirce 和 Morris 符号学三分说中符号与符号使用者之间关系的学说；二是语言哲学起源（此处指分析语言哲学）。有学者认为 Wittgenstein 后期的"意义使用论"和 Austin 的"言语行为理论"推动了语用学的萌芽（管音频 2007：99-103），尽管他们研究的目的主要是为了解决一些哲学上的争论。无论是出于前一种美国实用主义哲学传统还是后一种的日常语言研究的影响，语用学都体现出与语言使用、语言使用者密切相关的研究特征，格外强调语境研究（任何一种语用学如果离开了语境研究就无法称作语用学了)。由于语用学的研究对象是语言使用者的语言,而翻译不但涉及两种语言,也与两个重要环节紧密相关,即作者与译者、译者与译文使用者。这两个环节都涉及作为语言使用者的人,因此语用学一旦介入翻译研究中,人的因素,如人的社会性、生物性(如心理),就会自然进入翻译研究视野。

20 世纪九十年代以来常被语言学途径翻译研究借用的语用学理论主要包括言语行为理论、合作原则、礼貌原则等。言语行为(speech acts)理论指 Austin(1962)在讲述性言语和施为性言语两个概念基础上形成的"说话就是行动"的理论。他认为人们在日常生活中无不以言行事,说一句话其实包含多个行动,即发话行为(locutionary act)、示意行为(illocutionary act)和施事行为(perlocutionary act)。其弟子美国学者 Searle(1969)后来修正了该理论并使之具体化,把意向行为分为断言行为(assertives)、祈使行为(directives)、承诺行为(commissives)、表态行为(expressives)和宣告行为(declaratives)五类(Searle 1976: 180-188)。他还提出了实现言语行为的适意条件(felicity conditions)和间接言语行为之说,即人们说出某一语句的字面意义与真正意义在许多方面不同,相应语句具有两种目的意向,这种"间接施为句"可以表示某个言外之意(也就是行动)。言语行为理论超越了语音、音位、词汇、句法、语义等传统语言学研究领域,从行为入手描述和解释语言的动态特征对语言参与者的关系、动机和目的进行探究,从而使语言研究进一步与社会、心理研究结合起来。

合作原则(cooperative principles)是 Grice 从德国哲学家 Kant(康德)那里借用数量、质量、关系和方式四个概念,并在此基础上细分出体现合作交际的四条准则(maxim):1)数量准则(quantity maxim)(话语信息要适量,勿过量);2)质量准则(quality maxim)(说话要真,证据要充分);3)关系准则(relation maxim)(话语要有关联);4)方式准则(manner maxim)(话语要清晰、明确、简洁、有序)。人们在日常交际中，如果在言语交际中一方表面上违反了合作原则，即违反了某一具体准则，"会话含义"就出现了，需要推理。Grice 将"会话含义"分为"一般会话含义"(指表达者在遵守合作原则的某项准则时，在话语中通常带有的某种含义)和"特殊会话含义"(指在会话中交际一方明显或有意违反合作原则的某项准则，从而促使另一方去推导话语的含义)。会话含义与合作原则相结合构成了意图推理模式的理论框架。会话含义本质上是一种关于人们如何运用语言的理论，关注的不是说话人说了什么，而是他说的话意味着什么。它不是从语言系统内部去研究语言本身表达的意义，而是依据语境研究话语的真正含义，解释话语的言外之意。合作原则的提出使语言学开始关注"言外之意"这类言语交际现象，并把语言产生的语境因素纳入解释交际中语言运行机制的研究中（尽管语境因素在该学说中仍十分抽象)，使语言学界对语言意义的研究从静态逻辑语义分析转向动态语用分析，并使语法学和语义学中一直无法解答的一些棘手问题得以解决。

Brown，Levinson 和 Leech 等人后来提出，人们有时违反合作原则可能出于遵守另一条原则的原因，他们从修辞学、语体学的角度提出了礼貌原则。Brown 和 Levinson（1978）礼貌语用理论实际上包括三个基本概念：面子（face）、威胁面子行为（face threatening acts，简称 FTA）以及礼貌策略，涉及语言使用中来建立、维持、改进语篇作者与语篇接受者关系的所有方面。Leech（1983）的礼貌原则包括 1）圆通准则：减少表达有损于他人的观点；2）大方准则：减少表达利己的观点；3）赞许准则；4）谦逊准则：减少对自己的表扬；5）一致准则：减少自己与别人在观点上的不一致；6）同情准则：减少自己与他人在感情上的对立（Leech 1983：3)。"礼貌的其中一个功能便是创造交际双方之间的社会距离"（Mey 1993)，其语用特征表现为其以说话人为中心的社会层次关系。礼貌策略的运用，首先同交际对象有关，如交际对象的关系疏密、地位的高低、辈分尊卑、年龄长幼等因素，其次，礼貌言语是否合适要根据语境的要求。礼貌原则由于涉及交际者之间的关系、交际环境及话语等直接影响语言使用的因素，因此可以用来分析根据语法规则难以解释的某些现象。受 Brown 和 Levinson（1978）礼貌语用理论的启发，翻译研究者开始探究以往研究中忽视的人际交往的问题。Hatim（1997）从语篇类型角度探究了非二元关系话语（non-dyadic discourse）的礼貌概念，分析了语篇礼貌性（隐含于距离和权力）与语篇类型之间的相互关系；而 Hatim 和 Mason（2000）从面子威胁行为概念入手研究了口笔译之间的转换在字幕翻译中容易丢失的人际交往的语用规则和相应的翻译策略。

句法学以句法形式为取向，形成"逻辑－语形"分析；语义学以言说对象为取向，形成"本体论－语义"分析；而语用学是以语言使用者为取向，形成"认识论－语用"分析。由此，语用学格外重视语境的因素对语言使用者及其语言使用的影响。在这个意义上，它与社会语言学一样都反对疏离社会和人的语言研究，都属于语境语言学范围（context-sensitive linguistics）。而翻译研究受语用学影响，其语言分析也开始聚焦于社会语境中使用者（作者、译者、读者）的意图和目的。Baker（1992）探讨语用对等概念时，在开篇专门引用了两段话，强调翻译研究应该转向真实言语以及使用者意图的研究：

"关于培训译者我们需要何种对比研究根基的问题上，我的回答是，迄今为止没有任何语言对比系统可以胜任这个工作。我们应当远离语言组织结构而好好看看现实，尤其因为现实被符码化于译者的情景和语篇中而非语言中……"（Denison; twelfth and concluding discussion in Grähs et al. 1978： 348 ）

"语篇不应该被视为静止的语言样本（在实际翻译课堂上这

种想法仍很盛行），而应当被看作主要是作为读者的译者理解表达作者意图的语言表达，译者因此为另一文化的另外的读者群重新创造了全部一切"（Snell-Hornby 1988：2）（以上均转引自 Baker 1992：217）。

事实上，20世纪九十年代以来，大多数结合语用学、功能语言学以及批评话语分析等高度重视语言使用的翻译理论，都开始关注与社会中的人紧密相关的语言使用问题，语篇特征与意识形态、信仰体系和权力问题之间的联系在语言学途径研究中一再得到证实。而文化转向后文化学派研究的不少中心课题如权力和控制等，其实也同样是语言学途径研究考察的重点之一。当然，语言学派与文化学派对意识形态研究在理论来源、研究和探讨方式上都有所不同（见5.2.2.2）。

4.1.1.2 以 Firth-Halliday-Sinclair 为代表的语境分析传统

推动语言学研究语境转向并关注语言使用的另一股强大的力量源自某种功能主义传统，这突出地表现在英国语言学界以 Firth-Halliday-Sinclair 为代表的语境分析传统。它对20世纪90年代后语言学途径研究的新发展产生了巨大影响。

英国语言学的兴起始于东方及非洲研究学院，当时英国政府需要一个专门的研究机构研究英国殖民地国家的语言和文化，因此东方及非洲研究学院的大多数成员有机会接触到异族语言和文化的第一手资料，这样伦敦语言学家研究的大多是拥有众多人口的鲜活语言，并思考这些语言如何在新的文明条件下有效交际的问题。所以，在实际中使用的语言成为英国语言学研究的最大关注点（俞洪亮，朱叶秋 2003）。

英国学者 Firth（1890-1960）就格外强调"把语言作为社会过程的一部分加以研究"（Firth 1957：18）。如果说 Chomsky 语言学的思想是心智性的，Firth 的语言学就是社会性的。他强调语言学如果不研究意义就会毫无成果,而"意义"在他看来就是"语言在语境中的功能"(Stubbs 1993:14)。Firth 认为语言学家应当把"社会进程中说话的人"作为研究的对象(Firth 1957:190),而且是在"情景语境"中研究意义,因此被认为开创了英国的"语境主义学派"(Lehr 1996)。在 Firth 之前,他在伦敦大学的同事、人类学家 Malinowski 曾专门探讨过语境(context)这一术语。不过 Malinowski 对语境的论述还只是一种探索,仅针对人类文化语言学中分析手段的不完善而提出的。语境理论实际上在 Firth 那里才得到实质性的发展。他以较完善的方式阐述了说话人、语言形式、语言环境等因素的相互关系,并把"context"的含义从一句话的上下句引申扩展到一段话的上下段,甚至包括话语和社会环境之间的关系。他提出"情景语境"概念,即语言因素的上下文——"(语境)是用来描写语言事件的纲要式构成物(schematic construct),……与语法范畴的所属层次不同,是由言语事件参与者的有关特征、有关的事物和言语行为的效果组成的一组相关范畴"(Firth 1957:32)。Firth 认为语言学家的工作是分析和描述意义,主张"把意义或功能分解成一系列的组成部分。确定每一意义,都必须从具体话语或话语成分与语境之间的关系入手。也就是说,把意义看作是语境关系的复合体,语音学、语法学、词汇学和语义学分别处理适当语境中与自身有关的组成部分"(Firth 1957:19)。从他关于"意义"和"语境"的论述中,我们可以看到语言的意义与形式、功能和谐地统一起来。针对分析情景语境时可预见的操作方面的困难,Firth 提出研究真实语篇是其可行的方向。他认为"及时记录实际语言的语篇应当是被关注的焦点",以此为基础可以"建立语篇和其他情景成分之间的关系,根据相关性进行归类和选择,而何为相关性可以由语言学家来决定"(Firth 1968:173)。

  Firth 倾向于把翻译看成一种"交际活动"(communicative

event)。他指出,"语言的系统和结构,与事件的系统和结构,与相关的物、人及其活动中的系统和结构都是有关系的。你可以把语言结构和系统与思维结构和系统联系起来,也可以把它与情景中的结构和系统联系起来,构成情景的要素包括参与其中的人、人的非语言行为、相关的物以及其他活动。在这两种选择中,我认为,尽管看起来很难,但情景要素系统更好把握,也更容易与翻译问题扯上关系"(Firth 1956:91)。可以说,就翻译研究语言学途径而言,强调翻译是一种交际活动的观念可以追溯到 20 世纪五十年代中期 Firth 的思想。一直到 20 世纪九十年代,翻译交际观念在语言学导向翻译研究的相关文献中仍然占据着主流位置,如 House(1977/1981,1997)的评估模式以及 Hatim 和 Mason(1990,1997)的语境模式实质上遵循的都是这种翻译交际模式。

Firth 提倡关注真实语篇的研究,这与 Chomsky 的语言思想完全不同,而且他强调要在相关的情景语境参照下研究真实语篇的意义,这些观点深深影响了其弟子 Halliday 以及 Sinclair 等学者对语言社会功能的关注以及意义与形式结合研究的方式(如 Halliday 1985;Sinclair 1987,1990),并"使随后英国语言学研究与布拉格学派的功能主义传统联系起来"(Kenny 2001:10)。但可惜的是,无论在语言学界还是在翻译界,Firth 语境的内容与概念在结构主义盛行时期都没有得到重视。

Halliday 是 Firth 的学生,他的贡献主要表现为其创立的系统功能语言学理论。Halliday 有关语言性质、语言系统、语言功能、语言结构、语言与语境相互关系、衔接与连贯相互关系等一系列理论问题的看法对话语分析的发展产生了广泛而深刻的影响。Halliday 从 Firth 那里继承的主要思想首先是情景语境说,即语言与典型的社会情景有密切的关系。受 Firth 的影响,Halliday 认为要深入研究语言,就必须走出语言,从社会学的角度观察语言,并以语言的实际运用(言语,parole)作为语言学的研究对象。因为意义潜势虽然是行为潜势在语言的词汇语法系统上的实现，但语言形式的选择在很大程度上受社会文化环境的制约。Halliday 主张把语言看作一种社会符号（social semiotic），把语言交际看作一种社会行为，认为研究语言就是研究"社会的人"（social man）如何在社会文化语境中运用语言进行意义的交流（Halliday 1978）。事实上，系统功能语言学与其他语法学派的主要区别之一就是强调语言与社会、文化之间的紧密关系，即语言与社会和意识形态（人的思想）紧密相关，语言不仅可以反映社会，反映人的思想，而且反过来在一定程度上也能维持、影响甚至改变社会和人的思想。系统功能语言学在 20 世纪七十年代中期发展起来的这种语言社会符号观对九十年代后语言学途径的翻译研究产生了很大的影响。

在系统功能语言学体系里，"功能"和"系统"是两大基本概念。"功能"主要是指语言的交际功能或社会功能，即语言的元功能，而不是其他一些功能语言学所指的语言形式在其所处的结构中的作用（比如语法功能），系统功能语言学由此出发来描写和解释语言。Halliday 提出，语言有三个元功能：概念功能（ideational function）、人际功能（interpersonal function）和语篇功能（textual function）（Halliday 1978）。这些元功能实际上是语境层和语义层的接面。它们能解释语言既是思维（反映）的工具又是交际（行为）的工具，也可以解释语言为什么具有不同于其他符号系统的特点。除了元功能思想外，Halliday 对语域和连贯等也进行了深入的研究，在小句层面和语篇层面阐述了现实的语料如何体现意义。他发展的一套对语境参数的种类、语境对语言使用的制约作用有比较系统的分析方法，即语域理论，具体说明语境因素对语言使用和使用者的影响，从而将 Firth 的语境思想具体化。该理论把语境因素分为三类：话语的范围、方式和基调（field, mode and tenor），它们分别指话题以及与话题有关的活动、话语活动所选择的交流渠道、说话者和受话者之间的社会关系以及说话人的交际目的。这三种语境因素分别影响语言的三大元功能（概念功能、语篇功能、人际功能），而这三种功能又分别影响说话人的语言选择，具体体现在及物性系统（transitivity system）、主位系统（thematic system）和语气系统（mood system）等三个方面。

语域理论克服了语境研究中因为语境因素过于琐碎而难以取舍的困难，较为系统地解释了一定范围内语境对语义的制约作用。作为一套分析情景语境的可操作性强的工具，该语言模式阐释了表层语言选择与文本交际功能及其背后的社会文化含义间的可能联系，其视野超越语言本身，扩大到语境和语言的交际功能。它因此被大量运用于对翻译发生的情景因素的解释和分析中（如House 1977, 1997; Hatim & Mason 1990 等），为翻译中的语境研究提供了强有力的技术性支持。

"系统"是 Halliday 语言学里另一基本范畴。虽然都有"系统"概念，但是 Saussure 定义的语言系统是一个由单个符号组成的符号系统，不含个人的、临时的不属于符号系统的东西，而 Halliday 说的语言系统是一个由各种子系统组成的多层次的网络系统，要丰富和复杂得多。Halliday 关于"系统"的思想中继承了 Firth 关于系统与结构的区分，但不同意 Firth 结构是第一性的观点。Halliday 对语言结构提出纯粹功能性的解释，认为语言的本质与人们对它的需要和它所应具备的功能有着紧密的联系——"语言的语法系统所特有的形式与语言所要满足的社会和个人的需要紧密联系"（Halliday 1970：142）。"语言系统"在系统功能语法里表现为选择关系（即聚合关系），而选择是第一性的，结构（即组合关系）是选择的结果，是第二性的。换言之，语言系统是一个由可供选择的语义网络，使用者在一定语境下的选择就是意义（语义），形式的选择也就包含了意义的选择，选择不同的形式也就表达了不同的意义。因此，在 Halliday 看来，语法在本质上是一个语义系统。

Halliday 不同于 Chomsky，他没有区分使用者的语言能力（语法知识）和语言行为，而是区分使用者的"实际语言行为"（does）和"潜在语言行为"（can do），即把实际语言行为看成语言使用者根据语境对一系列潜在语言行为进行选择后所做的实际行为。也就是说，语言为使用者提供各种各样的潜在的选择，而话语是使用者从中选择后的结果（Halliday 1973：48-71）。在翻译领域，Hatim 和 Mason 在回溯性研究翻译交际意图时沿袭的就是这种语言选择观。他们"把文本看成具有动机的选择结果（motivated choice）：文本制作者有自己的交际目的，为了达到其目的而选择某些词汇和句子"，进而推断出"翻译潜藏两种动机：源语文本制作者的动机和译者的动机。先考虑译者如何对他认为的潜藏于源语文本制作程序中的动机作出反应，然后再考虑译者本人的动机"（Hatim & Mason 1990：3）。

Halliday 的语言学成果不断在翻译界得到运用的同时，他自己也曾探讨过翻译的问题，明确表达了一贯持有的功能思想和系统思想，他认为涉及翻译理论主要有两个问题：一个文本是否是另一个文本的翻译，如果是，它是否是个好翻译；第一个问题关心文本是什么意思，第二个问题关心它是否有效。在他看来，一个"好的"翻译就是这样一种语篇，"它翻译了（例如，对等于）在特定的翻译语境中最有价值的语言特点。当然，问题在于价值概念本身什么样的价值被赋予被认定的源文质量？为什么语篇受到这样的评估？"（Halliday 2001：17）他认为，只要人们询问的仅仅是两个文本是否具有这些特定的属性，人们就只是在观察例子：两者被直接进行比较。而一旦人们开始询问为什么会这样，人们的立场就转变了，是在观察系统了。换言之，Halliday 非常强调从功能的角度来考察译本，而译文功能的评判则要依赖相应的社会符号体系的参照。

第四章　语言学途径翻译研究转变的动因

Sinclair 也是 Firth 的学生，同时也是 Firth 语言学传统的杰出实践者。在新弗斯（Neo-Firth）派学者中，如果说 Halliday 出色地继承和发展了 Firth 的语言系统和结构、语言的社会功能等思想，那么 Sinclair 则继承了 Firth 以来的英国语言学的经验主义以及侧重于社会语言内容的研究传统，并发展了 Firth 的词语学与意义研究理论。Sinclair 主要从事描述语言学研究，在话语分析和语料库语言学两个领域成绩显著。20 世纪七十年代，他与 Coulthard 在收集和分析教师与学生课堂对话语料的基础上建立了伯明翰学派话语分析法模式，大大改变了口语话语研究的传统模式。20 世纪八十年代，他主持了 COBUILD 项目，担任 COBUILD 系列词典主编，大力倡导语料驱动性语言研究，推动了语料库语言学的发展。

Sinclair 坚持语言体系与语言使用一元论的立场，特别关注语言的现实性和典型性的研究。在 Sinclair 的体系里，我们同样可以看到形式与意义同为一物，形式与功能同为一物，词汇意义与语法意义同为一物的观点。他曾指出，"迄今为止在所有已经检验的案例里，意义都与明显的形式模式相连，形式和意义从根本上是没有区别的"（Sinclair 1991: 6-7）。长期以来 Halliday 提倡"语义语法"的概念（lexico-grammar，即语法本质就是一个语义系统），而 Sinclair 的词汇语法理论（Lexical Grammar）认为词汇和句法是相互选择的，词汇的选择不仅受句法结构的限制，同时也会限制句法结构的选择。他因此强调词汇和语法并重的语言描写体系。Sinclair 在 20 世纪八十年代提出用语法形式和词汇相结合的方法（即词汇语法）来描述英语，其经典方法就是词项—语境法，即"从词项到语境，再从语境到词项的检查方法"（Francis 1993: 146），而且他的语料库研究也证实语义与结构是相关的（Sinclair 1990, 1991）。词汇语法理论的提出有效解决了传统的语言描述方法中存在的语法与词汇无关、结构与语义分离的问题，对后来语料库研究中检索理论产生了深远的影响。

Sinclair 的研究数据观可谓与 Firth 的语境论一脉相承，在其方法论体系中，"数据的真实性处于最基础的核心位置"。"他视真实数据为语言学之生命所在"，凭借语料库语言学的 KWIC 词语索引以及其他技术手段，他"将 Firth 的抽象思想变成了有形的、可观察的和可量化的具体实体，将语境论发展到了极致水平"（卫乃兴 2007：15，16）。语言学界对真实语料的收集和分析的传统其实由来已久。20 世纪五十年代中前期，以 Harris 等人为代表的结构主义语言学家都非常重视语料的收集与研究。然而这种状况随着 Chomsky 1957 年《句法理论》及其以后的一系列论著的发表被根本转变。《句法理论》一书中首次发现英语短语结构规则具有递归性。这种递归性表明，自然语言的句子是无限的，作为语料基本单位的句子的无限性因而决定了语料是难以穷尽的，语料库不管多大也不可能穷尽语言，描述语言的全貌。Chomsky 因此反对大规模的语料库研究。更何况他认为语言学研究的对象是人脑的语言机制，即人的语言能力而不是语言运用，因此语言研究可以建立在直觉数据而非自然数据的基础上。他采用的例证句子大多是人造的，"与现实语言完全脱节"，"只为维护句法独立的假设而服务"（顾曰国 1999：5）。转换生成语法学派的批评从根本上改变了后来近 20 年间语言学的研究方向，真实语料收集的研究方法因此名誉扫地。而 Sinclair 持完全相反的观点，他认为语言研究应该建立在可验证的真实语料基础上，而不是依赖直觉的、编造的和孤立的句子。他强调语篇分析不是句法描写的延伸，人们在语篇分析中要从语言事实出发，根据语篇自身的特点来建立反映语篇特征的分析模式，而不是把语篇分析者的观点强加于语篇（见 Sinclair 1994：12-26）。无论是他在 20 世纪八十年代开启的基于语料库的词典学研究及其成果 COBUILD 词典系列丛书，还是从 20 世纪九十年代至今进行的语料库驱动的语言学研究及其成果——5 亿词容的语料库 Bank of English，都体现了某种鲜明

第四章　语言学途径翻译研究转变的动因

的数据观，即强调真实、大数量性、体系性、原生态以及自动处理。Sinclair 的理论和实践使人们认识到了真实数据的价值和生造数据的局限，即语言理论模型的构建不能脱离语言事实，否则其效度和用途都有限。他的基于真实数据的研究立场深深影响了其弟子 Baker 后来开创翻译语料库研究的思路。

Subbs 在 1993 年纪念 Sinclair 的文集中曾把英国语言学发展自 Firth-Halliday-Sinclair 而来的学术传统归纳为以下若干原则：语言学本质是一门社会科学和应用科学；应当针对实际、可验证的、真实的语言使用来研究语言，而不是通过靠直觉的、编造的、孤立于语境外的句子来研究；研究的单位必须是整体语篇；语篇以及语篇类型必须在不同语篇语料库之间进行比较研究；语言学关注意义的研究；形式和意义不可分离；词汇和句法之间无边界，词汇和句法相互依存；许多语言的使用是有惯例的；使用中的语言传播（transmit）文化；认为 Saussure 的两元论被多数人误解了（Subbs 1993：2-3）。我们可以发现这些原则背后表现的思想涉及面很广泛，不但包括语言学的性质（社会科学和应用科学）、语言学研究数据的性质（语言应当在可被检验的真实的使用例证中进行研究），还涉及语言学的核心研究对象（意义）、语言行为的本质（语言的具体使用有惯例可循并传播文化）以及语言学学科的概念结构（如基本概念"语言/言语"以及"组合/聚合"概念），等等。无论是在语料库收集数据还是参照社会制度中语言功能进行研究的时候，这些原则无不强调对真实语篇（口语的和书面语的）的语言使用进行分析。事实上，以 Firth-Halliday-Sinclair 为代表的英国语言学研究传统传承布拉格学派的功能思想，强调语言的社会性，把语言行为看作个体之间、个体与社会环境之间交互作用的社会行为，非常重视对使用中的语言进行动态研究。这些学者们认为言语与语言系统一样值得研究，甚至干脆拒绝 Saussure 关于语言/言语这种两分法（如 Firth 1957：2n, Halliday

1978：38，Sinclair 1991：103）。由于将语言的实际运用作为研究对象，注重语言选择关系和说话者的选择类别，因此个别语言、语言变体以及语言变体之间的选择系统的描写成为研究关注的重点。这种强调语境、系统以及语料研究的思想对20世纪九十年代语言学途径翻译的研究工作产生了巨大影响。不少学者运用功能主义导向的语言学为工具研究真实的语篇（如 Baker 1992，2000；Bell 1991；Hatim & Mason 1990，1997；Harvey 1998 等），并借助批评语言学的洞见将语篇的特征与它们所处的广阔的社会文化语境联系起来（见3.3.1）。此外，20世纪九十年代兴起的语料库翻译研究也沿袭了重视语言功能、强调真实语料分析的传统。如翻译英语语料库（TEC）就采用标题文件记录文本个体的超语言信息（Laviosa 1997，Baker 1999）。

4.1.2　话语分析研究的分流发展

Leech（1983：2）曾把20世纪语言学形象地比喻为"波浪形扩散"。从语言作为符号系统（音素和词素）扩大到句法，再从句法扩大到语义、语用直至话语，在这个大趋势中，话语分析（discourse analysis）迅速发展壮大，成为人文与社会科学的重要研究方法，甚至被称作语言学的"话语转向"（discursive turn）（Parker 1999，Sarangi & Coulthard 2000）。在话语分析出现之前，无论在社会语言学领域，还是在其他语言学分支如语用学领域，学者们都只关注外部的、由社会文化因素或交际因素所构成的环境与语言使用之间的关系。而随着话语分析研究的发展，一部分研究者已从听话人的角度来体察语言形式变化的意义，认为语境体现在连续互动的话语中，话语本身既是信息又是语境。

话语分析的发展始于20世纪六十年代，几十年间人文与社会科学领域中各学科之间的融合和渗透为其提供了广阔的发展空

第四章 语言学途径翻译研究转变的动因

间。除了采用语言学的句法、语法、意义、语境、功能等理论对语篇进行分析外，话语分析还吸收了哲学、符号学、心理学、人类学、社会学、文学等学科的研究成果，逐渐形成了一个极有活力的新兴学科。话语分析研究的重点是语言和语言的使用，常见的方法包括篇章语言学、会话分析、民俗学、互动社会语言学、语用学、社会符号学、批评语言学等。一般来说，凡是研究对象超出句子的往往被称作话语分析。然而，由于话语分析的途径复杂多元，学者们的理论假设、研究目的以及方法有些是很不一样的。从历史发展的角度看，自20世纪七十年代初开始，随着文化概念逐渐被应用到话语分析中后，话语分析的研究开始不断分流，话语逐渐被看作是社会实践的事例，而具体的研究则涉及了从关注话语产品向关注话语过程的转变，或者说从以句子或语言系统为特征的结构性研究过渡到针对语言与社会（文化、认知）语境的动态功能性研究。Candlin 在为 Coulthard《话语分析入门》所作的序言（1985 vii-iv）中曾指出，话语分析在追求其研究目标时候表现了两种不同但又有关联的话语世界，即描述说话者的意义或在使用的语境中作出解释。话语分析因而也有了两种不同的主要研究方法，一种强调组织和谋篇过程，另一种则强调社会关系和互动。

在国内学界，英语"discourse analysis"一词一直有两个译名："语篇分析"和"话语分析"。但它们之间的区别一直没有引起学界足够的重视。黄国文、徐珺（2006）因此采用 Brown 和 Yule（1983：26）的观点，把"text"和"discourse"分别理解成"成品"和"过程"进行区分。而国外学界大概也没有对"话语分析"概念进行严格界定。Hatim 就曾在《翻译研究百科全书》（1998/2004）中提到篇章语言学与话语分析研究领域有部分重合之处以及因此造成的困扰。他甚至认为对整体语篇的生成和理解方面的研究不算是"话语分析"范围:"尽管这些超越句子以上的语言研究常常被笼统地划归到"话语分析"(discourse analysis)的领域,但实际上应当把它们称作'语篇分析'(text analysis)才更为恰当",因为"语篇分析主要关注语篇的结构和组织过程而不是由语篇体现的社会关系和互动,后者严格说来属于话语分析领域"(Hatim 1998/2004:262)。

国内外语言学界已有不少学者对这个问题进行过探讨,但迄今没有定论。Schiffrin(1994:20-43)曾从"discourse"概念的三个不同定义对话语分析领域进行划分:(1)形式/结构主义范式的定义:discourse 是大于句子的语言单位,强调结构;(2)功能主义范式的定义:discourse 是语言使用;(3)位于结构与功能之间的折衷定义:discourse 是"话段"(utterance)。Guy Cook(见 Johnson & Johnson 1998/2001:99-102,转引自黄国文,徐珺 2006)则根据不同的目标、研究方法、理论来源、研究重点等把话语分析分为三派:(1)英美学派;(2)以法国哲学家福柯的理论为基础的学派;(3)批评话语学派。而国内学者顾曰国(1999)则以话语分析为中心,以图表的形式划分了四个代表性的研究方向:(1)从篇章到句子,如 Li(1976),Givion(1979,1983),Abraham,Givion 和 Tompson(1995),他们研究篇章是要从篇章中寻找对一些语法现象的解释,认为句法是某些篇章特点的语法化。(2)从句子到篇章,代表人物有 Petoefi(1971,1988),de Beaugrande 和 Dressler(1981),他们关心的是句子如何集合在一起形成篇章。(3)从话语分析到社会,话语分析作为剖析社会问题的工具,如 Van Dijk(1988,1993),Fairclough(1989)。(4)话语与社会机构活动"同生同长",分析话语就是解剖社会机构,解剖社会机构就是分析话语,如 Boden 和 Zimmermann(1991)。如图5所示:

第四章　语言学途径翻译研究转变的动因

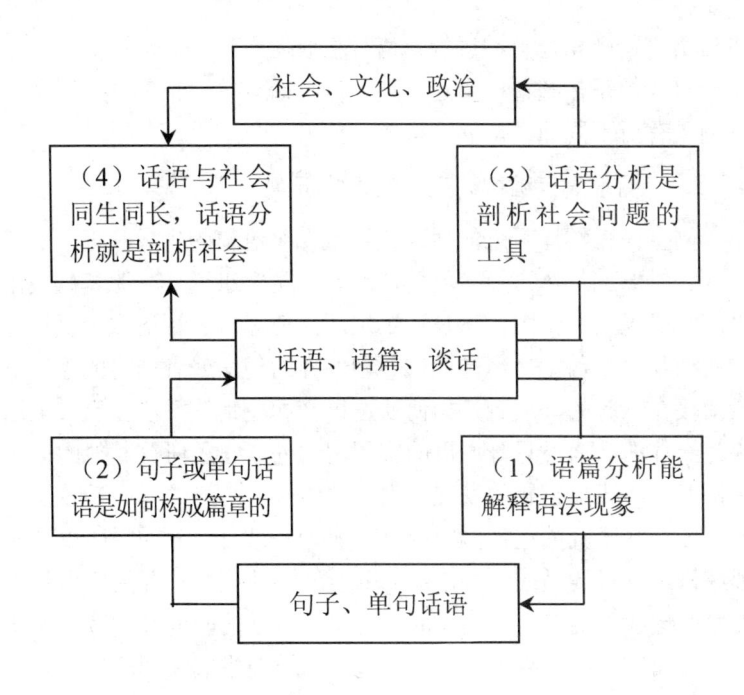

```
         ┌─────────────────┐
         │  社会、文化、政治  │
         └─────────────────┘
           ↓               ↑
┌──────────────┐     ┌──────────────┐
│（4）话语与社会 │     │（3）话语分析是│
│同生同长，话语分│     │剖析社会问题的 │
│析就是剖析社会 │     │工具          │
└──────────────┘     └──────────────┘
           ↑               ↓
         ┌─────────────────┐
         │  话语、语篇、谈话 │
         └─────────────────┘
           ↑               ↓
┌──────────────┐     ┌──────────────┐
│（2）句子或单句 │     │（1）语篇分析能│
│话语是如何构成 │     │解释语法现象  │
│篇章的         │     │              │
└──────────────┘     └──────────────┘
           ↓               ↑
         ┌─────────────────┐
         │   句子、单句话语  │
         └─────────────────┘
```

图 5　话语分析研究取向（顾曰国 1999：8-9）

我们赞同顾曰国所做的四个分类，并认为它们实际上大致可以归入结构和功能两个宏观范畴：一类（前两者）是对话语的语言结构分析，指对超句结构单位的话语进行分析；另一类（后两者）是对话语的社会文化分析，强调话语过程的研究，探讨交际中的话语与社会、文化和思想意识之间的互动关系。本书将据此探讨话语分析的分流发展以及它们对语言学途径翻译研究发展的影响。当然，这并不是说侧重语言结构研究的话语分析完全是脱离语境的。只要是话语分析，就会涉及语篇、话语和语境。话语分析的经典著作都把语境作为语篇分析和理论建构的定性特征。话语体现在各种语篇中，而人们把语篇看作话语单位。语篇单独没有什么意义，只有通过与其他语篇的联系才有意义。总之，语境与语篇紧密相连,在进行话语分析时两者缺一不可,只不过学者们有点像是在某种概念连续统上进行研究,对语篇和语境的关注侧重有所不同而已。

4.1.2.1 侧重语言结构研究的话语分析

侧重语言结构研究的话语分析重视对语篇的生成和理解的研究。它以研究具体语篇(如采访录音、文学小说等)为基础找出语篇组成规则,试图描述是什么东西促使连贯的话语成为语篇,一句话与另一句话是怎样通过各种各样的句法或者词汇的连接手段衔接在一起的,或者是如何通过语义和逻辑的手段在意义上连接为一体的,而不只是词语的堆积。此外,它还研究其他的信息连接方式,比如主题的发展、主述位结构、信息结构、话轮等内容。还有些研究关注话语中的语言成分、语言成分的顺序以及宏观结构,其目的是通过对语篇的分析透彻地理解语篇的组织和结构以及理解语篇是怎样建构的。它使语言学的研究开始超越孤立句子层面的研究,将视野扩展到整体语篇的生成和理解的层面。

有关话语的语言结构分析主要包括衔接与连贯的研究(Halliday & Hasan 1976)、信息结构的研究(Halliday 1985)、语用连贯(Grice 1975,Sperber & Wilson 1986 等)、语篇生成机制(Beaugrande & Dressler 1981)等。如衔接与连贯研究显示,要实现话语在内容和逻辑上的连贯,主要可以通过指代、替代、省略、连接和词汇衔接五种衔接手段,Hatim 和 Mason(1990),Baker(1992)都将此理论运用于翻译中对文本的分析;Beaugrande 和 Dressler(1981)的语篇分析则试图在表层结构上建立一个指明语法衔接的语言模型,在深层结构上建立一个指明语义连贯的语言模型。受 20 世纪七十年代末认知科学研究和交际功能研究思想的影响,他们研究的重点也转向对语篇生产和语篇理解的认知过程的研究。他们提出了著名的七项语篇标准,即除了以语篇为本的衔接和连贯之外，还有五项以语篇使用者为中心的成篇标准：意向性、情景性、信息性、可接受性和互文性（Beaugrande & Dressler 1981：8），它们后来在译学界被多次借用来评估翻译中的语篇构建（如 Neubert & Shreve 1992）。Beaugrande 和 Dressler 从语篇使用者角度来解释语篇形式，强调意义是语篇的作者与接受者之间动态协商的结果，对 Hatim 和 Mason 等学者后来将译者视为翻译交际行动中的斡旋者的翻译研究有很大的启发（见 Hatim & Mason 1990）。此外，语篇语言学学者把一种语篇看作其他相关语篇的存在条件，即语篇类型是某类具体和现实语篇的普遍性的虚拟形式，是语篇使用者关于语篇存在条件的经验知识的反映。他们从不同的维度和视角对语篇特征作出描写，其中的"语篇类型"（text type）以及"语篇类型的聚焦点"（text type focus）等概念范畴也对译学研究中涉及语言结构与交际功能的研究产生了不少影响（如 Hatim & Mason 1990; Hatim 1997; Trosberg 1997; Schäffner 2000, 2002 等）。

语篇分析研究将翻译定义成"从源文语篇中诱导出译文语篇的生产过程"（Neubert 1985，转引自 Schäffner 2004a：1254）。"对等"也被定义成根据各自文化中具体交际情景译文与源文某种价值上的对等。语篇分析研究一方面关注翻译中语篇的形式衔接和意义连贯特征，另一方面也强调语篇是否衔接或连贯并非取决于语篇的形式，而是由语篇使用者的态度决定的。这样，对翻译的描述和分析开始认真考虑语言之外的情景因素、受众知识世界和受众的期待以及语篇的功能等。不过，侧重语言结构研究的语篇分析与强调"语境化"研究的批评性话语分析相比，仍像一种拟语境研究。如 Sinclair 为机读语料库发展所做的话语分析中，虽然真实语篇的使用一直受到重视，但其分析更注重的是语言结构或语法结构本身的分析，而不是把话语看作是社会文化语境中的交际事件或言语交流活动。利用语用研究方法的语篇分析也多从语用角度解释语法现象，如会话含义和言语行为、预设、指示以及会话结构等，大多并不关心真实的话语及其交际效果。如 Hatim 和 Mason（1990）的研究利用合作原则和礼貌理论，Baker（1992）和 House（1997）运用合作原则。这些语用学的概念和前提对现实的解释力目前已经受到质疑。如合作原则影响很大，但现实表明，很多交际行为充满了冲突而非合作。而 Levinson（1983）虽然讨论了一般会话含义和特定语境中的特殊会话含义，但更关注的是一般会话含义，实际上排除了偶发和个别的语言使用现象。Brown 和 Levinson（1978）的礼貌模式虽然具有一定的可操作性，但也只是一种说话人意图的理想化理解模式，并不能充分展现实际互动中所出现的复杂情况。更何况有学者指出，礼貌理论有一个假定的前提，即交际和谐是普遍规范。然而正确的研究不应采取社会规范的立场。不礼貌的现象并不总是违背社会常规的举动，它有可能是一种斗争的策略或手段（Verschueren, 1999：874-877）。由于上述原因，借助于这些语言学理论的翻译语篇分析对真实语境的解释力受到限制，这些研究对翻译过程中源文分析阶段的应用有特定的目的，主要是为了识别和突出源文中一些特殊的语篇现象和特征，因为它们造成的种种可能的问题会影响译者的决策。由于聚焦于文本内部机制，尽管文本外部语境因素被大量纳入视野，但基本限于一种拟语境的研究状态。而具有文化批评意识的研究者进行语篇分析，往往是为了通过突显翻译中特定的语言现象来具体探讨背后隐含的真实社会权力和意识形态的影响，强调翻译活动作为一种独特社会现象的功能和作用，同时旨在提高译文受众者的语言批判意识。从这个意义上来说，侧重社会文化研究的话语分析才是一种真正的语境化研究。

4.1.2.2 侧重社会文化研究的话语分析

Beaugrade（1997）指出话语分析在 21 世纪的主要发展方向

第四章　语言学途径翻译研究转变的动因

之一是探索话语与社会文化的关系，展示人类如何在多元文化中实现自己的潜能。相对于话语的微观研究注重语篇内部结构的研究，话语的社会文化分析更加关注语篇作为话语行动的生产的问题。话语的社会文化分析中比较重要的研究途径包括民俗学、互动社会语言学、批评话语分析、社会符号学等，关注社会实践和话语形成互构共生的关系。

在社会学领域，20世纪七八十年代一批学者的关注点从宏观社会现象转移到日常的社会互动上来。他们通过日常话语及其背景因素的详尽分析，了解其中折射的信仰和价值体系的信息。其中的一位学者Gumperz在1982年出版了《话语处理策略》（*Discourse Processes*）一书，正式创立互动社会语言学。互动社会语言学以人类学、社会学和语言学为基础，关注文化、社会和语言三方面的互动，认为语言与语境互为建构：语言创造语境，同时也被语境化，而意义的再现结构和磋商在互动过程中由语言的使用来决定。Gumperz将语言看作反映和构建宏观社会意义和微观人际意义的社会和文化符号体系，认为它可以反映宏观社会意义（如人群、身份、地位差异），同时也产生微观社会意义（即在一定时间内，一个人说什么、做什么），从而为我们提供了语境线索。任何一个语言片段，不论是口头的还是书面的，都是由一组语法提示或线索构成的（Gumperz 1982），而这些语法线索帮助听话者或者阅读者来建构现实。Gumperz（2001）认为互动社会语言学不再单纯地解释意义是否得到有效的交流，而是要寻求理解在话语互动中以及通过话语互动意义被构建的方式和过程。因为所有的交际都是由文化范畴构成的，研究的焦点不应是文化间或个体间的比较，而是转向交际中被共同构建的方面，研究中应当把宏观的跨文化交际和微观的话语分析有机地结合起来。Gumperz的观点对互动社会语言学的研究目标和方法产生了深远的影响。

在互动社会语言学领域，除了 Gumperz，Goffman 对该领域发展也有突出贡献（见刘森林 2001：5-6）。Goffman 提供了社会学性质的框架概念（frame），用以描写和理解社会的和人际的语境形成的意义和形式，说明社会生活环境中使用的语言是如何定位置的，语言又是如何在这些环境中反映思想的。所谓框架是一种组织原则，它支配参与者在社会事件中的主观参与，一个框架代表一种视点或角度（Linell 1998），提供一种默认的取向，使参与者能对进行中的互动获得理解。Goffman 的框架理论构成社会学语境论的主体，它与 Gumperz 的"语境化线索"（contextualization cue）观一脉相承。语境化线索不仅可以改变信息的意义，而且能够改变"谈话的框架"（Goffman 1974/1986）。两位学者的不少思想被运用于语言学的研究中（如 Brown & Levinson 1987，Schiffrin 1987，Tannen 1989 等）。在译学界，Baker 关于翻译与斗争的研究（2006b）也借助了 Goffman 和 Gumperz 的思想来分析特定媒介翻译的话语。而在《语用学研究》期刊 2006 年发行的关于语境化研究的特刊中，Mason（2006a）和 Baker（2006a）都强调了 Gumperz 的动态语境观以及语境线索论对翻译研究的借鉴价值。

话语的社会文化分析的另一支主要理论来源来自批评话语分析（Critical Discourse Analysis，略称 CDA）。CDA 以社会文化实践和社会结构出发把焦点对准语言，但并非为语言分析而关注语言使用。学者们认为现代性的危机实质上是语言的危机，因此对社会问题的研究首先从语言的批判研究入手（Chouliaraki & Fairclough 1999）。在批评语言学领域，语言也不再被认为是传统观念中交流思想的透明载体，而是传播各种各样的世界观的工具；不仅仅是一种稳定的社会结构的反映，也是社会过程的一种不间断的干预力量（Fowler 1991）。CDA 实际上以社会变革为最终目的，通过语言分析"让语言使用的特定方式具有的意识形态以及隐含其中的权力关系显示出来"（Fairclough & Wodak 1997：258），

第四章 语言学途径翻译研究转变的动因

揭露并最终抵制现实社会中权力的不平衡和社会中的不平等。根据 Fairclough 和 Wodak（1997：262-268）的梳理，CDA 目前主要大约有六大分支，包括法国话语分析、历史话语分析（如 Wodak）、Dijk 的社会认知派、Fairclough 的社会文化/话语变化研究、社会符号学（如 Kress）以及批评语言学（如 Fowler）。在具体研究中，语篇被视为语言形式结构和意识形态意义两方面进行选择的结果，学者们往往借助 Halliday 为主的系统功能语言学方法对可能反映意识形态的语言形式如"及物性"、"情态"和"分类"进行系统分析，从而昭示话语的语义结构与意识形态之间的关系、话语的文类结构与社会文化传统之间的关系、话语的活动与思维模式之间的关系、话语参与者的社会身份特征在话语建构中的作用，等等。

CDA 改变了语言学以语言的内在结构和功能为最终研究目标的传统，转向通过语言剖析社会生活中各种实际问题，同时，它为意识形态领域的社会研究也提供了有力的研究工具。传统的意识形态研究是以典型的宏观社会分析为基础的，忽视了微观层面上意识形态操纵的实际结构和过程。这种总体的/肤浅的分析方法无法将社会意识或群体意识（以及它所决定/掩盖/保护的权势结构）与群体内或群体间的具体社会实践（包括话语在形成、转变意识形态中的实际活动）联系起来。而 CDA 将语言本身视为社会实践，详尽分析语篇/话语的结构、策略、过程，调查话语在意识形态再生产过程中的具体作用，并被广泛运用于机构语篇分析、组织语篇分析、政治语篇分析和媒体语篇分析，以及对性别和种族歧视等社会问题的研究这类领域，为社会学、媒体、政治、教育、经济等领域的研究提供了以文本为基础的实证研究方法。

无论作为产品还是过程，翻译都突出社会文化和政治实践、规范和约束因素，因而 CDA 可以为翻译中普遍涉及文化再生产等语境化问题的分析提供研究思路。从 20 世纪九十年代开始，来自批评性话语分析领域的理论资源促使语言学途径学者广泛认可和关注翻译中的语言之外因素，造成事实上的语言学途径研究内部的自我批评和修订，并进一步地促进语言学导向的译学研究从拟语境研究发展到语境化研究。我们可以从不少论著中看到学者们对 CDA 领域学者重要观点的借鉴。如，构成 Hatim 和 Mason 三维模式（1990）的语言学理论来源涉及功能语言学、话语分析、语用学、修辞学、语篇语言学等，而从该模式反复使用的三个关键术语可以看出其主要理论成分来源："genre"（文类）来自 Kress 理论（Kress 1988）；"discourse"（话语）源于 Foucault（Foucault 1972）和 Fairclough（Fairclough 1992）的观点；"text"（语篇）来自 Beaugrande 和 Dressler 的理论（Beaugrande & Dressler, 1981）。其中，除了 Beaugrande 和 Dressler 是语篇语言学研究学者，其他几位均与 CDA 有密切关系。而在后来的互文性研究中，Hatim 干脆建议读者直接阅读 CDA 领域的若干经典论著，以加深对三维模式中这几个关键术语的理解（Hatim 1997：35）。

随着 21 世纪的到来，更多学者将 CDA 的研究方式和相关概念引入译学研究，如 Puurtinen（2000）以《翻译意识形态的语言标记》为题，从 CDA 研究立场出发研究语法现象与意识形态表现的翻译问题；Calzada（2001，2007）从及物性概念入手，分析欧盟议会的翻译语言特点及其社会意义以及语篇性与语境、意识形态之间的互动关系；Harvey（1998，2003）以 CDA 研究中"事件"、"话语"为核心概念，结合翻译社会学中的"事件"概念展开同性恋文学研究；Schäffner（2003，2004）采用 CDA 视角研究政治语篇的翻译等。在这些研究中，我们可以发现，学者们受批评语言学的影响，都把语篇视为揭示和解释受社会因素驱动的翻译行为的证据，而权力和控制已成为研究中的主要课题。

语言学途径翻译研究的这种发展其实反过来也对语言学学科本身产生启示和借鉴的价值。如，以往 CDA 都是单语言分析，因此在分析跨语言交际中的复杂社会现象和意识形态问题时存在一定局限。Schäffner（2001）的研究就表明 CDA 研究中的文本语料可能根本就是编造的（即翻译界所说的"伪翻译"现象）。CDA 与译学研究有着共同感兴趣的研究目标——"同一文本如何在不同文化中被接受以及它们以何种效果影响了读者和译入文化，都是有价值的课题"（Schäffner 2004：145）。因此，Schäffner（2004）提出现在应该是 CDA/PDA 向翻译研究学习的时刻了，携手共进可以同时丰富两个学科的内容。

4.2 翻译学领域："源文导向－译文导向－译者导向"的研究转变

自 20 世纪七十年代开始翻译研究领域已经开始新的理论探索，描述翻译研究与功能主义目的理论两大理论支流在七十年代的兴起、八十年代的壮大逐渐使人们改变了对翻译的看法（详见1.4.2）。在这些研究中，翻译不仅仅是语言形式分析的某种工具，其自身更是一种值得研究的语言和社会现象，译学理论界研究关注点自此开始发生变化，呈现出从源文导向转向译文导向的研究趋势。谢天振教授（2003）曾具体分析了翻译研究在这种转变中实现的三大根本性的突破：从一般层面上的语言间的对等研究深入到了对翻译行为本身的深层探究；不再局限于翻译文本本身的研究，而是把目光投射到了译作的生产和消费过程；不再把翻译看成是语言转换间的孤立片段，而是把翻译放到一个宏大的文化语境中去审视。而在"文化转向"后，翻译研究吸收当代西方批判理论，尤其是文化研究的理论资源，研究重点进一步转向"翻译的媒介本质，翻译过程中的权力运作机制，翻译中的种族/阶级/性别议题"（滕威 2006）。后殖民主义研究、女性主义研究等显示翻译不仅仅是或主要不是一个交际的问题。它不仅仅反映现存的知识，还先行提出知识。翻译研究聚焦于如何在翻译实践中进行文化抵抗和斗争的同时，译者的作用开始显形，"重写"成为译学界不同研究途径学者熟知的概念，而译者的干涉行为和伦理责任也成为学者们热烈探讨的重要课题（如 Pym 1991a；enuti 1995, 1998；Koskinen 2000 等）。《译者》期刊 2001 年还曾专门围绕翻译的伦理课题特邀 Anthony Pym 为主编出版一辑特刊的"The Return to Ethics"（*The Translator* 2001 7/2）。我们将在随后部分论证这种从源文导向转向译文导向和译者导向的学术语境对语言学途径的新发展产生了不容忽视的影响。

4.2.1 目的功能派对译文生产语境的强调

20 世纪七十年代至八十年代间，德国译学理论由静态的研究翻译变化的语言类型学向功能主义和交际理论转变（Munday 2001：73）。目的论（Skopos Theory）就是这一转变中具有代表性的理论成果。目的论由 Vermeer 于 1978 年发表的《普通翻译理论框架》（*Framework for a General Translation Theory*）一书中首次提出，随之成为德国功能理论流派的核心理论。目的论强调翻译的行为性质，认为翻译是一种有目的人类行为，而人类行为都是发生在一定情境中的有意图、有目的的行为，是情境的一部分，同时反过来也改变情境（Nord 2001：1），因此翻译研究不可能不关注翻译行为的交际目的译文的生产语境。对于功能目的派而言，"翻译的起点不是源文的表层的语言结构而是译文生产的目的"（Schäffner 2004），学者们在研究中考察译文是否在译语文化中"功能合适"，而非一味考察译文是否复现源文各方面的特征。

目的论认为，翻译行为的发起者确定翻译的目的，规定了翻译要求（translation brief），如规定译文文本的功能（信息功能、表达功能或操作功能），告知译文的预定目的、译文的接受者、接

第四章 语言学途径翻译研究转变的动因

受文本的时间、地点和场合,译者则根据翻译要求采取相应的翻译策略,制作出符合译语文化的文本。形成翻译目的的变量主要有翻译的发起者和操作者,前者可以是政府、机构或个体,抑或是译者本人;后者则是翻译操作的具体执行者,在翻译操作的每一个语篇层面都可能体现其选择的目的。由于源文在翻译过程中的地位是由翻译目的决定而不是相反,因此目的论认为翻译的标准应当是合适(adequacy),而不是等值,即译文应符合翻译要求,翻译要求决定译文合适的翻译属于哪种形式的等值(见 Reiss & Vermeer 1984,Nord 1997)。在目的论中,翻译主要有三个基本规则:目的规则(skopos rule)、连贯规则(coherence rule)和忠实规则(fidelity rule),其中目的规则是第一位的,其他两个规则从属于目的规则,而且忠实规则从属于连贯规则。

目的功能派理论打破了传统的单向度的翻译研究视角,它不再视源文为翻译活动中唯一不变的中心,而是强调译者的能动介入。目的论强调翻译是决策的过程,而决策的标准就是目的(skopos)。翻译是基于某种文本的行为,但是源语文本只是译者可用的多源信息中的一个,译者有权根据其翻译目的,根据译文在译语文化里的预期功能调整自己的翻译策略,选取源语中他们认为有用或适合翻译目的的信息,发挥一种新的"合作作者"(co-author)的作用(Vermeer 1994:13)。这种"信息供源"观将人们的注意力转向译文语境以及受译文语境影响的译者的信息取舍权。

当 20 世纪七十年代主流译论的注意力仍集中在原作与原作者时,目的功能理论已经超前一步,将目光转向了对翻译活动中与译文功能密切相关因素的研究,打破了传统的源文导向研究的视角。由于人们的关注开始转向翻译的功能层面以及对翻译决策的解释方面,译者的专业能力和伦理责任逐渐进入研究视野。译者也"被看作译文作者,并从以往狭隘的忠实源文的观念束缚中解脱出来"(Schäffner 1998/2004：238)，译学研究重心逐渐转向译者的作用以及译文的功能。语言学途径的许多学者如 Wilss（1995），House（1997）都高度赞赏了目的论对译者地位提升的重要贡献，Hatim 和 Mason（1997）则专门强调目的论对译学研究的影响，认为无论是 Nida（1964）的动态对等/形式对等，还是 Newmark 的交际翻译/语义翻译，都是将翻译现象二元对立起来。而翻译界长期争论不休的话题如直译与意译、形式与内容等也都源于这种极端的两分法。然而"目的论把译者的选择视为主要受翻译要求的影响，包括翻译的目的、译本的地位、可能的读者需要，等等"，"向这种二元论发起强大的挑战"。Hatim 和 Mason 同时明确承认，他们对译者与读者关系的探讨就融入了目的论的观点，认为对翻译策略的研究必须考虑翻译的目的，译者应关注"译文与源文分离之处的语言、文化和修辞意义"(Hatim & Mason 1997：11-12)。

4.2.2 描述性翻译研究的翻译观和系统观

在 20 世纪七十年代早期,描述分析仍然在整个翻译研究领域很受忽视，但是对于语言学途径译学研究后来的发展而言，无论翻译的话语分析还是翻译语料库研究，都可以在这个年代发现促进自身萌芽发展的种子。

1972 年，Holmes 在《翻译研究的名与实》一文中勾勒了他命名的"TS"（translation studies，翻译研究）的领域，并划分出描写与理论两大分支以及另一个应用分支。根据 Holmes 的观点，描写研究处于翻译学科的中心位置，其任务主要是：1) 描述在我们经历的世界中表现出来的翻译和译本的现象；2) 建立可以解释和预测这些现象的普适性原理（Holmes 1988：71）。自此之后，描写翻译研究（DTS）学派逐渐壮大，将 Holmes 分类中纯理论范畴下的描写研究和理论研究分支作为遵循的研究方向。最初发展

第四章 语言学途径翻译研究转变的动因

的是多元系统理论（polysystem theory），后来在此基础上发展出不同的描写研究模式，如 Toury 的规范论、Lefevere 的改写论，以及 Lambert，Chesterman 等人的描写研究模式。Hermans 在其论著《系统中的翻译》(*Translation in System*) 的第一章中专门论述了 DTS 学派四个阶段性的发展进程，指出该学派的核心研究范式是"描写/系统/操纵范式"（Hermans 1998/2004）。

　　DTS 对翻译概念的理解非常宽容。在 DTS 中，人们把翻译行为语境化为一种社会行为，即把翻译行为看作处于社会、历史、文化和意识形态的语境中的某种翻译事件。如 Toury（1995）把"翻译"视为在译语系统之中，表现为翻译或者被认为是翻译的任何一段译语文本，不管所依据的理由是什么。而 Lefevere（1990）把翻译看成是一种"折射"（refraction），后来改为"重写"（rewriting）。"重写"包括翻译、文学评论、选集、改编成儿童读物或电影电视剧，等等。总而言之，"重写"就是对文本的加工，这种加工可以在同种语言或介质中也可以在不同种语言或介质中发生。这样，DTS 的描写对象包括了翻译活动的全部选择过程以及与其相关的各种因素。为传统翻译研究所不容的各种处于"边缘地位"的翻译，以及各种另类的翻译手段——假翻译（assumed translation）和伪翻译（pseudotranslation）统统纳入翻译研究的视野，真实生活中存在的各种实际翻译现象都成为其描写和解释的对象。DTS 学者的研究数据也因此包括译本本身（译语文化的事实）和"副文本"，如译本的评论、译者前言、脚注和翻译的整个话语状态，其研究思路和方法为后来发展翻译史研究和翻译社会学研究奠定了基础。

　　Hermans 认为描写的目的之一是解释。要解释现象，就需要有系统这一概念（Hermans 1998）。系统的本质是将各种复杂的因素简约为有限的几组现象之间的关系，借助"系统"的概念可以较好地总结描写对象之间的关系，作出有说服力的解释和总结。

最初将文学视为系统的是俄国的形式主义以及布拉格结构主义。而 DTS 中的多元系统理论直接受到俄国形式主义的影响。它将翻译列入其研究领域,描写研究也因为引入系统概念而变得真正可行。多元系统理论代表人物 Even-Zohar 就曾指出,"在系统的概念指导下进行研究,重点不再是物质和材料的描述、罗列和分类,而是现象之间的相互关系,因此只需要较少的假说,就能解释各种现象,从而令人类科学发生巨大的变革","抱着系统观念进行研究,不但可能充分解释已知现象,而且可能发现完全未知现象"(转引自张南峰 2002:19-20)。但是他同时也指出,DTS 的系统观虽然与结构主义语言学派的描述性研究有着相似的"形式主义—结构主义"的理论渊源,但以 Saussure 为代表的日内瓦学派强调共时研究,"虽然能够阐述功能和运作的基本概念,却不能解释语言或其他符号系统在特定时间特定地区的运作",而建立在俄国形式主义和捷克结构主义的多元系统理论充分"认识到系统的历史性",以纳入历史因素的动态系统观来考察翻译现象(同上:20)。Even-Zohar 所说的"历史性"研究并不简单等同于"历时性"研究,因为他认为"共时现象与历时现象都是历史性的。仅仅将后者等同于历史性是站不住脚的"(Even-Zohar 1979:289)。Even-Zohar(1979)提出,全面历时性的描述包括了对共时现象与历时现象两种历史性的考察:首先将某类文学现象在某时某地的特定表现(即共时现象)置于历史语境中,分析特定历史条件下社会文化和个人因素的影响,探究文学现象在"特定时刻"的运作机制,在此基础上才对这类文学现象的发展过程(即历时现象)进行梳理分析并解释这一发展变化的成因。正是从这种动态的系统观出发,他提出"多元系统"的概念,即"多元系统由不同的系统组成。这些系统之间相互交叉重叠,并采取不同的选择,但作为一个结构整体发挥功能,其成员又是相互依存的"(Even-Zohar 1979:290),并在此基础上总结了翻译文学子系统在整个社会大系统中的三种情况：(1) 某一国家的文学很"年轻"，或正在建立中；(2) 某一国家的文学只是处于"边缘"地位或很弱；(3) 某一国家的文学正处于"危机"中或转折点。他还从两方面分析了译本和文学多元系统之间的关系：译语文化对于拟译本如何进行选择；译本又是如何利用某些准则和功能与其他译语系统保持关系的（Hermans 1998）。

DTS 的另一代表人物 Toury 也强调从历史性角度来考察翻译现象可以避免传统译学研究中的片面化，从而对翻译进行一种比较全面、客观的描写。他认为，即使是对某一个译本作共时研究考察，译本的最终形成仍是有多种历史因素在起作用，因而译本始终无法脱离社会文化即历时的因素。就描写研究的具体方法而言，历时研究应当与共时研究结合起来进行，既可以是同一原著或不同原著在不同时期内出现的译本对比，也可以是同一翻译家在不同时期内所译的同一原著或不同原著的对比分析，甚至是同一原著在不同语言文化中的译本的比较，借以考查影响翻译的因素中哪些具有普遍性（Toury 1995/2001：73）。此外，Lefevere 改写理论也被视为以系统论为起点（Hermans 1998）。Lefevere 将文学与翻译置于系统下研究，但其系统概念有别于多元系统理论，更强调系统和环境之间的相互作用、系统的内部组织以及制约机制，尤其强调翻译中的意识形态及社会文化制约因素。Lefevere 着重研究文学这个社会子系统，但关注的重点却是译者为影响某种文化知识结构所采用的翻译策略，以及译者和这些策略所承受的各种观念压力。他认为文学系统有内外双重制约机制，外部制约机制包括赞助人（patronage）和意识形态，内部制约机制包括诗学、专家及"重写者"。其中赞助人指的是鼓励、宣传或是阻碍、审查甚至破坏文学作品的力量，因此可以是个人，也可以是某个组织（如宗教团体、政党等）或机构（如出版公司、学校等）。

DTS 的系统观聚焦于具体历史语境的开放流动的语言、文学、社会、文化系统,而不是科学派研究中那种高度抽象而封闭的语言系统概念。它将具体历史因素引入译学研究,打破了以往静态研究的传统,开启了一种新的建设性的视角,使翻译研究逐渐摆脱以往以价值判断为主的经验主义讨论,并使其进一步摆脱源文至上的研究视角,将译本生产与其发挥作用的文化背景纳入研究的范畴,广泛涉及对翻译的作用、翻译对周遭行为域的影响以及翻译在译语文化中日益变化的职能的研究。其次,由于采取历史性研究视角的缘故,翻译研究的重心从以往对翻译产品规约性的评价转向对翻译现象描述性的阐释,价值判断不再是研究的终极目标。从此,翻译研究有了新的理论范式,研究的视阈不再局限于文本内部因素,而是延展到翻译的外部语境,并以社会文化功能为纽带将两者联系起来。如 Toury(1995)认为,译文和源文之间的关系是由译者的选择决定的,而译者的选择又受到规范的影响,研究翻译规范就可以找出翻译的普遍性准则。而这样的研究可以从微观和宏观方面进行,如对译者所作的微观选择进行考察发现在选择某一具体翻译策略时,社会背景对于译者的影响,也可以从宏观层面把翻译放在历史长河中来考察,进一步了解制约翻译的行为,包括翻译目的、翻译选择、翻译评论背后的因素。DTS 另一位学者 Chesterman 则认为,译者在特定的社会—政治语境中工作,为特定的目的生产译文。这种社会条件作用反映在译文的语言结构中。换言之,翻译(译文)可以用来揭示话语、社会和意识形态的惯例、规范和约束的影响。把翻译(作为产品)与它们的社会语境联系起来进行描写和分析,就可以发现翻译的成因和效果。他因此确立翻译研究中的因果关系研究模式(Chesterman 1998),课题包括:什么因果条件导致译文类型和翻译特征,这些特征对读者、顾客和文化产生什么样的效果,我们如何通过效果与翻译特征之间的联系及其与因果条件的联系解释其影响,什么样的策略产生什么样的结果和效果,哪种特定社会文化和意识形态约束因素影响了翻译政策和具体的译文创作，等等。这种以文本分析为基础、结合宏观社会文化背景进行的研究对语言学途径学者颇有启发，在大多数翻译语料库研究以及 90 年代末后的多元化手段的研究（如 Munday 1998, 2002）中都能发现这种研究思路。

DTS 尤其对语料库翻译研究的发展影响深远（Laviosa 1998, Kenny 2001）。语料库翻译研究受 DTS 翻译观和经验－实证传统的影响，具有较为突出的译语导向特征，并且大多数语料库翻译研究都将翻译语言作为独立的语言现象进行研究。如 Olohan 在探讨语料库研究的理论框架时，曾高度评价了 DTS 中的多元系统论，认为它是翻译研究发展的一个突破，使翻译研究的重点由源文译文之间的关系转向从属于动态多元系统、脱离源文后相对自律的译文所起的作用及其在译语中的地位。译者作为不同文化的协调者，作用更加显著，力量更为强大。而翻译的语料库研究同描述研究视角明显一致，其中一些研究是借鉴了多元系统论的，因为它们突出将译文看作独立的文本而非源文派生物的观点，如 Baker（1993）的研究（Olohan 2004：10）。此外，在语言学途径研究领域中，21 世纪以来已有许多借助功能系统研究方法的翻译话语分析研究依托 DTS 构建的宏观理论框架进行微观分析，以两者结合的形式来揭示翻译现象和翻译行为的本质（如 Munday 2002b），或受 DTS 的翻译观影响，认为话语分析的工具箱中应当还包括对译文产生的特定条件的分析（如 Schäffner 2004）。

4.2.3　20 世纪九十年代后译者导向的研究

在 20 世纪七十至八十年代，差不多在翻译学兴起的同时，西方文化研究也在兴起和繁盛。八十年代中后期开始，翻译研究受文化研究的影响越来越大，"两股思潮的合力，导致了翻译的文化学转向"（潘文国 2002：19）。1990 年，Bassnett 和 Lefevere 在其主编的"翻译研究"丛书总序里正式宣布翻译的"文化转向"（a cultural turn）已经发生（Bassnett & Lefevere 1990：3-4）。而在他们编辑的文集《翻译，历史与文化》（1990）中，人们的确发现了与以往不同的研究视角，既有对翻译中殖民主义与诗学之间关系的后殖民研究（Sengupta 1990），也有关于女性主义话语在翻译中理论化的探讨（Godard 1990），还有对文学翻译中误导的意识形态的调查（Kuhiwczak 1990）。就在这部文集出版的1990年之后，文化研究、人类学、后结构主义、后现代、后殖民主义理论正式涌入翻译研究领域。这些途径具有不同的发展倾向和议题，但它们的共同点都是"强烈拒绝相信存在任何可以完全在文本中呈现的固有静止的意义，以及意义由此可以在其他地方重新恢复和重复出来而不受主体的干涉的设想"（Arrojo 1998：25）。

对文化研究而言，重要的不是某种独有的理论脉络与知识谱系，而是某种社会立场与社会批判的精神，是某种（反）表意实践与社会实践的可能（戴锦华 2003）。受其影响，翻译研究的文化学转向使翻译研究中批判思想更加激进，研究焦点转向翻译实践在文化抵抗和斗争的作用。翻译研究的历史文化范式也因此被文化研究的范式所代替，描写方式被文化互动的解释方式所代替，翻译的语境化研究在翻译研究上升到至关重要的地位，译学研究当今的潮流就是"朝凸现社会、政治和意识形态语境和效果的方面发展"（Hermans 1999：155-156）。

1990年后发展迅猛的后殖民翻译研究和女性主义翻译研究都强调翻译的能动主用和译者的干涉作用。在此之前，Toury（1995）指出翻译活动受社会历史文化因素制约的同时，曾肯定过翻译并非完全被动，对社会也产生一定的影响，但他对此没有进行进一步详细的阐述，只是在描述社会规范时顺便提及，也没有认识到把翻译的积极作用作为描写对象的重要性。而Lefevere（1990）虽然提出翻译是对源文的重写（rewriting），把翻译研究

第四章　语言学途径翻译研究转变的动因

与权力、思想意识、赞助人和诗学结合起来，将翻译置于一个广阔的文化背景中进行研究，但只看到了翻译的被动角色，而没有看到它主动的一面（Hermans 1998）。总的来说，DTS 是将译本作为一种实证证据，即由译语文化界定的文本，而后殖民、女性研究关注的更多的是译本背后复杂的翻译关系网络，翻译既揭示译本中反映的社会文化关系，也是建构社会现实的重要手段，译者因此也可以在社会中起到意识形态传播者和社会改革者的作用。

后殖民翻译理论以权力差异理论为先导，借助新历史主义的历史描写的方式观察、研究和解释权力差异语境中译者自觉与不自觉的价值取向、翻译行为和策略选择。后殖民翻译理论最直接的理论基础是解构主义、阐释学、多元系统论、描写主义、目的论和新历史主义（王东风 2003：4）。"后殖民主义"本身作为一种文化政治理论和批评方法，主要研究殖民时代之后，宗主国与殖民地之间文化话语霸权关系，关注文化地位的差异以及文化之间的权力斗争。因而在后殖民翻译研究中，学者们往往关注体现在译本中的语言文化价值观以及其背后的权力话语的历史运作的影响，而且对翻译的看法也发生了深刻的变化。翻译不再是平等的、理想化的交际活动，而是帝国主义对殖民地人民进行精神控制的工具，在殖民化过程中起了关键性的作用（Bassnett & Trivedi 1999）。有学者指出，"（后殖民语境）表明翻译有重要的认识论维度，翻译可以是一种用于创造和积累知识的发现方式，而在这种功能中它可能有显著的政治和意识形态的维度"（Tymoczko 2006：455），如作为一种实践，翻译"建构了殖民状态下不对称的权力关系"（Niranjana 1991：1），而殖民统治者利用自身的权力话语，"通过翻译文本巩固霸权，这些译本记录着殖民者心目中被殖民者的形象，即民族或种族原型，从而使其统治理所当然"（Venuti 1998：166）。

由于翻译策略的异化与归化常常与殖民化和解殖民化进程相

联系，对异化与归化的探讨也成为热门的话题，其中最引人瞩目的是 Venuti 的异化翻译观及其在此基础上提出的"阻抗式翻译"主张。Venuti 的异化翻译观主要体现在他的两本著作 *The Translator's Invisibility: A History of Translation*（1995）和 *The Scandals of Translation: Towards an Ethics of Difference*（1998）中。他在解构主义思想的指引下，以强势文化为背景，以弱势文化文本的译入状态为研究对象，从后殖民主义的角度探讨翻译问题，揭示了强势文化采取的归化策略的文化殖民主义本质，并提倡在归化翻译盛行的英美文化以异化作为阻抗式翻译策略以获取文化交流平等。具体而言，所谓阻抗式翻译（resistant translation）（即 Venuti 研究语境中的异化翻译）指译者通过采用不"流畅"的翻译手法，突出翻译作品中外国文本的外来身份，并保护源文本不受译入语文化意识形态的控制，从而使自己不再是翻译的"隐形人"（Venuti 1995：305-306）。Venuti 强调"阻抗式翻译可以有助于保留源文的语言和文化差异，译出有陌生感和疏离感的文本，这些译本标志着译语语言文化主流价值观的极限，并阻止这些价值观对某一文化他者进行帝国主义的归化"（Venuti 1992：13），从而最终可以对"当今国际事务进行策略性的文化干预，挑战霸权主义的英语国家和不平等的文化交流"（Venuti 1995：20）。Venuti 抵抗英美主流语言文化价值观而采取让译者显形的做法与另一股"译者中心"的研究思潮（女性主义翻译研究）在突出译者身份的策略上算得上是异曲同工。

文化转向后，文化学途径的研究都认可翻译是对源文的操纵和重写，但"只有女性主义译者公开宣称'翻译就是重写'并以实现'重写'为理想"（徐来 2004：18）。女性主义研究者和译者也是从解构主义立场出发，强调颠覆传统源文与译文之间的"主仆关系"，"否定源文意义的单一性和绝对性"（Flotow 1997：11），认为译文与源文一样是一种意义生产行为，而非仰仗源文的"意

第四章 语言学途径翻译研究转变的动因

义再生产行为"(Simon 1996：15)。女性主义翻译理论的主要观点可以概括成：1) 突破传统翻译理论的二元对立哲学思维；2) 提倡符合女性主义要求的翻译标准；3) 翻译目的是为了延展女性话语权；4) 翻译策略的运用要尽量让女性在语言中显现；5) 采取女性主义的方式改写源文；6) 译者的地位应该与作者平等；7) 译文与源文的关系是平等互补的（Simon 1996：1-38）。女性主义翻译家还充当女性主义翻译理论的解释者、教育家和专家，常常"越出传统为她规定的隐形译者的限度"（Flotow 1997：21），实施女性主义干涉，如通过发表大量的"源文本"来解释"译者效应"——译者特别是女性主义译者对著作留下的痕迹。她们认为这种干涉使得翻译转换过程的特征得以界定，并解释了译文在新环境中的流通方式。Flotow 就曾提出三种女性主义翻译实践方式强调译者的显身：增补、加写前言与脚注、劫持（Hijacking）（Flotow 1991：69-70），其中"劫持"指创造新词和尽量使用女性主义已经创造的新词。女性主义翻译观对译者的肯定让我们充分意识到翻译不仅仅是两种语言之间转换，其过程必然涉及译者思想、译者文化背景及译者所受意识形态的影响。

文化转向有一个明显优点，即它使许多传统翻译问题不再可能，从而具有一种理论意义上重新导向的作用。经过对脱离实际、拘泥于文本内部研究的批判，翻译研究探索的界面或话语系统发生了翻天覆地的变化，许多传统翻译问题失去了原有的意义、作用和价值。对此有学者幽默地指出，"中世纪的学者争论的是逗号的使用；现代主义学者则忙于辩解社会等级、性别及各种进步或非进步的思想"（Pym 1998：ix）。经验—实证主义传统把翻译看作"交际"以及因此在文化间存在对称性的交换，而文化转向后大量研究已证明翻译经常会涉及不对称的文化交换（如 Niranjana 1992, Simon 1996, Tymoczko 1999 等），翻译中的权力关系和翻译文本的生产方式成为研究的主要内容，许多调查的兴趣焦点转向文化内翻译产品和过程的功能问题,翻译被视为"发展世界文化的主要塑造力量"(Bassnett & Lefevere 1990:12)。结果,当语言上忠实的交际价值观、兴趣和设想让位于译本如何在文化系统中工作、如何受社会政治和历史框架的影响时,译者,作为历史、艺术、政治、意识形态和信仰系统的主动者,其作用变得更加明显。Nord 曾谈到"文化转向是研究者的视点从原来的自下而上转为自上而下,这同时也改变了人们对语言概念的认识。以前人们认为文本是指导与决定译者活动的主要因素,而现在人们认识到,译者及其他的文本使用者才是关键因素"(张美芳 2006:32)。而 Olohan(2004:3)介绍翻译研究现状时,就以"译者是隐身的语言文化斡旋者"这一概念为出发点,指出翻译研究从不同视角研究翻译现象,研究兴趣最终落在了译者的中介身份、翻译过程、翻译产品和翻译活动的因果关系等方面。从目的论者认为译者为了实现一定的翻译目的、按照自己的理解制定翻译策略到操纵学派认为文学翻译是译者作出抉择和摆布文本的过程、女权主义论强调译者对源文有占有和摆布的权利等,译者在翻译过程中具有核心主体作用已经成为学者们的共识,译者被视为积极参与塑造交际过程的显身的干涉主义者,译者的"显形"(visibility)也因而成为 20 世纪九十年代译学"关键词"(Bassnett 1998:111)。对此,Tymoczko(2006)指出译者的干涉可以从他们介绍到译本中的变化里找到蛛丝马迹,包括内容、文学形式、政治和意识形态的转变。通过这样的分析,描述研究可以记录译本如何受特定语境约束因素的制约,而翻译又是如何用于改变社会系统和社会结构。

  从整体上来说,文化转向改变了翻译研究的视野和焦点。这种学术大环境的改变或多或少都影响了语言学导向学者的思想认识。Baker 曾指责文化学派的研究过于政治化(overpoliticalized),具有"突出并不需要的(undesirable)意识形态一面和暗示其故意而为或者事先计划的倾向"（Baker 1996a：9）。但十年过后，她自己也转向翻译的政治研究，探讨叙事产生和接受方式中表现出来的抵抗和统治的相互影响以及叙事的政治性输出，指出"叙事问题根本上是政治性和因人而论的"（Baker 2006：20），并强调"口笔译者要对自己生产的文本和言语负责。无论有意还是无意，他们翻译文本和言语都参与了创造、协商和争夺社会现实的活动"（同上：105）。在文学翻译风格的语料库研究中，Baker 特别提到 Venuti 以及不断增长的女性主义翻译思想潮流对"译者显身"的提倡（Baker 2000：244），指出"如果翻译理论家希望能信服地说服人们翻译是一项创造性而非复制的活动，就必须从译者而不是作者的角度开始探索风格的问题"（同上：262）。而 Mason（2006b）则强调文化转向使人们开阔了对翻译和译者的关注内容，使之包含了社会、文化和历史的语境因素，极大地增进了人们对翻译过程的理解。

4.3 语言学途径翻译研究：范式更迭与自身批判

除了来自语言学或翻译学其他途径等"外部影响"，当代语言学途径的新进展也在很大程度上受该途径内部的自我反思和对前人研究的改进等"内因"的推动。

4.3.1 对语言学理论的反思以及对结构主义研究模式的传承与批判

尽管坚信翻译研究可以从语言学领域汲取有益养分，当代许多语言学派研究背景的学者并没有狂热地追捧语言学理论，对语言学理论以及早期语言学途径的研究成果保持清醒的认识，甚至保持一定怀疑的审视反思立场。Fawcett 指出，很多优秀的译者并不知道多少语言学知识，这说明语言学途径的研究只是译学多元化研究的一种途径而已（Fawcett 1998/2004：124）。Neubert 则认为，语言学模式是为了自己语言学的缘故来看翻译的，它告诉我们关于语言现实的事情，但未必一定就告诉我们关于翻译现实的事情（Neubert 1992：22）。还有许多学者认为语言学与翻译学各自有不同的学科发展动因与研究重点，如果不加取舍修正，完全借助某种语言理论来描述和解释翻译现象是行不通的。Baker（1992）采用 Halliday 主位推进模式说明翻译中的连贯问题，特别指出该模式仅适用英语或与英语相近的语言，而在试图用来分析将动词置于句首的语言（如阿拉伯语）时就不一定像对英语那样适用了。因此，她在 Halliday 信息分布理论基础上，引进布拉格学派（如 Firbas）的功能句子分析，强调用主、述位模式分析语言，实施方法不尽相同，译者在建构译语语篇时要针对不同语言的特征差异，选取适合自己所处理语对的理论进行分析。而 Hatim 和 Mason（1990）创建翻译三维语境模式时强调，仅仅借助 Halliday 的语域分析理论不足于描述和解释翻译语境中交际过程的复杂情况，因而把语用学研究的部分成果以及符号学的有关概念都引入模式中，从交际、语用和符号三维立体层面来研究翻译中文本与外部世界的互动。尤其在引入言语行为理论来说明翻译语境的语用维度时候，Hatim 和 Mason 并没有盲目地套用言语行为理论，反而花费不少篇幅梳理语用学领域本身对该理论的批判（如 Levinson 1983，Haslett 1987，Van Dijk 1982），如采用非自然的语料（指研究欠缺对实际语篇的分析）、对言外之力和言后之力的先验假设（忽视交际中受众的积极作用）、割裂话语与其所在的社会关系体系等。Hatim 和 Mason 将这些现象归罪于"语用学采用的近乎哲学式的研究方法"（Hatim & Mason 1990：79-83）。他们结合翻译活动本身的特点对该理论在翻译中的应用提出修正和补充，将交际双方的动机、信念、背景知识融入言外之力的考察范围，并借鉴会话分析中通常采用的经验性研究方法进行语料收集和分析。

第四章 语言学途径翻译研究转变的动因

不少学者们还对结构主义语言学理论应用于翻译研究的局限进行了反思。如，Hatim 和 Mason（1990）分析译者对语言学理论在早些时期的发展为何没有产生多大兴趣的原因，认为主要是由于"语言学家与译者谈论的不是一回事"。意义是译者翻译工作的核心，而美国语言学界对语义考察的滞后状况势必造成语言学与翻译研究两者之间的脱节。其次是语言描写"一般局限在单个语言系统，但对译者而言，每个问题都牵扯到两种语言系统；仅对某个语言中词项的分布进行说明，完全没有任何特别的用处"（Hatim & Mason 1990: 25）。Hatim 和 Mason 认为 Saussure 的《普通语言学教程》假定语言学是一个模式符号系统，这种观点的一个缺陷就是不恰当地制约了符号概念以及各种相关的看法，将语言模式强加于与语言不同性质的各种现象，具有内在的风险性；同时，Saussure 对语言（langue）和言语（parole）两者的区分使得结构特征仅限于语言，分析者被要求从系统（"语言"）中去观察种种模式，仅关注抽象的语言系统的对比研究，使人们把翻译当作施用于语言的操作，结果造成很多翻译手册以系统的语言为对象，出现类似"时态的翻译"或"副词的翻译"之类的标题。最后，Saussure 对符号任意性的强调转移了人们对具有动因的（语言的或非语言的）符号在真正交际过程中的重要作用（Hatim & Mason 1990：107-108）。此外，他们认为，与结构主义语言学一样，Chomsky 的转换生成语法继续致力于对单语语法系统的描写，而且仅仅分析不大于单个句子的语言单位，语料几乎始终是理想化并且脱离语境的语料。转换生成语法坚持，"语言能力"（说话人/听话人理想的语言能力）的研究应该优先于"语言运用"（将语言能力应用于特定文本的制作和接受），从而忽视语言的交际层面，而这恰好是译者工作所在（Hatim & Mason 1990：31-32）。

Baker 则批评了 20 世纪六十至七十年代许多讨论翻译现象的语言学家"重视语言潜能而不重视翻译实际行为"的做法。对于早期结构主义语言学翻译研究的局限，Baker 分析的几个主要原因可以归纳为：1）翻译研究的语言学途径起初眼界狭窄，局限于句子以下的单位，从语言学那里借鉴而来的理论概念也是零零碎碎（如 Nida 对成分分析法的应用，以及 Newmark 对格语法和成分分析法的应用）。2）早期语言学途径倾向于认为意义和"现实"能够从语言中分割出来，然后在翻译过程中完整无缺地进行转换。3）早期翻译研究的主要为教学服务，少有描述性研究，几乎没人构建理论模式。主导地位的研究要么是对特定的两种语言做对比分析，目的是指出翻译中可能出现问题的地方，要么试图归纳翻译的一般性策略，不限定于具体的语言（Baker 2005a：285-294）。

Catford 的研究是早期语言学途径较为突出的代表性研究，因此对早期语言学途径的反思和批评多从他的研究入手。Catford 把转换看作翻译行为的本质和翻译理论研究的出发点，试图为翻译行为建立一套无懈可击的语言学范畴，焦点集中在那些语言间典型的、规律性强的对应现象，这样就排除了对真实翻译活动中大量非对应和"不规则"现象的描写和解释，势必影响其理论模式解释翻译现象的有效性，因此他的理论后来受到翻译学领域内严厉的批评。这些批评不仅仅来自其他反对把翻译仅视为一种语言行为的研究流派，如目的学派、翻译研究学派等，语言学派内部不少学者也对其理论的缺陷也进行了深入分析和深刻的反思。有的认为他的理论"反映出一个特定时期内语言学本身的局限性"（de Beaugrande 1978：11）。有的则指出 Catford 所代表的那一代语言学家，由于"兴趣所在是把翻译当作语言形式分析的工具，而不是把翻译看作一种语言和社会现象来予以解释"，因此模式本身就有许多先天弱点，如没有区分"必要转换"和"任选转换"（Baker 2005a：288）。还有的学者则批评 Catford 仅考虑语言形式方面各层次的对等，忽视了语言的交际功能和实际运用，使翻译理论沦

第四章 语言学途径翻译研究转变的动因

为"关于对等概率的调查"(Hatim & Mason 1990: 27)。

Munday 除了在《翻译学导论》中批评 Catford 的研究脱离了翻译现实的缺陷外,他在高度评价 Nida 对译学的贡献的同时,也较为中肯地指出"动态对等"的理论应用范围有限——Nida 的理论"重点在于辨析译者的工作和给已知读者带来的效果",但因为无法"科学地"检测读者的接受效果,因此"应该采用他的模式去分析需要翻译的源语文本,而不是应用于分析现存的译文"(Munday 2001: 53)。

这一批学者对该领域以往的成果往往持扬弃的态度,对不少语言学途径研究的老课题重新进行补充和修正,使之在更广阔的理论框架中得到更有效的解释和说明。以 Hatim 和 Mason 的研究(1990: 7-11)为例。他们针对 Nida 和 Newmark 关于形式对等和动态对等的观点,提出了三条建议。1)他们认为在处理形式对等和动态对等矛盾时,应引入语用学相关理论,即在语用学预期意图的关照下,把译者希望达到的效果与源文作者的预期意图相关联,同时还要留意源文和译文作者所采取的不同写作或翻译策略。2)对"对等"这一表述经过再三思量后,选择了"适当"来代替,因为他们认为一个具体的翻译过程是否恰当要根据具体的翻译任务和翻译使用者的需要而定。3)他们用语用学和目的论的观点来取代 Nida 和 Newmark 的二元论。同时他们对传统研究方式也提出批评和改进意见,认为以往的研究将翻译看作产品而非过程,而后来翻译研究相对停滞的原因是研究中存在漠视翻译过程的倾向。而如果把语篇仅仅看成自足和自生的实体而非一种决策过程以及语言使用者交际的例证,人们将不能全面地理解翻译活动的本质。Hatim 和 Mason 指出,翻译中常见的对源文和译文比较分析忽视了交际的过程:"关于单个译本的评论文章比比皆是,但从翻译研究的角度看,我们需要的是对存在的问题和解决方法进行系统的研究。"他们提出的改进建议就是对源语文本和译语文本的制作程序进行详细的比较，即关注"是何种技巧产生了何种效果，翻译过程在特定的文类、文化和历史时期里有何规律"（Hatim & Mason 1990：3）。

4.3.2 与其他途径研究的互动与补充

翻译的语言学途径研究的发展一方面受益于现代语言学的发展，另一方面也得益于语言学派与译学界其他学派之间的学术互动。语言学途径的学者在坚持自己的研究立场同时，并没有拒绝了解和借鉴其他途径研究的优势。如 Hatim 和 Mason（1990）对阐释学思想批判性的吸收。他们赞同 Steiner（1975）所说的"阅读就是翻译，即阐释"的观点以及用 Steiner 关于翻译过程的"译者侵入、提炼、再满载而归"的比喻说明，并将其吸收到自己的研究理念中。但他们同时也指出 Steiner 概念的实际应用藏匿于隐晦和印象主义术语中，若要具体说明人们对翻译中潜在意义的理解，从语用学框架里发展出来的方法可能更适用（Hatim & Mason 1990：10-12）。Wilss 原来坚持翻译的"科学性"研究，其论著《翻译科学：问题与方法》更是一直被看作科学派的代表作。但他后来也转变了看法，同意 Snell-Hornby 关于翻译研究综合性的观点，并在 1999 年专门撰文论证翻译学的综合性（Wilss 1999：132，133；转引自潘文国 2002：17）。可以说，语言学途径研究一方面不断从语言学领域汲取养分，同时也在学术互动中不断调整方向和前进的步伐。

语言学途径的理论在发展过程中曾有不少其他途径的学者对其观点、方法提出过质疑。如，Snell-Hornby（1988）曾指责语言学研究使翻译过于注重对语言进行直观、科学的分析，从客观上阻碍了翻译理论的发展。Berman（1989）认为语言学以抽象的方式界定翻译，以至于忽略了几乎所有翻译行动的书面和语篇方面，更不用说翻译的文化和历史维度。Pym（1991）则认为话语分析研究被应用于翻译理论探讨，但许多分析对翻译的研究而言并不合适，因为它们说不清源文文本和译文文本可否或者应该属于同一话语体系，大多数理论也没有描绘在不同的语言内或语言之间特定话语的界限。他建议从符号层面来认识翻译，将其看成约束话语因素的文化层面的风向标。Hermans（1999）则对语料库研究将语篇与语境联系起来的潜力持怀疑态度，认为语料库中的文本数据可以告诉我们一些关于文本的语言组成的信息，但不会告诉我们它们的地位处境，如译本在特定文化的特定时间被边缘化或未被边缘化的程度。

　　在这些指责中最激进的要数 Venuti（1996，1998）和 Arrojo（1998）的观点了。Venuti 指责 Grice 会话原则和 Chomsky 理论等带有"自律化"（autonomous）倾向的语言学研究对翻译研究带来的"保守"影响，阻碍了翻译伦理及政治方面的研究（Venuti 1996: 104-108），而 Arrojo 对语言学途径翻译研究存在的本质主义倾向进行了批评（Arrojo 1998）。Venuti（1996）认为语言学译论是一个保守的翻译模式，严重限制了在文化创新和社会变革中的作用，有可能妨碍异化翻译的伦理和政治议程。他认为遵照合作原则的语言学译论预设了理想的会话情景，会话人处于平等地位，不受文化差异和社会隔阂的影响；而现实生活中的译者是在不平等的关系中工作的，以合作原则为基础的译论要求译文符合本国文化的期待，将使译者运用流畅的翻译策略，掩盖对外国文本的归化，强化本土主流观念（Venuti 1998: 21-22）。此外，他认为语言学译论强调科学性，把翻译当作一套不受社会文化影响的系统性活动来研究，从而抑制语言和文化中的异质性，使译者难以理解并较少思考翻译的具体社会文化效应（Venuti 1996）。而 Arrojo 认为，Baker 强调的"译者的最终目标是为了获得语篇层面的对等策略而不是在字词以及短语层面的对等策略。译者通常都想让读者将译文当作一个独立文本来接受，而非让其意识到那是一个译本"（Baker 1992：113）等论断，已经暴露了其试图将翻译视为获取对等的形式以创造出译者理想的、透明的干涉作用的幻觉。因此，"无论现代一些理论如何像它们声称的那样与时俱进"，"实质仍然是本质主义的研究途径"（Arrojo 1998：37-38）。

语言学导向的研究学者对此纷纷做出反应（见 Baker 1996a, 1998, 2005; Fawcett 1997; Kenny 2001; House 2002 等）。Baker 指出，许多提出批评的学者通常不清楚语言学近来的发展，如 Niranjana（1992）在抨击翻译研究现状文献索引的著作年代几乎都限于七十至八十年代（Baker 1996a：15）；语言学至今仍是一种很有用的翻译研究视角，某些研究要以一定层面的语言分析为起点，多数翻译研究无法绕开这一步（Baker 2005a：285-294）。Fawcett 认为造成这类指责的原因之一可能是现代语言学的抽象形式主义导致对语言学途径研究的片面看法，它使许多翻译理论家认为语言学是一种家长制般压抑的实证主义话语（Fawcett 1997：144）。Mamkjaer（2000：342）针对 Arrojo 本质主义与非本质主义的划分，在意义性质探讨基础上提出非本质主义和语言相对性观点，认为人们既能把意义看作依附语境而生，同时也能理解一些意义如何能比其他意义显得更稳定的现象。Kenny（2001）认为 Arrojo 所指责的一些语言学研究的本质主义倾向实际上在语言学内部本身已有人认识，如 Sinclair（1991），而 Venuti 的指责打错了靶心：他对 Grice 会话原则和 Chomsky 语言学的看法无疑是正确的，但把这个问题看成是整个语言学途径的问题就错了，因为语言学途径的当今的发展沿袭的是 Firth 的语境传统，而这却被相关批评忽视了（Kenny 2001：16-19）。Hatim（2001：xv）表达了类似的看法，认为对语言学途径的指责多集中于该领域以往对结构主义语言学和转换生成语法的借鉴，忽略了该途径后来对语用学的应用，等等。

第四章 语言学途径翻译研究转变的动因

这些回应在一定程度上促进了整个译学领域对语言学途径研究发展的关注和价值的肯定。如，Tymozcko 虽然质疑过度强调语料库研究科学性的做法，但总体上非常肯定语料库研究将实践与理论联系起来的潜力。她还针对语料库研究今后的发展提出三大关注的课题：1）翻译的语言学途径和文化学途径结合研究的兴趣；2）调查意识形态如何影响翻译；3）根据翻译研究的需要应用技术和调整技术的方法。前两者很明显与翻译的语境化研究有关（Tymozcko 1998：657-658）。而 Venuti 在后来为 *The Translator* 期刊的特刊专集（1998/2）所写的导言中，明确肯定社会语言学和批评话语分析直接关注语言变量，因而更适合研究社会和历史差异中体现的语言差别，尤其是文化和政治的不平等（Venuti 1998：142），并在后来出版的《译学读本》（*The Translation Studies Reader*, 2000）中强调语言学途径对译员培训的帮助。谈到 20 世纪九十年代的译学发展，他认为篇章语言学、话语分析和语用学将继续主导翻译研究（Venuti 2000：334-336）。

另一方面，语言学导向的学者也并非一味辩护自己和指责对方，不少学者在自己的研究中表示认同和接受来自其他途径研究的影响。如 Neubert 和 Shreve（1992：2-3）就引用 Venuti（1991）的论断批判了将翻译视为自然行为的传统观点；Baker 在文学翻译风格研究中特别提到 Venuti 以及不断增长的女性主义翻译思想潮流对"译者显身"的提倡（Baker 2000a：244），明确肯定语言学途径的成熟发展"得益于非语言学途径翻译学者提出来的批评意见"（Baker 2005a：54），并举例证实，指出语言学派学者 Hatim 和 Mason 及 House 在 1997 年都分别出版了各自理论模式的修订版，修订的幅度相当大，明确认可了诸如意识形态、政治氛围、市场力量等非语言因素对翻译行为产生的重要影响；Mason（2006b）则特别强调过"文化转向"以及文化学派的研究开阔了大家的研究视野。

不少语言学导向的学者还采取具体深入的研究来证明语言学理论的有效性。Fawcett（1995：182）探讨了 Venuti 异化和归化的研究，赞同其中大部分的观点，但也借此提出自己的议题，即归化的翻译实际上可能存在来自资本主义系统内消费者的作用和影响，不一定全部因为文化霸权主义。而 Hatim（1999）对异化和归化理论进行了深化和补充。他检验了 Venuti 的研究方法，认为 Venuti 关于异化和归化的实例分析的模式包括对译者前言的分析、源文和译文的片段对照来评估特定历史语境下的翻译策略，但并没有为译文（语言）分析提供具体系统的方法。因此，他提出采用他和 Mason 受批评语言学和对比修辞学影响而创建的三维语境研究模式（Hatim & Mason 1990）来弥补 Venuti 研究的不足，采用的分析参数涉及监控和控制（monitoring and managing）、评估性（evaluativeness）、意识形态的翻译和翻译的意识形态（translation of ideology and ideology of translation）。在具体实例分析的基础上，他提出新的理论假设，即异化翻译的最佳效果可能是通过归化翻译获取的（Hatim 1999：201-222）。此外，Munday（2002）也对 Toury（1995）的 DTS 研究方法提出有益的补充手段。他认为 Toury 虽然对共时与历时研究的关系作出精辟的论述，但是在对实际的译作进行分析时，相互之间联系紧密的描写对象和描写方式在其理论体系中不够明确，对历时和宏观的文本考察缺乏具体的可操作性，因此提出在 Toury 的理论框架下，采用功能语法分析的方式进行微观层面分析来提升研究的有效性。

除了方法上的补充，语言学途径的学者也就其他途径的理论框架、基本概念提出自己批判性的看法和改进的措施。Baker 曾在语料库研究（1993，1995，1996）中大量借用 Toury 的"规范"（Norm）概念，但她也曾指出对"规范"的强调有可能造成忽视语言其他一些非主流的使用和创造性的使用（Baker 1996b：

179）。在《翻译中重新构建斗争》（2007）一文中，她详细阐述自己社会叙事研究（2006b）的理论渊源时，专门指出该研究的理论出发点就是出于对 Toury 的 DTS 理论中"规范"概念以及多元系统理论和 Venuti 异化论的改进。规范理论鼓励分析者关注重复的、抽象的以及系统性的行为，但这样也使社会化强的模式受到特别对待，从而掩盖了数不清的译者个体和团体试图破坏主流模式和盛行的政治社会条规的行为。同时，Baker 认为，规范理论也没有提及重复、稳定的行为模式和那些持续破坏、推翻这种模式的企图、统治与抵抗之间的相互影响的模式，即规范理论忽视引发这种统治与抵抗之间相互影响模式的政治和社会环境因素。而且，她认为 Venuti 影响巨大的异化和归化两分法策略（Venuti 1993，1995），或者他后来所说的多数化和少数化策略（Venuti 1998）在说明翻译实际现象方面存在局限。异化论把译者相对于文本、作者和社会多种定位的丰富性简化之外，对异化和归化的探讨还模糊了译者在同一文本中采取的变化的定位，而且 Baker 从自己的研究语料考察中发现译者在同一文本中总在 Venuti 所说的异化和归化两种选择上存在徘徊的迹象。重要的是，这种徘徊犹豫是为现实世界的目的服务的，它既不是胡乱无章的，也不是非理性的。因此，异化论也有将译者与文本不同层面协商的复杂手段简化成多少有些简单的二元翻译策略选择的嫌疑。对此，她最终决定采用叙事理论进行研究。这种理论承认译者面对文本、作者、社会和盛行的意识形态而采取大量不断变化、持续进行的协商性质的定位，而且可以超越具体的研究范畴，如种族、性别、民族、地域等，从更广泛的意义上研究翻译的建构功能和协商本质，这样最终有可能在"强调抽象重复行为的规范理论和 Venuti 的过于简单的两分法之间取得平衡"（Baker 2007：152）。

语言学途径不断为翻译学学科的发展壮大提供新的思路源泉的同时，也促进其他途径研究的发展。如 Mason（2000）就从互动式社会语言学中的"受众构思"概念(audience design, Bell 1984)受到启发,针对功能目的理论中的"目的"(skopo)概念,结合语用学礼貌理论(Brown & Levinson 1987),从权力和距离的变量参数等方面入手进行了改进,这使功能目的论的理论探索得到进一步的深化。

Mason 首先肯定目的论的重要理论价值,认为其强调更多的是文本内部连贯而非文本间的连贯(即原/译文之间的对应),译文必须与译语读者所处情景连贯(Reiss & Vermeer 1984: 37),"源文"因此成为"信息提供来源",一种二级因素。Mason 强调这种观点推进了翻译研究的发展,使之从源文至上的研究状态转向译文导向的研究(Mason 2000: 1)。Mason 也同意 Toury 对 Nord 后来强调译文与源文之间"忠诚"原则的批评(Toury 1995: 25),认为这是设立了一种先验的伦理准则,是描述翻译研究力求避免的规约性研究。但是,Mason 强调源文和译文之间的确存在一种联系,对于如何恰当地来界定源文和译文之间关系的问题,他采取的具体解答方式是借助语用学和符号学观点。一是从合作原则来看待翻译中各方参与者之间的关系,二是借鉴 Toury(1995: 12)从符号学角度把"功能"视为某一产品因其进入译语系统的关系网络而被赋予价值的观点,并由此结合自己三维模式理论发展出的社会语篇实践概念(Hatim 1997, Hatim & Mason 1997),借助文类、话语和语篇类型等相关语篇参数的分析来识别翻译中的互文关系。

Mason 认为 Vermere 的"目的"概念在原来设定中忽视了读者的因素,而受众构思(audience design)在翻译目的中应有一席之地,可以把翻译事件的发起者和译者之间的目的协调起来。因此,受众构思、盛行的社会语篇实践、预期实现的最终用途联合在一起就可以充分描述翻译事件。在这种观点指导下,他把译者的"目的"具体化,并概括为为四个方面:1)与译文最终使用者和最终使用相关的行动；2）与该职业性活动（翻译）中的其他参与者相关的行动，依照合作原则；3）与源语团体、译语团体中盛行的社会语篇实践相关的行动；4）与受众构思相关的行动（Mason 2000：2-4）。

　　Mason 借鉴互动社会语言学领域的成果（Bell 1984年的研究），认为文本作者的风格可在某些程度上受到四类不同的受众团体的影响：直接接受者（addressees）、旁听者（auditors）、无意中听到者（overhearers）、偷听者（eavesdroppers）。它们对作者风格的影响力依次递减，其中偷听者的影响力根本为零。而受众构思的本质是参与者之间的互动，包括读者的反应，它是"目的"概念的核心组成成分，与其同时存在的还有译者工作的信念、译者对译本在译语语篇世界中的作用的理解（Mason 2000：6）。受众构思调节意义的人际关系，而社会语篇实践（文类、话语和文本类型）调节互文关系方面。对此，他以历史文献的翻译为例说明了该概念的运用。历史文献的传统风格是采取权威的立场以及分离中立的态度，作者和读者是一种专家－非专家的关系，没有对话，有距离感，人际互动减少到最低。但是 Mason 通过分析发现法国历史学家 Fernand Braudel（1986）的某个文献写作风格与之不同，采取了包括作者和读者之间相互面子协商、减少距离感、增添第三接受者的参照等手段，其受众构思是将直接接受者定位为非历史学家的法国人，并将自己定位为法语语言团体中的一员。而译本基本沿袭这种风格，但语言变化表明译者的受众构思发生了变化，即直接接受者变成了普通英语读者，同时把历史学家作为旁听者团体（同上：7-11）。在另一篇历史文献翻译中（Ladurie 1975），原作者非常特别的、非正统的写作风格完全被改为更传统的、带有权威性口气的叙事风格。Mason 通过受众构思分析，认为源文将"直接接受者"定位为法国普通知识分子，"旁听者"为其他法语读者，"内团体的评判者"（referee in-group）为年鉴学派的历史学家，而译文的受众构思却改变成将"直接接受者"定位为对平装书形式出版的法国社会历史感兴趣的普通读者，"旁听者"为说英语的历史学家，即专家级的读者。这种受众定位导致社会语篇实践方面的一系列变化，并最终造成源文的某种话语在译文中的消失（同上：11-16）。Mason 因此得出结论，显著的翻译变化是由于作者/译者对受众构思和文本构思的系统性差异引起的。

Mason 的研究是一种双向研究，一方面从处理语篇证据入手，另一方面又将语篇证据与语境环境对应起来。他将受众构思的成分加入 Vermeer 的"目的"概念中，扩充了"目的"的内涵。同时还增添了"参照团体"这一概念，使受众构思中的人际关系和文本的互文关系得以联系起来，译者的行为也因此可以从两方面得到描述，一是从译本制作者和接受者之间进行的意义协商方面进行描述，一是根据合作原则管辖下的翻译事件中各参与者之间的关系（如源文作者、委托人、译者、译文接受者）进行描述，这种动态的互动过程观使得译者行为的描述显得更为全面，同时也丰富和推进了功能目的论的发展。

4.3.3　20 世纪九十年代以来语言学途径研究的自身批判与改进

4.3.3.1　语言学途径内部的自身批判

语言学途径中不少学者对自己的研究不足时刻保持警惕的态度。他们在阐述自己研究观点的同时，往往也指出其中的局限，并提出今后进一步完善的研究设想。这些都体现了某种自省的批评立场，对学术发展起到良好的促进作用。

Calzada（2001）在及物性与意识形态研究中就指出自己的研究模式在社会文化影响判定上较为薄弱，因此她在已有的研究结果上大胆提出推测假想，希望能在今后研究中得到证实。而 Kenny

第四章 语言学途径翻译研究转变的动因

（1998/2004）介绍翻译语料库研究取得的丰硕成果的同时，也提醒人们注意该领域面临的不少挑战，如语料库语言学数据驱动的、自下而上的研究方式与翻译研究盛行假设—证实、自上而下的方式有所冲突。翻译研究因此对语料库有非常独特的要求。Olohan（2004）则认为语料库反映的是人们实际使用中的真实语言，关注语言的使用，包括频率和典型性之间的关系以及实例和规范之间的关系。因此，基于语料库的翻译研究应该尤其避免对数据的含糊概括，而应该做到定量和定性分析相结合，以探明有关话语、体裁和语篇谋划的语用因素。Mason（2000）在自己关于受众构思的研究中指出研究在调查方法论上的可能问题，如取样是否有代表性。另外，还有无法直接检测动机的问题，即动机分析的可能性问题。尽管并不能保证实施的有效性，Mason还是提出自己设想的两个解决方案，即解决第一个问题可以借助量化研究，如语料库研究，以便解决取样的显著性问题；第二个问题可以依靠语境框架进行分析，在特定具体的语境中进行受众构思分析。

Baker（2006b）的叙事研究中意识到自己作为评判者和分析者的意识形态立场的局限，她在序言（Baker 2006b：6）中明确指出自己所挑选的关于特定地区（如美国、英国和以色列）政治精英的叙事不能代表与它们相关的社会整体，同时也指出阿拉伯社会也同样存在高度问题化、加速地区分裂的叙事。Baker对现实社会生活的深切关心成为她的叙事理论的基调，但她同时也能认识到，文本叙事个体不能脱离社会中流通的更宏大的叙事。作为社会研究的一种方法，叙事分析本身也是分析者自己经验的再呈现，是策略性的也是有所选择的。因此，叙事，包括叙事分析的叙事，总是有限制的。从Baker对自己立场的声明可以看出，研究者认识到自身也是深深置于具体特定的叙事中，同样也是十分重要的。这样的做法至少体现了研究者在探讨和分析时的一种自我批评的倾向，对学术的探讨和研究的深入都有好处。

除了对自身研究保持历史自省和对其他途径的研究进行思考，语言学途径不少学者在肯定同一流派学者的研究同时，也勇于提出批评和改进的意见。如 Mason 在《译者行为与语言用法》（"Translator behaviour and language usage"，2001：71-78）一文中对翻译语料库研究提出中肯的批评。他指出语料库研究中词语对比索引分析只考虑孤立的句子，忽视它们具有的修辞目的。他强调文本上下文的因素、文本的语境因素非常重要，分析时应当把文类、话语和语篇目的对作者或译者语言选择的影响考虑在内。同时，其他一些动机，如作者和译者的交际目的、译者的导向和翻译目的等也应该受到重视。在此基础上，语料库研究的目标不应该建立在定量研究数据基础上的泛泛的概括，而应当在研究中把定量和定性的方法结合起来，探索与文类、话语和语篇设计相关的语用因素。对此，语料库研究学者 Olohan 表示接受（Olohan 2004：22）。

再如，Hatim（1998），Baker（2000）都对 House 翻译评估模式（1977/1997）做过回顾和评价。Hatim（1998）对 House 模式进行反思并针对其方方面面进行了中肯的批评。他首先肯定 House 对版本和译文的区别强调了非翻译文本的定义。他同意 Pym（1997：77）的观点，认为用对等来定义翻译是否合适并不重要，重要的是关注了翻译现象和非翻译的现象可能存在的差异。对差异进行研究才是重要的，这样翻译的概念不至于宽泛到泛指任何文本的地步。他也肯定 House 建立了翻译类型学的努力，但也指出 House 没有对文本类型与译者决策之间的关系的进一步研究，因而无法更为清楚具体地说明语篇与语境之间的关系。同时，他还指出 House 对"语篇"的理解缺少"话语参数"，即表达参与者的态度、显示社会进程和社会制度的参数，由于模式缺少符号层面的研究，将文类视为不变的因素，因而无法有效地说明语境的社会纬度（Hatim 1998：93-94，97-98）。Hatim 认为 House 关于显性翻译和隐性翻译的划分显得有些宽泛，因此在同一翻译类型中，模式使用者无法了解不同文本书类之间的细微差异与翻译策略的联系，如旅游手册和 IMF 目的声明的翻译问题，等等。最重要的是，一旦涉及隐性翻译中的文化过滤概念和相关问题，House 模式就会显得自相矛盾。模式中的"文化过滤"概念用来说明译文根据读者的需要来改变源文特征的现象，如 House 所强调的那样，根据这个概念，译者必须通过译语文化的视角来看源文，因此实际上是译文语言中盛行的价值观和语言偏好受到了强调。这样，模式一旦涉及具体的文化斡旋/干涉（culture mediation），问题的分析就会很麻烦（Hatim 1998：95-96）。Baker（2000：242）在《文学风格探索》中则更为直接地批评 House 模式过于关注找出对比中的差别，其质量评估基本上如同文本语言特征一览表。House 建立了描写源文本语言和情景特征的模式，通过对比源文和译文，提供两者之间相关性的论断，说明译文是好的、坏的，还是不相干的。但 Baker 认为这种评估实际上建立在两套"情景层面"的分析基础上，即正式程度上的变体和语言层面的模式选择。由于 House 的最终目的只是发现源文和译文在语言使用者和语言使用层面上的差异之处，而且仅关注在这两个层面上的差异，因此她的不充分的研究模式只能让学者简洁陈述源文和译文相关匹配程度，说明译文在复制源文"风格"上的相对的成功。

4.3.3.2 微观与宏观两层面结合、语境向语境化转变的研究趋势

语言学途径研究在 20 世纪九十年代后逐渐呈现出微观与宏观两层面结合、语境向语境化转变的研究趋势。语言学导向的学者除了受 DTS 宏观与微观结合的分析思路影响外，更多受到来自批评语言学、互动社会语言学等的影响。学者们认为影响话语的过程并非只发生在宏观层面，同样也影响了文本处理的实际过程。

因此，翻译研究不仅要分析诸如为了谁、谁想要谁译什么东西等宏观问题，也需要探究译者在微观层面使用语言的相应决定。不少语言学途径研究的学者开始尝试在研究中把语言分析与社会语境宏观考察结合起来（如 Mason 1994，Harvey 1998，Hatim 1998）。21 世纪以来，这种微观与宏观结合的研究趋向越来越明显（如 Calzada 2001，2007；Munday 2002b；Schäffner 2003, 2004; Mason 2004, 2006; Baker 2000b, 2006a）。

Mason（1994）曾分析过《联合国教科文组织快讯》中一篇关于西班牙人染指墨西哥之前土著美洲人的历史的西班牙文及其英译文。他从词汇、衔接、句法、主述位等语篇组织方面分析了译文方面系统性的特征变化，发现译文在意识形态方面严重歪曲了哥伦比亚之前的墨西哥人民形象，将其文化描绘成低劣的文化。不过，Mason 认为译文的意识形态偏差并不是有意而为，他建议推动更多实证性翻译研究以揭示"译者的斡旋/干预（mediate）作用"（Mason 1994：34）。Hatim（1997）谈到 Mason 的这项研究观点则更加鲜明。他认为英译时，译者的选词倾向，如"pre-Colombian"（哥伦布到来之前）等，实际上已将欧洲中心论观点塞入了以当地土著人观点形成的源文本中。译者的这种特意抹杀源文写作目的、歪曲源文内容以服务于自己的意识形态目的的做法说明，每当不同的社会文化现象在新的语境中被词汇化和语法化，服务于包括社会制度、社会进程和权力关系等更广阔的语境时，往往牵涉到特定的意识形态问题。另外，Hatim（1999）对于异化和归化的研究也显示具体的语言使用是受到动机驱动的，并且只有在与各种各样的语境因素联系起来考察时才能显现语言背后这些动机。而 Harvey（1998）将批评语言学和礼貌语用理论的观点应用于法英小说翻译中同性恋对话的研究中。他将语篇具体分析的效果与不同国家之间特定的文化和政治差异联系起来。在这些研究中，Harvey 的研究方法多元化特点尤其突出，涉及从文化研究、形式逻辑学、文学理论到功能语言学领域汲取的观点和概念，他的这种"综合"研究方法，以及将语言微观分析与语言所处的社会文化层面研究结合起来的方式对后来许多语言学导向的研究启示很大。

Baker 21 世纪以来的研究中，无论是语料库研究还是叙事学研究（见第 3 章中介绍），都体现了明显的微观与宏观考察相结合的研究风格。《调查文学翻译译者风格的方法探索》（Baker 2000）与文学界强调探索作者有意识的语言使用的研究不同，聚焦于译者并非有意识控制的语言使用，即语料库数据显示的一些非常细小、不显眼的语言习惯。Baker 提出这些超越作者有意识控制的语言选择可以更好说明译者的翻译风格。她利用语料库对比分析了英国两位当代著名翻译家的多部译著，从语言分析中发现了两者不同的翻译策略和语言风格，并此基础上专门访问两位译者，了解译者的语境及所处源语和译语的文化背景，最终把特定的文学翻译语料库中的语言模式与形成语言特征的社会文化系统等超语言的翻译过程方面联系起来。

在叙事研究中，Baker 指出，她研究的出发点不是叙事的结构或叙事文本的实现，而是由于受到社会学研究的影响，认为叙事影响人们的世界观、价值观以及对自己和别人的看法（Baker 2006b：20）。但是，由于社会学理论研究严重忽视叙事作为文本如何构建的机制，只关心叙事如何作为思想工具来构建现实，因此她尝试从社会理论出发、结合对语篇的语言特征的详细分析和描写来补充这一社会和政治领域研究的关注点。书中她利用文本分析以及大量追踪跨时间、跨文本的叙事形成以及文本个体的叙事形成的社会文化线索进行研究,证实译本和译者在社会中参与、促进和传播叙事的强大的作用。

从严格意义上讲，翻译的语篇分析是单向的，即从语言学理论到译文的语篇分析，然后对分析结果进行解释。这种研究方式对翻译学理论本身的建构和发展起的作用很小，并使语篇分析不得不借助语言学工具自身发展而随波逐流。而后来兴起的将微观文本与宏观社会话语结合在一起进行分析的方式可以说是一种双向研究过程，不但有对语篇的分析以及对分析结果的解释，另一方面，也揭示社会文化、意识形态和权势关系特点与语言特征，包括词汇、语法结构等各层次的对应关系，说明翻译的建构功能和机制。前者可以说明是对翻译现象中社会文化问题的描述性研究，而后者可以发现翻译的"微观现象"与社会或社会上的"结构"在宏观层面的表现之间的系统联系，进而揭示翻译行为模式与语言模式之间的对应关系，发现翻译本身在体现和建设社会文化和思想特征过程中表现的系统性，从而促进人们对翻译现象本身的认识。因此，这种对翻译话语参与社会变革的双向（宏观、微观）结合的研究极大地丰富了翻译学研究的内容，不但使语言学途径的研究把重心从语言的交际功能转移到话语的建构作用方面，同时也使语言分析在翻译研究中的地位得到加强。

20世纪九十年代以来，语言学途径的研究还出现了从拟语境研究逐渐向语境化研究的转变迹象。与仍然多少带有理想化语境假设的拟语境研究相比，语境化研究更强调在真实社会现实中动态研究文本生成和演变的过程。21世纪前大多数主流学者尽管注意到语言之外的因素，但在语篇分析时仍然假设理想的翻译条件，专注于语言内部机制的描写和研究，对源文进行分析的目的主要是为了识别和突出源文中一些特殊的语篇现象和特征，因为它们造成的种种可能的问题会影响翻译过程中译者的决策。由于聚焦于文本内部机制，尽管文本外部语境因素被大量纳入视野，但基本限于一种拟语境研究状态。如 House（1997）的评估模式，尽管承认了社会文化因素对评估的主观性方面的影响，但并没有像功能学派或后殖民学派那样把一些真实翻译活动中的外在因素考虑到模式的具体运用中，如翻译完成时限、费用、工作条件、委

第四章 语言学途径翻译研究转变的动因

托人和体制干预等，而且在使用说明中专门对语言分析与社会价值批判分开区别强调。利用语用研究方法的话语分析多从语用角度解释翻译中的语法现象，大多并不关心真实生活中话语及其交际的实际效果（如 Hatim & Mason 1990, Baker 1992, House 1997），主流模式关注的主要是源文与译文在功能和语义方面的相似或相异之处，但并不探究其在社会生活中的真实效果和影响。Baker（1992）探讨翻译过程中的困难时，并没有涉及具体的影响翻译技巧使用的真实生活因素，如谈成语翻译时，提到成语翻译与文化背景息息相关，不同文化背景下的成语翻译所引起的联想不同，等等。但问题是，翻译中是使用译入语的成语替代呢，还是使用非成语的说法译出？书中没有具体提供策略使用的条件（即在何种情况下来选择何种对策），只是暗示，使用这些种种策略的目的是提高翻译语言表达的"自然和可读性"（Baker 1992：78）。书中列举了三种现象：1）没有对等的成语；2）有相似的成语，但使用情景不同，内涵也不同；3）源语中的双重含义在译语中必须简化为一种。也提出四种不同的对策：1）使用意义和形式相近的成语；2）使用意义相近但形式不同的成语；3）使用解释法；4）省略。可是这些说明无法使我们把翻译当作真实环境中的事件来看待。

此外，尽管 Mason（1994）对联合国教科文组织文件详尽的语言分析揭示了意识形态与语言使用之间的关系，而且他也呼吁人们多关注翻译中译者的干涉作用，但仍然坚持"没有必要将译文的不同话语归于译者任何故意的目的"，因为"斡旋（mediation）在很大程度上是个无意识过程"（Mason 1994：33）。Hatim（1997）从符号互文角度解读源文和译文之间因为意识形态造成的差异，但他仅仅通过自下而上的文本分析揭示出来，停留在描述而不做更多深入分析和批评，并转而回到等值的要求上。因为他认为这些深入分析译者在社会历史语境中的具体动机与翻译理论家无关:"我们这些翻译理论家能做的只是描述现象,冒昧揣测一下其中的原因",并规约性地提出"要避免那种不必要的意外互文介入。因为这是语言帝国主义的另一种形式"(Hatim 1997:43),并未想到在具体复杂的社会政治背景下,译者的行为是否可以保持他所要求的中立状态。因此,这一时期的语言学途径研究给出的交际语境仍是一种理想状态,实质是一种"拟语境"研究方式。它虽然克服了非语境方法的单一性、片面性的缺陷,呼吁从多元关联性着手较全面地看待所研究的对象,但因为只强调对研究对象结构的整体性研究,缺乏对其意义的整体性探讨,仍不是严格意义上的语境研究方法。

而 21 世纪以来,具有批评理论意识导向的翻译理论家进行译文语篇分析或者源文译文的对比分析,往往是为了通过突显翻译中特定的语言现象来探讨背后隐含的真实社会权力和意识形态的影响,发现翻译的"微观现象"与社会或社会上的"结构"在宏观层面的表现之间的系统性联系,进而强调翻译活动作为一种独特社会现象的功能和作用,提高译文受众者的语言批判意识。从这个意义上来说,批判意识强烈的翻译话语分析是一种语境化研究,一种更加贴近现实的、真正的语境研究。

由于意识到在国际斗争和跨文化交际中,翻译话语在特定意识形态的形成和传播过程中发挥了重要作用,一些学者越来越注重强调翻译的重新语境化研究(如 Schäffner 2004, Baker 2006a)。Baker 在 2006 年的语境化研究中明确表达了转变的观点,认识到翻译的过程并不是由对文化、社会和美学习俗的被动回应构成的,而是在参与者与影响交流的不断变化的议程(agendas)以及不平衡的控制层面进行积极协商中形成的。她指出,与其将语境看作制约交际的因素,看作一批我们在翻译和其他交际事件中能否实现的限制元素,并着手具体拟定那种强制性的众多方面,不如把它看作一种在任何交际行为(包括翻译行为)中可供我们选择并

第四章　语言学途径翻译研究转变的动因

可以策略性建构的资源。这意味着人们同时要强调语境动态和不断改变的性质以及关注口笔译者参与的策略性语境化过程。"语境是一个权力关系的领域。它并不是一个冻结不变的领域",而"这种动态灵活的语境概念对译者和翻译学者应当可以被证明为有益的,同时也是对正被证实为世界历史中最冲突的一个时代的政治和文化现实的更多响应"(Baker 2006a:335)。她在语境化研究中明确承认,甚至强调译者对翻译的干涉行为,并以法庭口译员纠正嫌疑人的含混表达的语境化例子说明译者的创造性行为。Baker 还采用《恐怖战争》中的一个时事问题的例子,论证权力和支配效果总是铭刻在(重新)语境化过程中。她认为,与任何静态的语境参数的罗列相比(无论它们如何宽泛),仔细研究这些过程可以更好地为人们提供认识参与者和交往动态目标的转换议程的洞见。我们同意这一动态研究语境的观点,并认为这种语境影响文本生产,同时文本生产也影响语境的互动观有可能成为思考翻译自律性和他律性问题的一个新的突破口。

我们认为,几十年来,其他领域的理论成果或洞见为翻译学研究带来了生命力和探索精神。也正是在从其他学科不断吸收养分的过程中,翻译学学科整合各种迥然不同的元素,逐渐壮大、成长,并最终建立有别于其他学科的独立地位。从本章节的论证来看,作为语言学途径主要理论源流的语言学在 20 世纪下半叶经历了从"语言"—"言语"—"话语"的研究焦点的变化。从事语言学研究的学者们把研究对象从其内部机制拓宽到文本在真实世界中的评价、接受及效果等问题,功能主义得以与形式主义并行发展。这些变化最终使语言学为导向的翻译理论得以突破早期研究的局限,纵向、横向都得以全面发展,而翻译学反过来也为语言学和其他学科产生良性的促进作用(如学者提出的 CDA 向翻译研究学习,见 Schäffner 2004)。

其次,20 世纪七八十年代兴起的文化研究及后现代主义的思潮不但为翻译学学科大发展提供了重要的学术准备，同时也深深影响了语言学途径翻译研究。翻译学界发生的"文化转向"使学者们对文化概念的理解不再是以往人类学意义上的整体印象，而是具有个体差异、权力斗争的文化系统。语言学途径本身也随着翻译学领域的这种认识的变化而变化。译学领域不同学派之间的学术互动也加速了语言学途径前进的步伐。这类互动既包括来自翻译学领域其他译论对语言学途径的影响，如翻译功能学派（目的论）、翻译研究派（描述性研究模式）和文化学派（操纵观）等，也有语言学途径对文化学派研究的补充和修正意见。可以说，语言学派学者转换了视角，同时也没有局限于自己传统的学术框架而拒绝了解其他的研究途径。这些互动不但影响语言学途径研究发展的轨迹，其实也极大地推动译学研究整体向前发展。

此外，语言学背景的研究者不断开拓进取的同时，也没有拘泥于自身传统的研究话语，而是在不断批判与反思中开展了将语言学分析与文化分析紧密结合的综合研究模式。以上种种原因最终使当代语言学途径译学研究走出了一片新天地。

第五章　语言学途径研究新发展的理论趋向和实质

对语言学途径新发展的认识主要涉及两类知识，一类是经验主义的知识，如第 3 章中介绍的关于 20 世纪 90 年代以来学者们研究的各种具体事实。另一类则是概念与理论知识，即有关语言学途径最新研究的立场、基本概念、主要方法和对象的系统阐述。这种简化的知识架构对于我们研究和解释语言学途径的研究同样至关重要。语言学途径研究分支迭出、理论丛生，但我们认为其研究仍有共同基础。Kuhn 在《科学革命的结构》（Kuhn 1970）中主要针对自然科学研究提出"范式"（paradigm）的概念，认为一门成熟的科学是由单一范式所支配的。但在人文科学或社会科学中，可以说几乎不存在单一范式的情况。如果应用"范式"的概念，大概只能按照更加宽泛的标准，即指一种得到较普遍认可的研究视角和解释原则。语言学导向的学者尽管在理论传承、研究焦点、采用的例证或分析工具上各有不同，但在考察翻译现象时，大多"在将翻译视为由文化决定的一种特殊类型的实践时，同样坚持翻译本质上是一种绝对意义上的语言程序"（House 2002：93）。他们都极为关注文本特征和语言结构的分析，认为影响翻译的因素必然在文本形成过程中留下自己的语言痕迹，翻译本身的功能可以通过细微的文本、语言特征分析揭示出来，译本也因此被视为一种证据。通过对译本中的语言以及与语言密切相关现象的考察，学者们就可以重温译者各种决策程序的路径，进而认识翻译本身的性质，等等。本书认为，以上种种为我们构建该途径的总体理论框架提供了分析的基础。

在以下部分中，我们将尝试抓住主要研究者的思想主线，根据理论家对相同概念意义的不同论述以及相关概念在翻译思想史中的演变历程，追根溯源，从哲学、语言学、翻译学中寻找其思想资源，以梳理该途径新发展中主要概念产生和变化的思想脉络。本书大体上从四个方面，即认识论、本体论、方法论以及应用范围，来考察该途径的新发展。这样的研究依赖于翻译思想史的描述，但又不是简单的事实描述，而是更强调翻译观念发展的连续性。

5.1 语言学研究途径新发展的哲学渊源

哲学是一种终极解释活动，一种最基础性的思维活动，哲学的目标就是追问一切科学活动或认识活动的基础问题和方法论的合理性问题，包括自然科学活动和人文科学活动。对语言学研究途径新发展的哲学渊源的探索能使我们从认识论层面更清楚地理解其发展和变化。

语言学，作为语言学途径翻译研究的主要理论源头，与哲学关系极为密切。语言学诸多流派都拥有各自的哲学基础，如Bloomfield的描写语言学深受经验主义哲学的影响，Chomsky的转换生成语法则是理性主义思潮的代言人。现代语言学的关注从结构到行为，再到形式，又回到行为，其实都深受哲学认识变化的影响。语言学途径翻译研究的主要学理依据来自语言学，因此会间接地受到哲学界的影响。尽管如此，语言学途径各阶段的理论来源是有区别的，如早期语言学派的理论源头主要来自日内瓦学派的结构主义思想，而话语分析的研究却源自伦敦学派和布拉格学派的功能主义思想，因此涉及的哲学思潮也有所不同。此外，

第五章 语言学途径研究新发展的理论趋向和实质

语料库翻译研究以数据为基础，用数字进行论证，其哲学取向是实证主义，源自自然科学界对哲学的影响，等等，可见语言学途径翻译研究的哲学渊源是多元复杂的。我们仅针对语言学途径20世纪九十年代以来的主要发展探讨其哲学基础，旨在从认识论层面更深刻理解该途径的研究性质和变化趋向。

我们认为，语言学途径翻译研究自诞生以来，经验主义和理性主义对其都产生过影响。20世纪六、七十年代科学派的崛起显示了理性主义哲学传统的优势。学者们坚信语言共性和意义确定性，提倡采用科学性研究手段（即采用语言学手段）而非随意主观的方式探索意义在语际之间传递的问题。不过，也正是在这一时期，哲学界发生了巨大变化。唯理性的基础主义认识论受到来自欧洲大陆阐释哲学的严厉批判。经由 Heidegger 发展并以 Gadamer 为代表的哲学阐释学论证了意义理解中必然存在的主观性，而 Derrida 引领的解构主义思潮更是以破解语言逻格斯中心主义为己任。人们逐渐接受意义并非稳定和恒一的观点，主导阐释哲学的经验主义思想和人文主义立场也因此席卷各个学科领域。在此影响下，随着20世纪八十年代后科学派逐渐衰落，译学界以往以语言学为中心的研究局面不复存在，取而代之的是目的论、规范论、操纵论、后殖民研究等诸多理论纷纷登场的多元格局。

20世纪九十年代以来，语言学途径研究仍然关注翻译规律如翻译共性的研究，但其自身一些显著变化已显示出经验主义哲学思想的影响，如越来越注重对真实生活中语言使用的考察和语言事实的研究，强调译文文本的形式结构与参与者的心理意向结构、翻译活动所在的社会宏观结构之间的联系。21世纪以来，将语言的科学分析与社会文化的人文研究结合起来的研究个案逐渐增多。不过，这种经验主义思潮主要不是来自作为文化学派哲学基础的大陆阐释哲学。我们认为，20世纪九十年代以来的大量借助语用学、话语分析、符号学等手段的译学研究沿袭的是20世纪初兴起的英美分析哲学传统,而且主要受益于分析哲学中同样反对基础主义认识论、沿袭经验主义路线的日常语言派的研究。此外,由于批评语言学深受法兰克福学派思想的影响并大量借鉴法国哲学家 Foucault 后结构主义的文化批评观点,因此20世纪九十年代以来从 CDA 等领域汲取养分的译学研究也多少受到西马哲学的影响。

21世纪以来,语言学导向的译学研究中出现了"综合性"研究趋向。我们认为,这其实也反映了西方哲学界中以往对立的英美分析哲学科学主义传统与大陆阐释哲学人文研究传统的日趋和解趋势。这两大主流哲学流派目前都逐渐倾向于把意义问题哲学化、人文化为语境问题,在意义问题上显示出明显的语境化趋势(李海平 2006),因此无论在翻译学领域、语言学领域还是文学领域,甚至在科学研究领域,语境化研究也越来越成为学者们关注的焦点。

5.1.1 欧洲分析哲学传统、日常语言学派

英美分析哲学正式产生于20世纪初哲学界的"语言论转向"(linguistic turn)。这一转向与哲学自身发展密切相关,它使哲学从对理性的自身反思转向了对理性的表达中介(即人类语言)的反思。西方文艺复兴后,以实验和分析为主要方法的自然科学研究导致了经验主义在哲学上的产生,同时自然科学对认识世界的追求又催生了哲学上以法国哲学家 Descartes 为代表的理性主义,使西方哲学的中心问题从本体论转向了认识论。但认识论研究中许多概念、命题以及推论晦涩难懂,造成大量无意义命题的假陈述。哲学家们普遍意识到,哲学问题起源于语言的问题,即"在任何情况下,问题不在于实在是什么,而在于人们所说或意含的实在是什么。这一切表明,实在依赖于语言"(Quine 1970:94)。

为了排除假命题，哲学家们转向对语言和语言意义的清理，通过语言意义的分析来解决哲学问题。意义问题的哲学反思与系统把握开始得以真正展开。这样，哲学的关注点从意识与存在的关系转向语言、语言的意义与世界的关系，并从本体论、认识论发展到语言哲学。

分析哲学对意义的探索经历了由语形到语义再到语用的不断深入过程，而哲学家 Wittgenstein 的研究贯穿全过程，对当代语言学的发展产生了不可估量的影响。分析哲学的发展可以划分出两条思路：一是以 Frege, Russell, 前期的 Wittgenstein 以及维也纳学派等为代表的逻辑实证学派（logical positivism，也称人工语言学派），主张将日常语言改造成精确的理想语言来明晰表达思想，旨在采用逻辑语形分析的手段观察理性，从而解决哲学研究可靠性等问题；二是以后期 Wittgenstein 等人为代表的日常语言学派（ordinary language philosophy），主张从日常语言的实际应用中、从语言的不同功能中研究语言。其中，Wittgenstein 的研究横跨两种截然不同的哲学思路：前期他提出图式论，采用逻辑分析的方法寻找指称的唯一确定性和绝对所指，以探究语言和实在、命题和现实之间的关系；而后期他撰写了《哲学研究》一书，自我批判了前期的逻辑构造的图式论，提出著名的语言游戏说和家族相似论，强调语言是一种生活经验形式，语词的意义就是它的用法，旨在通过自然语言的语用分析修正逻辑语义分析自身无法克服的弱点。可以说，前期的 Wittgenstein 贯彻的是将数学、逻辑与经验相结合的经验主义，以理想语言为主要诉求；后期 Wittgenstein 的研究关注现实与经验的结合，坚持任何形而上的研究都必须以真实语言分析和语言批判为基础。

后期的 Wittgenstein 断言"一个词的意义就是它在语言中的使用"（维特根斯坦 1996：31），并提出"语言和行动（指与语言交织在一起的那些行动）组成的整体形成了语言游戏"（同上

1996：7）。他把语言看作工具，认为其本身是没有什么意义的，它的意义就在于使用它的方法。这种"意义在于用法"的观点把语言从形而上学的用途带回到它们的日常用途中来；而语言游戏论认为语言与现实之间并不存在某种对应关系，人们所进行的各种语言活动都是不同的语言游戏。游戏必须要遵守游戏规则，因而要正确地使用语言，必须掌握日常语言中的使用规则。此外，Wittgenstein 认为语言及其功能之间没有共同的逻辑本质，只有"家族的相似"。同类事物之间并不具有形式上的统一性，而是由彼此具有或多或少的亲缘关系的构造而组成的家族（同上 1996）。各种语言游戏是平等共存和有效的，人们无法从中获得某种恒定不变的本质。

Wittgenstein 的语言游戏说重新定位了语言的性质和来源，并把意义放入动态的人和社会实践的大环境中进行思考，鼓励使用语用分析的方法来理解语言使用的多样性，使人们对语言的分析从静态走向动态、对语言逻辑构造的分析走向对生活世界的分析，这为 20 世纪三十年代出现的日常语言派的语用研究指明了发展方向。日常语言学派基本接受了 Wittgenstein 后期的哲学思想。沿着日常语言分析道路，英国学者 Austin 提出了言语行为理论，区分了讲述句（constative）和施为句（performative）两类话语，进而提出"言语行为三分说"，即任何人说出任何一句话时，他同时实施了言内行为、言外行为、言后行为。美国学者 Grice 区分了语言意义与说话人意义，创建了会话含义理论。美国学者 Searle 则继承并进一步发展了 Austin 的言语行为理论，还提出间接言语行为理论——真正用意是说话人通过语句字面意思间接表示出来的，其相应语句具有两种目的意向，等等。由此而发展起来的当代语用分析哲学，围绕语言使用与意义以及意义的语境条件进一步建立起了多角度、多方位的研究，不但试图找出哲学命题在表达上的错误，也尝试发掘哲学认识论的根源。再到后来，后现代哲学家 Habemas 继承并改造了言语行为理论,进而发展了普遍语用学,从人类交往行为角度来探讨意义的生成与理解。

分析哲学中的逻辑经验主义传统是把哲学变成科学,把哲学问题归结为逻辑问题,进而去寻求确定性。与之相反,日常语言派的分析哲学传统并不承认意义具有恒定的确定性。在这一点上它与解构主义、阐释学的观点大致相同。在这种哲学研究中,"环境的特征被纳入描写之中,事实/真理被时间、说话者和地方等因素相对化。意义不再被认为是句子'拥有'的某种性质和特征,而是特定语境之中说话人和听话人之间的一种短暂性的独特关系。它不可复制,而且在这个意义上,不可翻译"(Malmkjaer 1998 / 2001:13)。随着语用研究思想在译学领域的引入,人们发现,以往根据特定意义和句法规则去翻译、解译或解释任意符号的思想,这种形式主义和理性化的语言图景不具有覆盖真实翻译现象的能力。正如 Wittgenstein 所倡导的那样,对语言而言,使用才是最根本的,语言的主要功能在于实践。沿袭日常语言分析的传统,20 世纪九十年代以来语言学途径的学者们借助语用学思想构造了一种动态的、语境化的交际分析框架,对译本或翻译效果进行逆向性分析,更加注重语言出现的交际环境因素,其研究最终走出早期学者狭隘的文本研究视野。

分析哲学家采用非常简明的术语定义和研究实际问题,并提出一些相应的解决方案,本来对主流翻译研究理论应该提供非常有益的洞见,但不幸只有极少数研究学者的观点被应用于译学研究,如语用学研究。对此,Pym(2002)认为原因在于,除了该领域直接对翻译的探讨很少外,分析哲学也是一种不愿进入行动世界的哲学,其对意义确定性的研究虽然提出很多关键性问题,但从未提供任何权威性的解决方案。我们同意 Pym 的这种观点,并认为这可以有效地解释,为何对翻译这种人类社会实践性较强活动而言,其研究在 20 世纪八九十年代的巨大发展(如文化转向)

更多受大陆阐释哲学传统而非分析哲学影响的原因。

此外，有学者指出，言语行为理论和会话含意学说是"以语言使用者个体为单位的人本主义语言理论"（贾学勤 2002：15）。我们同意这个观点，认为言语行为理论和会话含意学说等语用学研究，尽管也重视人的社会因素，但更注重交际时语言的个体性，倾向于把语言的使用看作使用者的个体行为和认知的结果，关注更多的是个体语言使用者如何在言语中体现并实现个人意愿。同时，我们也认为这些理论针对的大多是单语交际语境研究，即交际的结果不是受原语或译语干扰影响而是受交际过程中内在因素的约束，因此对交际运行机制的解释更多偏向认知性，而不是社会或文化性的。据此推测，这种重视个体语境的认知机制而忽视社会大语境的倾向有可能解释为何语言学途径里主要借助语用分析的研究呈现出某种拟语境主义研究特征（见第二章中 2.1.2，第三章中 3.1.2.1、3.1.2.2、3.3.3.2 关于拟语境研究的论证）。拟语境方法虽然克服了非语境方法的单一性、片面性的缺陷，能从多元关联性着手较全面地看待所研究的对象。但是，尽管它强调对科学命题的结构整体性研究，却缺乏对其意义在人类社会大环境中的整体性探讨，因此对语境的分析并不完善。真正的语境主义研究注重动态活动中真实发生的事件和过程，而且认为不断变化的历史事件也反过来赋予主体目的和意图，即语境影响主体的同时，主体也参与了事件和语境的动态建构，其行为反过来也不断影响语境。语言学途径中借助于社会学认知理论观点的研究已出现这样的个案（如 Baker 2006b，见 2.3.2 中介绍）。

5.1.2 两大哲学思潮的交融

文化学途径和语言学途径在哲学渊源上分别隶属于不同的哲学传统。其中文化学途径的研究受大陆哲学阐释学传统影响较多（如 Heidagger 的"视域融合"观点、Derrida 的解构主义哲学思想),而语言学途径主要受分析哲学传统影响较大(如 Wittgenstein 的语言游戏论、Austin 的言语行为论、Grice 的会话准则等)。从这些哲学传统根源看,它们都可视为对传统语言观中过度膨胀的理性主义－逻辑主义的不同反动,其研究出发点都在于批判基础主义思想上,只是观点激进程度不一。过去,英美分析哲学家和欧洲大陆哲学家之间长期互不来往或观点尖锐对立(如 1983 年至 1988 年间 Derrida 与 Searle 之间的论战,Derrida 1998)。但后来开始有所交流,甚至吸取对方的部分观点,出现对话融合的趋向。我们认为这或许也预示着翻译研究未来发展的某种可能的新动向。

我国哲学界曾有不少学者对目前两大哲学阵线的对话融合趋向进行过探讨。韩东晖(2006)根据西方哲学家的最新论述对"后分析哲学时代"的基本趋向做了分析,认为这个称谓意味着对曾经占据支配地位的分析哲学的批判和反思,也意味着研究领域的多元化。在所有这些变化趋向中,最为重要的还是英美哲学与欧洲大陆哲学之间的对话融合。而章忠民(2006)认为整个当代西方哲学的关注点是反对基础主义,只不过学者们的研究径路不一,其方式主要包括:以尼采、波普尔和哈贝马斯为代表的"非基础主义";以杜威、海德格尔和维特根斯坦为代表的"温和的反基础主义";以德里达和罗蒂为代表的"彻底的反基础主义"等。倪梁康、张志林、孙周兴、张志扬(2006)认为,对语言问题的共同关注构成了英美哲学与欧洲大陆哲学的交汇点,而且对意向性问题的讨论成为哲学家们共同话题。"语言论转向"不仅出现在英美分析哲学中,同样出现在欧洲大陆哲学中,无论是后期海德格尔、伽达默尔、利科还是德里达,他们都把语言思考作为哲学研究的重要内容,甚至看作他们思想的重要起点,对意向性问题的讨论则更为集中地表现出他们共同的哲学旨趣。李海平(2006)认为,在目前意义研究中,共同的语境化趋势为语用分析和使得意义理解得以可能的哲学诠释学在语言实践中的统一奠定了坚实的基础。后现代哲学代表人物都从不同的角度试图将当代英美语言分析哲学中的语用哲学和欧陆语言哲学中的哲学解释学融合起来。在这种趋向中，涂纪亮（1996）指出，就分析哲学一方而言，以往方法论侧重于研究以解释自然现象为目的的科学说明，不关心对人的行动、意向、目的等作出合理的解释。现在，一批被称为"后维特根斯坦二元论者"的新一代分析哲学家，则主张既要研究那些严格地可观察的事件及其原因和规律性，也要研究人的行动以及与之相关的意义、意向、理由、目的等。

两大哲学思潮的交融促进了语言理解与解释经验、语言分析与解释实践的相互渗透和融合。从前面第3章的介绍和分析中，我们可以看到，目前在翻译研究领域乃至语言学领域，语言意义的理解往往被纳入语言的整体性分析中，而语言理解和语义分析也呈现社会化的倾向，对语言现象的研究出现科学解释与人文理解并用的趋势。语境化的研究思路既依赖于又拓展了语言学分析。无论是语言学途径的研究（如 Harvey 1998）还是文化学途径的研究（如 Tymozko 1998），语境化批评大多采用了经典语言学结构分析工具，这反过来又帮助语言学分析方法在翻译研究中获得了当下的相关性。可以预见，语言形式分析作为语境化翻译研究内部的一个范畴将不断充实语境化翻译研究。

5.2 语言学研究途径概念体系的发展

本书对当代语言学途径研究的概念体系梳理采取了历时和共时的分析方法，既将之与早期语言学派的思想概念和手段进行对比，同时也注意与同时代的其他途径思想概念和手段进行比较分析。需要指出的是，作为语言学途径理论源头的语言学本身并非单一性学科，其研究并非限于一个主题，而且在某些根本看法上

第五章　语言学途径研究新发展的理论趋向和实质

学者们还存在分歧，如严格意义上的语言研究对象问题。其次，语言学也没有一套完全一致的分析工具。语言研究的关注点在转向语言实际应用后，原先发展的一套稳定的普通语言学术语和概念不够使用了，而新发展的术语如话语策略、文类类型等相对动态的定义反映出理论上的某种不确定性，因而借鉴它们的翻译研究也就同样烙下不确定的特征。Schäffner（2002）就曾在《翻译与翻译培训中的话语分析》的编者按中提到，由于 Halliday 语言学对一些术语的用法与另外一些话语语言学不同，导致话语分析在翻译中应用时术语使用混乱的现象。

我们在此尝试初步勾勒语言学途径最新发展的理论构架，仅针对最能反映该途径研究立场和视角的某些核心概念、常用工具性概念[1]展开讨论。讨论的三个核心概念几乎在 20 世纪九十年代以来语言学导向研究中都得到过详细和深入的探讨和分析，较能反映该途径研究的大致立场和发展走向。此外，由于学者们研究方式各异，讨论中的常用工具性概念也并非覆盖语言学途径研究使用的所有术语，本书仅挑选了若干典型的语言和非语言的分析工具来说明语言学导向研究的主要方式，它们在几乎所有的语言学导向的译学论著中都有出现，并为主流研究频繁采用。

5.2.1　核心概念

核心概念昭示了研究者看待研究对象的方式和视角，决定了如何看待研究对象、把研究对象看成什么、在研究对象中看到什

---

[1] 本书注意到"disourse"（话语）这个重要概念在翻译研究中的运用，但未将其纳入工具性概念的探讨。原因有以下几点：1）该概念在语言学上定义多元复杂；2）语言学至今没有对"text"和"discourse"作严格区分；3）翻译学内部仅局部得到应用。不过，对于"话语"的定义虽然会随着研究领域的变化而变化，但是在译学领域通常指的是语言表达态度的方式，比较详尽的探讨见 Hatim 和 Mason（1990），Hatim（1998）。但在 20 世纪九十年代期间，Baker（1992）几乎未用到这个术语，House（1997）的语篇分析也未使用这个概念，Hatim（1998）就因此曾批评 House（1997）对语篇的理解缺少表达使用者态度的"话语参数"，无法有效说明语境的语用和社会维度。在语料库翻译研究中这个概念也非主流研究所使用，但批评性翻译研究领域大量使用这个概念。

么、忽视什么。随着语言学途径的不断发展，学者在对等、翻译等概念看法上早已与以往学者的观点发生分歧，而"斡旋/调解"作为重要概念则获得广泛认可。

5.2.1.1 "翻译"的定义

不同的翻译观和语言观会带来不同的翻译研究范式。结构主义语言观就曾造成封闭和静止的语言学研究模式。结构主义语言学采用的是一种自足的语言中心观。Saussure 主张"我们关于语言的定义是要把一切跟语言组织、语言系统无关的东西，简言之，一切我们用'外部语言学'这一术语所指的东西排除出去"（Saussure 1996：43）。在这种语言观影响下，语境被理想化，语言共性保证了语言普遍表达力，翻译成了"把一种语言的文本材料转换成另一种语言的对等的文本材料"（Catford 1965：20），而且"原文的每一层意思都可以得到传译……毫无疑问，任何东西都是可译的"（Newmark 1991：28）。从以上翻译观出发，结构主义语言学途径强调文本自身中意义的表达和传递，关注结构而无视翻译中主体意向性对意义生成和理解的重大影响，认为文本的内容（意义）可以从一种语言转移到另一种语言表达出来，而翻译研究的目的就是探讨语言在不同系统之间转换的规律。这样，今天看来，尽管 Jakobson（1959）关于意义的论断——"任何语言符号的意义在于能进一步把它翻译成其他可供代替的符号，尤其是翻译成'更为充分的'符号"（1959：232）——本来意味着翻译并非转移或复制意义而是积极创造意义，强调的是意义本身是一种不断被解释或翻译的持续过程，可是这个论断本身当初却是在文本中寻求确定性的研究话语中出现的，因此"强调的不是解放，而是意义的分散流失"（Pym 1992）。

20 世纪 90 年代以来，我们发现不少语言学导向研究中关于翻译的定义发生了很大改变。Hatim 和 Mason（1992：10）指出，翻译是"涉及文本制作者和接受者之间意义协商的一种过程……翻译活动是发生在社会语境中的一种交际过程"。Neubert 和 Shreve（1992）主张不能将翻译仅仅视为一种语言过程，认为翻译必定与译本以及它们源语文本在社会生活中的交际作用相关。译本是语篇，而翻译是语言形式和过程结合在一起的成篇化过程。Baker（2006a）认为，关于其他文化的大量经验和知识都是通过翻译的不同形式作为中间媒介进行了调解（mediated），包括笔译、字幕翻译、配音翻译以及不同类型的口译活动，因此译本是"对真实交际事件的记录"（Baker 1993：233，234）。Mason 则提出"翻译是一种交际行动，涉及表现若干相互关联的意图的不同文本，使用者（包括译者）在这些文本中预设、暗示并推断意义"（Mason 1998：170），等等。

在这些定义中完全没有出现以往定义中频繁出现的对等概念，取而代之的是将翻译视为一种意义在其中发生改变（协商、调解）的交际活动观。翻译不再被视为静止的成品，而是一种动态的交际过程，并且必定涉及翻译活动发生的社会语境因素以及参与者因素。以 Mason（1998）的定义为例，他的论断实际上非常突出翻译活动参与者（语言使用者）的因素，强调文本结构、语言表达与翻译活动中参与者的意向之间的联系，实际上将文本的客观性与交际参与者对文本的指向性结合起来，展示了 20 世纪九十年代以来语言学导向的研究动态考察翻译中，意义创造和生成问题的立场和视角。

不过，与文化学途径学者的定义相比，如 Toury（1995）容纳百相的翻译观、Lefevere（1990）较为激进的翻译改写观等，语言学导向的学者对翻译的定义大多显得较为"保守"，体现的是一种联系原文和译文的桥梁式交际观，强调译文与源文之间的关系，如认为翻译是传递源文的交际价值，而交际价值指"话语中词语和意义的交际语境化"，是"在交际语境中从语篇层面获得的意义合成"(Neubert & Shreve 1992: 24)。一些学者，如 House（1997: 1）仍然强调"对等"概念来看待原文和译文的关系，并以此界定翻译现象的边界。House 指出翻译质量评估的关键在于对翻译本质的认识，并坚持采用 1977 年时候的严格定义，认为"翻译的实质在于'意义'（即语义意义、语用意义和语篇意义）从一种语言转移到另一种语言时保持不变……翻译是用语义和语用对等的译语中的文本去代替原语中的文本"（House 1997: 30）。不过，她并非如传统语言学派那样把"对等"看作两个不同的语言系统之间的比较关系（见 Catford 的定义），而是把它看成不同文本之间的关系。这从一个侧面也表现了语言学研究以及翻译语言学途径研究焦点从抽象的"语言"研究转向真实的"言语"研究的变化。而且她在"意义"一词上打引号，暗示并不存在某种固定的意义实体。

21 世纪初，House 采用了翻译的另一个定义，即"翻译是用一种语言（L2）中语义和语用对等的文本重新语境化另一种语言（L2）中的文本"，并且指出，"语言学许多方法都很重视原文和译文的关系，其中能够明确揭示语境和文本的相互关联性的方法是最有前景的方法，因为语言与真实世界的千丝万缕的联系对于意义的生成和翻译有决定性的作用"（House 2001b: 247）。这样的论断明显与早期语言学途径专注文本内部机制、远离翻译所处的社会现实的立场不同。尽管仍然没有放弃"对等"概念，但新采用了"重新语境化"的术语明显突出从一套新的社会关系和文化期待中考察翻译现象的观点。因为"重新语境化"涉及参与者根据新的文本环境对语言表达在不同程度上做出取舍和强调，这样势必突出翻译中语言使用的语境和语言使用者的因素。

值得注意的是，语言学导向的学者对翻译性质的看法仍在持续不断变化中。语料库翻译研究大多采用 DTS 的翻译观。Baker 不但在语料库研究中强调翻译不是派生而是本身值得研究的原创

第五章 语言学途径研究新发展的理论趋向和实质

活动（Baker 1996b，2000），在后来叙事研究（2006，2007）中则表达更为激进的翻译观。她在个人网页上写道："目前我的主要研究兴趣是调查口笔译者在调解冲突中的作用。其假设前提是不管谁在翻译，也不管采用什么样的形式，翻译从来就不是社会和政治发展的副产品。它是促使这些发展首先成为可能的过程的最重要的部分。翻译同样不会是单纯的，它并不起到通常人们认为的'搭建桥梁'或'提供交际'的作用，而是关于叙事的主动散布和宣传。从本性上其自身无所谓好坏——而是视它所宣传和所处的叙事的性质而定。"（见 www.monabaker.com）这实际上否定了她在 20 世纪九十年代初的看法（Bake 1992）以及目前大部分其他语言学导向学者的翻译交际观。同样，Schäffner（2004：135）也认为经验实证主义传统把翻译视为"交际"以及文化间的对称性交换，忽略了其中的权力关系问题，等等。

　　翻译观是随着语言观和意义观的改变而改变的，考察当代语言学导向研究中的主流翻译观必然涉及其背后语言观和意义观改变的问题。传统上语言仅仅被看作是实现人与世界交流的手段和表达思想的工具，语言是对实在的一种反映或对事实的一种"复制"，即能指（signifier）和所指（signified）之间的客观照应。但自 Wittgenstein 提出语言意义是在使用中的观点以来，意义逐渐被视为非先在的产物，语言作为人类生活和社会世界的组成部分，对社会有建构功能。分析哲学家 Quine 对不确定性的探讨也使得意义不再被认为是句子"拥有"的某种性质和特征，而是"特定语境之中说话人和听话人在之间的一种短暂性的独特关系"（Malmkajaer 1998 / 2001：13）。换言之，字词的意义并不是内在的，也不是不变静止的，而是语言使用者在特定交际语境中给予的意义（Dijk 2002）。对 20 世纪九十年代以来语言学途径翻译研究有较大影响的语言学理论基本都持这样的语言观和意义观。

　　此外，Grice 早在 1957 年的《意义》一文中对"自然意义"

与"非自然意义"加以区分，突出意义的生成与语言参与者的意向和有关语境密切相关。而系统功能语言学发展到20世纪七十年代中期后，就明确提出，语言是一种社会符号，是对语义选择的多层次的网络系统，语言不能脱离社会成为独立的客体队形加以研究，甚至将语言的性质都界定为一个社会意义学系统（Halliday 1978），即语言表达一方面受社会因素的影响体现了社会规约，另一方面使用者的语言意志也会产生社会影响，改变其他社会因素。20世纪八十年代后，批评话语分析的代表人物Fairclough则进一步指出，语言是一种社会实践，是社会秩序的一种永恒的介入力量，它从各个角度操作和影响社会（Fairclough 1992，1995）。语言学的这种发展使学者们越来越从能动的角度来看待语言和意义的问题。

　　Baker曾在《换言之》（1992）中谈到两种关于意义产生的不同看法，分别列举了相应的语言学家的看法。一种认为意义在文本中，即便是必须通过解释过程才能得到，如Blum-Kulka，Sinclair；另一种认为意义不是文本的属性，是交际情景的属性，在交际中产生，如Firth（1964：111）主张"意义是情景中互相有关联的人、物和事件的属性"，Kirsten Malmkjaer（私人通信）也提出"意义是在涉及语言的情景中产生的"（Baker 1992：221）。但Baker并没有在书中表明自己的观点。不过，从她后来的研究论断中，明显可以看出是倾向于后一种观点的，如她曾强调"不存在意义，只存在代码，翻译的本质是符号指代问题"（Baker 2005a：54）。Mason（1994：24）也明确否定"存在脱离生产者和接受者的单一的、客观定义的文本意义"。他和Hatim认为，"源语文本应该被视为表现作者意想意义的证据，而不是意义本身的体现"，并指出"把经过编码的文本意义看成作者和文本接受者之间协调的东西，而不是存在于人类加工活动之外的静态实体，这对于理解翻译、翻译教学和翻译评估是至关重要的"（Hatim &

Mason 1990：2-3，64-65）。

新的翻译观和意义观直接导致学者们对翻译中形式和意义研究的变化。早期的翻译研究强调意义与形式分离，而且"意义优先于形式"（Nida & Taber 1969：163）。而20世纪九十年代以来语言学背景的学者们普遍认为意义与形式不可分离，形式也装载了意义，可以通过回溯性研究从语言形式特征中发现文化、社会、心理变化的线索（如 Hatim & Mason 1990，1997；House 1997 等）。Hatim（1997）认为翻译中对形式和内容的传递并非传统认为的那样矛盾不可调和。他从文类（genre）入手，认为文类与表现文本特点的传统手法不同，是动态的语言活动。选取特定文类时，作者并非主观地任选纯粹的语言表达体系，而是其社会角色使然，所以文类是特定语言使用者在特定语境下必然呈现的一种特质。而译者在呈现原文文类特征时，同样也是在对原文文本意义的传递。这样，在译者看来，翻译中对形式和内容的传递不再是泾渭分明，而不同语言对比以及文化对比研究也绝不是非此即彼的两极之争。

5.2.1.2 "对等"的讨论

"对等"概念在传统语言学派译论中至关重要，许多研究都是紧紧围绕对等概念进行，并采用该概念规约性地定义翻译，如"把一种语言的文本材料转换成另一种语言的对等的文本材料"（Catford 1965：20）；"从语义到文体在译语中用最近似的自然对等再现源语的信息"（Nida & Taber 1969：12）。但是，"翻译所涉及的问题远远超过两种语言之间的词汇和语法项目的替换"（Bassnett 1980/1991：25）。从语言对应的角度谈"对等"概念，本身暗示了一种将源文视为起点、测量源文和译文差别的静态翻译观，同时也否定翻译活动中客观存在的创造性和原初性的行为，原文至上的观点也因此呼之欲出。如 Nida，无论如何强调对读者反应的关注，仍认为"用添加、删减或扭曲信息的方法改写"，"借以符合不同的文化模式"是一种坏的翻译（Nida & Taber 1969：173）。译者不可介入，即使原文有缺点和错误也不可编辑或改写，即使有能力也不可改良原文（Nida 1964：155，225，226；Nida & Taber 1969：163；转引自张南峰 2004：74）。

事实上，这个术语从一开始就存在理解上的可能分歧。Jakobson（1959）在其经典文献中所说的"Equivalence in difference"因为理解不同可以造成不同的意思，如"在差异中求得对等"和"有差异的对等"等，它们会使研究的视点发生很大变化。早期语言学派学者倾向于前一种理解，在他们的著作中都体现了在翻译中努力求得同一的思想，认为翻译实践的中心问题是寻找译语的对等成分，翻译理论的中心任务就是界定翻译对等关系的性质和条件（Catford 1959/1991：25），翻译自身就是由对等决定的（Nida 1959：19；Wilss 1982：62），等等。德国学者 Snell-Hornby 猛烈抨击了这样的看法，指出 Jakobson 之言"实际上是一种非常深刻的似是而非的论断，表现了翻译核心问题中辩证的张力"，而"（德国）翻译的语言学理论一直低估、忽视甚至反对这个概念中的阐释学的关键要素"，以致"倾向于把它看作科学意义上严格的对等类型"（Snell-Hornby 1988/2002：19）。

在受到诸多批判（Bassnett 1980，Snell-Hornby 1988 等）后，"对等"概念在 20 世纪九十年代后绝大多数的译学研究中被迅速边缘化，"几乎成了一个'肮脏'的字眼"（Schäffner 2004：136）、"一个忌讳的词语"（Pym 1995：166）。Baker 在 1992 年尽管以"对等"为主线编写了翻译教程，但她一开始就与这个概念划清界限，指出对其使用是"为了方便"的缘故，"并不是因为它有什么理论上的地位，而是因为大部分译者都习惯用这个词"，并强调"它在此处的使用是受限制的，尽管通常在某种程度上可以获得对等，但由于受到很多语言和文化因素的影响，因而总是相对的"

(Baker 1992: 5)。

当然,这些并不意味着学者们摒弃了"对等"概念。许多途径的研究对这个术语仍有探讨,而且也没有被完全废除"对等"的理论假设。Pym(1992)曾用经济学的观点拓展了这个概念的内涵,认为这种关系可视为价值交易后的某种结果,进而使之成为某种可协商的实体。他强调"对等"概念在翻译中的不可替代的地位,并借他人之语指出"对等"是一种"只有在译本上才能表现出来的独特的互文性关系,人们从未期待在其他任何可观察的语篇类型中发现这种关系"(Pym 1995: 166)。Toury 的描述翻译理论(1980,1995)和 Vermeer 的目的论(1989)仍然强调它是对翻译诸多现象之一的描述,他们还从社会历史角度或人类交际目的角度拓展了对这个概念的理解。尤其在描述翻译理论中,"转换"(shift)这个描述性研究中重要的分析工具实质上是依赖对等假设——"转换"指翻译过程中发生或可能发生的变化,因此必定预设了翻译中未改变、可互换的东西。

大多数语言学导向的学者对翻译的定义中和研究中始终保留译文与原文之间关系的描述,而不像有些途径的研究那样更加侧重译文在译语文化中的翻译方式和接受状况。因此,这个概念作为某种假设的文本之间关系的参照物仍在广泛使用,只不过不再像以往那样被视为该领域研究的唯一理论基石。20 世纪九十年代以来的语言学途径研究中,批评性翻译研究几乎不使用这个概念,语料库翻译研究除了平行语料库研究非常重视译文与原文的比较外,比较语料库研究也不常使用这个概念,因为比较语料库比较的不是原作和它的译本,而是同属一种语言(译入语)、语域相近的原创文本和翻译文本,强调译文是杂合的双语文化的独特表现形式。但在不少语篇分析的翻译研究中,"对等"思想仍继续延续。不过学者们都反复强调这个概念的相对性和模糊性,并且侧重聚焦于翻译中受大量动态因素(包括译者对源文的解释、委托的要求、翻译的语境，以及译者的意识形态成分）的影响而形成的语用对等现象，"不再把对等仅仅视为语篇的实体问题"（Hatim & Mason 1990：35）。

语言学导向的学者除了在研究中继续使用这个概念外，还对其进行了学理上的探讨。Kenny 针对"对等"概念在翻译思想史中的地位、类型划分、对等性质、语际对等和语篇对等、"对等"作为实证概念与理论概念的问题进行了梳理和分析，并强调它是翻译以及翻译理论的核心概念（Kenny 1998/2004：77-80）。Baker（2004a）曾专门撰写探讨"对等"概念的论文，强调它早已偏离了作为相同或同一解释的含义，并详细说明这个概念在翻译思想历史中的起伏变化。她认为，传统上"对等"一直被当作语义范畴，而这种对等的语义观是从再现说的意义理论而来，认为语言的功能就是直接再现现实。后来《圣经》译者如 Nida 等人采用"动态对等"概念来考察译文的效果问题，在概念内涵中带来人的因素，但因为不存在测量读者效果的可靠方法，而且原作者的"意图"也不可能复制，事实上进一步破坏了对等的概念。20 世纪七八十年代出现了一个替换选择，就是谈功能的对等而非效果的对等，但在八十年代德国学者很快抨击了这种译文功能由源文功能决定的假设，并将对等视为完成翻译请求的目的或委托的一种功能。再后来，"对等"概念不再像以往那样吸引人，因为这个概念暗示对翻译中原创性的否定，而且无论如何定义，都意味着"相同"。此外，"对等"作为语义范畴可以提供精确性，但往往与真实生活中发生的事情无关，如改编和伪翻译现象。但是，Baker 也强调，由于与其他重要的理论概念的渊源关系以及人们对翻译单位之类问题的探讨，"对等"概念在翻译研究中仍具有中心地位（Baker 2004a：9-10）；"我们仍不能扔掉'对等'。即使针对特定读者来生产译文的想法，也暗示了源文在特定交换情景中被认为有价值的部分的转移"（Baker 2004a：18）。Malmkjaer（2002）则指出，语言学导向的翻译研究者被指责困扰于对等观点本身以及语言层面的对等现象，其研究因而无法成为研究译者工作的重要理论。但这个概念对保证切合实际的翻译批评以及理性而客观的翻译描写仍很重要，因为"在翻译学中很难放弃对等或与之类似的概念，因为如果译文要被看作是源文的翻译，它们之间就必须存在某种关系。而且，如果我们想搞清翻译和误译，甚至是引起争议的差异和非翻译的特定类型问题，这个概念会很重要"（Malmkjaer 2002：111）。

  House（1977，1997，2001a，2001b）一直将"对等"概念作为其评估模式的理论基石，甚至坚持将其作为翻译的概念基础。她提出，译文必须被看作受双重制约的文本：一方面受制于源文，另一方面受制于潜在受众的语言交流条件。这种双重联系是所谓翻译"对等关系"的基础。"翻译批评的目标之一就是要通过区分诸多不同的对等框架，对对等关系进行具体、可操作的分析。这些对等框架包括超语言环境、内涵意义和美学观受众设计和同样重要的、来源于平行文本经验调查、对比修辞以及对比语用话语分析的语篇使用规范和语言使用规范"（House 2001a：134）。她与早期学者不同之处在于：1）不再把"对等"看作不同语言系统之间的比较关系，而是把它看成不同语言中文本之间的关系，即关注语篇之间的对等而非语际对等的问题，在比较和观察实际语篇的基础上对文本的语义意义和语用意义进行描写实证研究，并在观察结果的基础上进行解释，而不是对不同语言的语法差异进行分析描写；2）强调"对等"是一个相对概念，它"取决于翻译行为所处的社会历史条件，取决于一系列通常无法调和的语言和语境因素，其中包括源语言和目标语言的特定结构制约，语言之外的世界被两种语言'切分'后不同的现实再现，原语言和文体的特殊规范，译者对源文的理解、解释和自己的'创造性'，译者明示或暗示的翻译理论，译语文化的翻译传统，源文作者的解释"

(House 2001a：135)。也就是说,"对等"并非一种分离的体系之间的先在关系,而是在具体交际情景中形成的非系统性的语篇间关系。

学者们对这个概念不同以往的理解促使他们能够在此基础上将注意力转向实际语言使用,关注文本在不同语境或上下文中的功能,而非抽象的语言系统分析。但是,对等观念或多或少仍可能对研究造成某些消极影响,容易在研究中忽视翻译中那些并非是源文和译文之间关系的关系和因素,如价值取向、伦理立场等。House 对于"版本"和"翻译"的区别虽然使对等概念继续使用,却也画地为牢,局限自己理论的应用范围。她强调自己的模式"综合考虑了源文和译文",而不像"一些理论片面关注翻译方式、接受者或译文在译语文化中的接受状况"(House 2001b：144),实际上排斥了许多本该在研究中关注的翻译现象。如她虽然承认社会价值批判的存在,但在模式操作中却将其与语言分析割裂开,完全排除这一部分。而 Linder(2001)在评价《翻译的语用学》中 Malmkjaer 和 Schäffner 的研究时也指出,这些学者探讨了译者的斡旋作用,强调了译者可能造成源文没有的语用效果,但他们也都想暗示"译者所作的这种语用干涉是不可取的"(Linder 2001：312)。他同时指出,无论《译者是交际者》、《翻译的语用学》还是 Gutt 的《关联与翻译》,这三本书都仅仅只是暗示"相对于翻译中操纵的可能性,道德上的正确意味着译者应该努力把源文中的语用效果最大化,并把源文中没有的语用意义最小化。口笔译者因此被看成是语用上的'模仿者',忽视了译者自己可能就有语用功能"(Daniel 2001：313)。此外,对于"对等"术语,尽管 Hatim 和 Mason(1990)经过再三思量后,选择了"适当"这一术语来代替(Hatim & Mason 1990：8),但在书中不少论述中仍可以看到关于对等关系的论述(同上：180-181)和对等的思想的影响,如坚持译者以保证原文修辞总目的为前提的情况下,实现翻译策略与语篇类型的对应问题(同上:139-164)。他们承认语篇类型与功能的混杂性,提出在坚持原文修辞总目的前提下,采用保留语篇的最主要功能来解决翻译策略与语篇类型的对应关系问题。然而这样的解决办法对于次要功能怎样处理并未谈及。在当代文化研究提倡以多样性话语作为意识形态斗争武器的背景下,采用Hatim和Mason的方法无疑有将多样性的真实话语简化成理想化的研究对象的嫌疑,它不但掩盖文本真正的混杂性特征,而且极有可能再次使一些次要话语因素边缘化。

5.2.1.3 对"斡旋"、"语境化"等概念的使用

随着人们对翻译和意义生成的看法的改变、"对等"语义观的废除,译者不再被视为简单的搬运工。无论作为个体还是团体,译者都被视为以自身独特的方式参与了翻译实践。作为描述译者行为的一个重要术语,"斡旋调解"(mediation, mediate)一词在翻译的探讨中开始得到广泛运用。它一方面强调了译者在文化和语言间中介/调解的工作,另一方面也暗示文本/言语间的距离和差距,承认不可能存在完全的复制和一致,隐含其背后的是某种意义上对译者是文本创作者的肯定。

"mediation"一词最初从语篇语言学借用而来,指"某人将他目前的信仰和目标置入文本成篇过程的程度"(Beaugrande & Dressler 1981:182,Hatim & Mason 1990:242)。Hatim和Mason(1990:223-238)以"译者为斡旋调解者"为章节标题阐述了对"mediation"术语的理解,认为在翻译中这个概念有两层含义,一是作为中间媒介的转交过程,强调译者在不同文化(包括意识形态、道德体系和社会政治结构)之间的中介作用,认为译者处于独特的位置识别"(文化间)差异并竭力消除这种差异";二是译者对翻译过程的必然涉及的主观干涉作用,即源语文本"必须

通过译者自己对现实的看法得到全面的传递"（同上：224）。也就是说，这个概念既可以理解成"中介"也可以理解成"干涉"。这种看法本身说明理想化的翻译与现实中的翻译之间存在着某种矛盾或者说是某种张力，即译者试图消除差异，而其实际行为本身又不断产生差异。

之后，Baker（1993）在构想大型翻译语料库建设的可能性时，指出语料库驱动的研究方法应被用于揭示"译本作为经过斡旋调解的交际事件的性质"（Baker 1993：243），而 Mason 则建议开展更多实证性翻译研究"昭示译者的斡旋调解作用"（Mason 1994：34）。1997 年，Hatim 和 Mason 关于意识形态的讨论进一步细分了该概念的类型，将翻译对意识形态的斡旋调解（mediation）分为最大程度、中等程度、最小程度几个类型，并明确了其含义为"译者干涉传递过程、将他们自己的知识和信仰输送到文本处理中的程度"（Hatim & Mason 1997：147）。换言之，他们对这个概念的认识更加侧重 1990 年理解中关于译者能动作用的第二层含义。不过，与文化途径研究提倡的译者有意识的"操纵"（manipulation）概念不同，"斡旋/调解"在很大程度上被视为一种无意识的过程（Mason 1994）。语言学途径的许多学者倾向于把"意识形态"看成更为中性的概念，即很多情况下，译文的意识形态上的偏差可能并不是有意而为。因此，他们认为"没有必要把译语文本的有分歧的话语归结为译者任何有意的意图"（Mason 1994：33）；或译者斡旋调解行为本身并没有问题，而是与"分析者从批评角度就某个特定问题将调解转换视为有问题的程度相关"（Olk 2002：102）。

"斡旋调解"的概念进一步动摇诸如"信息"（message）、"对等"（equivalence）等传统概念解释真实翻译现象的有效性。Mason（2006）分析了轰动世界的美国 Simpson 案件以及英国移民局官员和移民之间的口译记录,结果发现在即时面对面的口译活动中存在大量意义的非确定性(underdeterminacy of meaning)现象,而口译员的种种语言选择会直接影响参与者独特的话语世界。Mason 因此断言,现有的一些口译理论把源文文本和言语看作离散的实体,认为其意义稳定并被编码于文本材料而非在交互过程中协商生成,将无法有效描述和解释交际互动中口译员真实的斡旋调解工作。

"斡旋调解"的概念强调了译者的能动作用,说明译者的活动始终是社会生活的一部分,同时也会对社会生活产生影响。这提醒人们在对翻译分析时必须考虑其超语言的方面,使学者们愈发注意到实际翻译活动发生的人和语境等动态的因素。Schäffner(2004)强调翻译研究无法与影响翻译产出的诸多因素剥离开。她在研究中注意到,在翻译这种"经过斡旋调解的文本制作语境中,完整的译本并不总是在完整的源文文本基础上生成的"。为了满足特殊的需要,文本很有可能只被节选用于翻译的过程。而且即便在全译情况下,也要"考虑文本生产的条件以及文本在各自文化中将要服务的目的"(Schäffner 2004:129)。可以说,"斡旋调解"的概念进一步促使人们深入了解译者的动机与社会文化语境错综复杂的交织现象。

译者的斡旋调解作用与翻译的语境化过程密不可分。随着"斡旋调解"概念的大量使用,"(重新)语境化"(re)contextualization)的概念也逐渐出现在语言学背景的翻译研究文献中。"语境化"概念用于动态地探究翻译文本或言语形成和演变的过程。它以动态的语境观为基础,即语境并非一个静止的实体存在,而是交际者对自己与他人之间互动关系的一种假设。它是不断变化,可以改变的。Baker 曾引用 Weizman 和 Blum-Kulka(1987:72)对翻译腔与作者意图区分的说明以及法庭口译员在翻译时特意纠正嫌疑人原来的含混表达之类重新语境化的例子,说明人们并不是对世界中的语境实体做出回应,而是对自己察觉到的其他参与者意图以及自己对世界的假设做出反映(Baker 2006a: 325)。

在语料库翻译研究中,由于其理论框架很大程度上借鉴了DTS研究的观点,翻译的语境概念作为DTS理论的核心组成部分因而也对语料库研究产生了重要影响。翻译英语语料库(TEC)就采用标题文件记录文本个体的超语言信息(Laviosa 1997, Baker 1999)。而学者们明确认可"语境化"概念与"翻译"、"规范"、"翻译普遍性"等概念一起"为语料库研究方法论提供了重要的理论框架"(Olohan 2004: 12)。在翻译评估方面,House把显性翻译和隐性翻译视为语境化的两种基本类型(House 2002: 97),用于说明翻译中语篇与语境之间的关系,并把"(再)语境化"((re)contextualization)概念定义为,"将文本从原先的框架和语境中提取出来并置于一套新的关系和新的文化定义的期待中"(House 2006: 56)。House(2002, 2006)采用语料库研究方式观察德英翻译语料,发现英语作为国际通用语对德语译文的生产和德语读者的受众期待方面已产生了一定影响。由于她主要从语言规范和语言变体研究的角度看问题,因此她的结论是,翻译惯常的重新语境化过程正不断受到来自英语的全球性优势以及母语为英语的团体交际习俗的强大影响的破坏。

文化学途径研究者的语境化研究较为关注翻译行为在社会文化系统中引起的宏观层面的效果和变化(见 Venuti 1995, 1998; Hermans 1999, 2000; Tymoczko 2000 等)。相比之下,语言学途径的学者非常强调实现"语境化"的语言手段的描写。Baker(2006b)采用纪录片《杰宁难民营》(*Jenin Jenin!*)的字幕翻译说明翻译叙事重新语境化的效果。该记录片用阿拉伯语拍摄了2002年以色列入侵杰宁。在配以英语、希伯来语、法语和意大利语字幕后,该片在许多国家放映。影片中,一位巴勒斯坦老人面对杰宁被毁后的惨景表达了他的震惊与愤怒。他的话直译成英译文为"What can I say, by God, by God, our home is no longer a home"(汉译文:上帝呀,上帝,我能说什么呢?我们无家可归了呀!)。但英文字幕却将这位老人的话译成:"What can I say? Not even Vietnam was as bad as this"(汉译文:我能说什么呢?即便是越南也没有这样糟糕呀!)。Baker 分析,当时国际社会对以色列入侵巴勒斯坦的舆论导向主要由西方大国操控,为了使美国观众能从西方政府的视角了解杰宁被毁后的困境,该记录片的英文字幕译者才会采取重新语境化策略,将一再重复的源语指称,即巴勒斯坦几代人赖以生存的"家园"(home),重新框架化成"越南"。本来按照传统翻译理论以及跨文化交际理论,这可称之为"文化渗透"手段(acculturation),旨在保持交际畅通,如采用越南事件而不是克什米尔事件的说法可以使美国观众更容易理解。但 Baker 否定了这样的看法,她认为如果最初的翻译选择动机真是这样,就会以最近发生的突出事件,如"9·11 事件"来对比,毕竟越南战争在美国年轻人心目中引起的反响无法同"9·11 事件"相比。因此,将"杰宁悲剧"语境化成"越南悲剧",这种翻译语言选择的动机及含义与美国对巴以冲突的政治意图不无关系(Baker 2006b:99-100)。

2006 年《语用学》期刊曾推出"翻译与语境"的特刊,其中涉及大量口笔译活动的语境化研究,而学者们纷纷采用关联理论、话语分析、语料库等研究手段分析语境化概念和语境化策略。Baker(2006a)在其中撰写了《口笔译者斡旋调解事件中的语境化》一文。她借用社会语言学家 Gumperz 的语境化线索观概念(contextualization cue),说明语境化在其理论框架中是借助各种不同层次的线索为手段实现的,如诗体、副语言符号、编码选择、词汇形式的选择或套话。其他手段还包括编码转换，如书写中采用斜体、话语的标记符等。语境化线索指"说话人和听话人用语言或非语言的符号把何一时间和地点所说的话与过去经验中获取的知识联系起来，以便重新得到他们必须借助的预想和假设来继续参与会话并评估其中意图"（Gumperz 1992：230）。Baker 认为口笔译者同样在翻译中借助了人际活动这种动态的一面为自己工作目的服务，并通过大量例证说明，语境化"作为动态的协商过程，受到影响社会所有交易事件的非均匀分布的权力的约束，包括口笔译员斡旋调解的约束"，而且"权力和统治永远都铭刻在（重新）语境化的过程中"（Baker 2006a：322）。"语境化"概念在翻译研究中的使用问题，Baker 也进行了思考。她认为语境化过程绝不仅仅是揭示人们想要列举和仔细描述的限制语境的种种因素。与其将"语境"看作限制人们在翻译和其他交际事件中能否实现目的的制约因素并罗列众多相关参数，不如"把它看作一种在任何交际行为（包括翻译行为）中可供我们选择并可以策略性建构的资源"。因此，人们"不但要强调语境的动态、不断改变的性质，同时也要关注口笔译者参与的策略性语境化过程"（Baker 2006a：333）。

早期学者们在对翻译进行分析时，一般将文本看作静止的完成体进行语言结构的分析，关于文本特征和结构之类的说明模式也因此具有较强形式化的、脱离语境（片段性处理语料）的特点。后来发展的一些语篇分析研究也多关注语域特征、文类结构以及从中推导出的话语功能，无法充分地描述翻译涉及的动态易变的语境以及译员采用语言策略主动参与社会实践的实情。而"斡旋调解"、"语境化"等概念在很大程度上恢复了译者在跨文化交际过程中的中心作用，强调、凸现以及突出翻译中特定的交际情景中某些方面，从而非常具体地显示参与者在真实语境中的动机和反应。"语境化"概念的广泛使用表明语言学途径乃至整个译学研究不再将视点仅仅局限于翻译的语言问题,而是透过翻译中的语言使用更好地了解不同文化语境中的人类行动。

5.2.2 一般概念

语言学途径研究在发展过程中也针对性地选取和借用语言学学科和其他一些学科的概念术语,将它们作为一般概念使用。这些一般概念与核心概念一起,为语言学途径翻译研究提供了一套切实有效的理论分析工具。

5.2.2.1 关于语言因素的描述工具性概念:"语篇/语域/文类"

"语篇"(text)概念源自语篇语言学和话语分析。Hatim 和 Mason 在两本理论论著中对这个概念定义大致相同,指"一套相互关联的交际功能被聚合于语篇组织,并以某种方式组成结构,以回应特定的语境并借此实现整体的修辞目的"(Hatim & Mason 1990:243,1997:224)。尽管 Hatim(1997:37)指出他们模式中的这个概念源自 Beaugrande 和 Dressler(1980)的定义,指的是一系列相互关联的语句连接起来,实施特定的修辞策略,以实现想达到的修辞目的,而语篇使用者所在团体中的成员可以根据习惯识别出这些修辞策略,但在《话语与译者》中(1990:73)我们仍能看到他们关于社会符号学语篇观点的引用,如 Kress(1985)关于语篇是话语以及话语意义的表现的论述。这样,尽管他们的术语词条解释似乎把"语篇"视为一个取决于"修辞目的"的结构(语法)单位,但实际运用时我们会发现他们也将其看作交际功能和符号分析的基本单位。而 Baker(1992:111)明确采用话语分析中的相关定义,即 Brown 和 Yule(1983:6)所说的"交际事件的语言记录",认为"语篇"是语言使用的例证而不是语言作为抽象意义系统和关系的例证。

这个概念的使用使得语篇外的社会文化语境因素进入语言分析中。很多人把"语篇"当作一个结构（语法）单位，认为语篇是比小句更大的单位。但是从结构上讲，作为承载意义的基本单元的小句或句子的简单相加，并不能揭示语言在更大的上下文中的全部含义。而从功能的角度来看，它是在语境中发生的实际的语言使用，一定会与特定情境（包括社会情境和文化情境）有联系，是语言使用者在语言形式结构和意识形态意义两方面进行选择后的结果。因此，语篇实际上成为一种昭示意识形态、社会文化传统、译者思维模式的语言证据。也因为这个原因，语言学导向的学者一般都把"语篇"视为翻译功能在语言使用过程中被现实化的结果。此外，尽管语篇原本最初的符号形式是语言，而在当今社会中，语篇不断将其他非语言符号形式，如图像、声音等，与语言合在一起，其多元符号性不断增强。因此，语言学导向的学者自20世纪九十年代以来在字幕翻译、口译甚至一般的笔译研究中也非常关注副语言的语篇证据。

"语域"（register）这个在当代语言学导向主流研究中常见的概念，是由Halliday系统功能语法中的语域理论而来。语域理论是一套比较系统的关于语境参数的种类、一定范围内语境对语言使用的制约作用的分析方法。作为一套分析情景语境的可操作性强的工具，它被大量运用于对翻译发生的情景因素的分析中。

Hatim和Mason（1990：243）在术语解释词条中将"语域"界定为"根据特定的活动类型、礼节正规层次等因素规范语言行为的倾向"，而Baker（1992：286）在术语解释词条中将其定义为"语言使用者根据特定情景要求认为合适的语言"。他们的定义都是把这个概念看作人们处理语言的方式的一种理论假设。具体而言，"语域"由语场（field）、语式（mode）和语旨（tenor）组成。其中，"语场"指话题以及与话题有关的活动，涉及话题、文

第五章 语言学途径研究新发展的理论趋向和实质

本内容和主题材料、词汇特征;"语式"指话语活动所选择的交流渠道,涉及语言使用者潜在或实际的参与;"语旨"指说话者和受话者之间的关系,涉及参与者之间由社会权力、社会距离和情感投入程度决定的关系和态度等,有从正式到非正式的范畴的渐变连续体的变化。这三种语境因素分别影响语言的三大元功能(概念功能、语篇功能、人际功能),进而间接地影响说话人的语言选择,具体体现在及物性系统(transitivity system)、主位系统(thematic system)和语气系统(mood system)等方面。"语域"阐释了一定范围内的表层语言选择与文本交际功能及其背后的社会文化含义间的可能联系。

不过由于认识到"语域描述一般局限于捕捉语言表面的特征"(House 2001b: 138),翻译研究者一般多结合其他概念如文类或话语一起进行具体的功能分析。如 House(1997)在语域分析基础上引入"文类"概念,而 Hatim 和 Mason(1990: 50-51)根据翻译活动的实际特点提出限制性语域(restricted register)概念。他们认为在有明确而具体的交际目的限制的语言活动范围内,人们可以采用 Halliday 的语域分析对语境进行描述;而对于语言形式和式样数目非限制性的语言活动范围,因不可能对其中的词汇项和语法项进行有意义的量化分析,则要采用语用分析和符号分析的手段研究。

当代语言学导向翻译研究中另一个常见的工具性概念是 genre(文类)。Hatim 和 Mason 模式中的这个概念主要来自 Kress 的社会符号学理论(Kress 1985,1988),指"与特定的社会场合类型有关的语篇的习惯性形式"(Hatim & Mason 1997: 218),"它显示了特定社会情景中涉及的各种作用和目标以及在这些特定社会情景中参与人的目的"(Hatim & Mason 1990: 69)。Hatim 和 Mason 把"文类"看作语言实现的符号系统。他们拓展语域分析在翻译研究中的应用,就是在语域中添加语场的符号学层面,将其作为语境的观念元功能成分与"文类"联系起来,而语旨则作为语境的人际元功能成分与"话语"联系起来,最终,"文类"和"话语"在语式这个语境的语篇元功能成分中得到表现,如图6、图7所示:

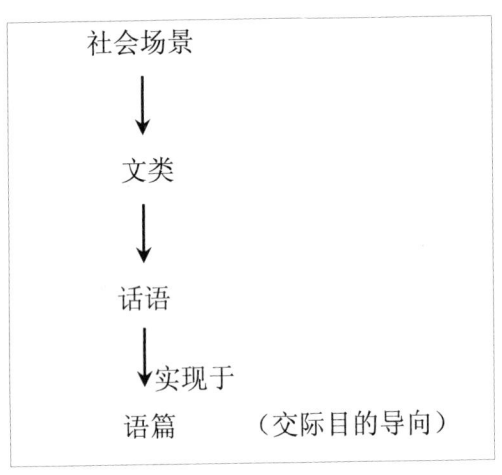

```
社会场景
  ↓
文类
  ↓
话语
  ↓实现于
语篇    (交际目的导向)
```

图6 语篇、话语和文类的等级关系(Hatim & Mason 1990: 74,陈浪译)

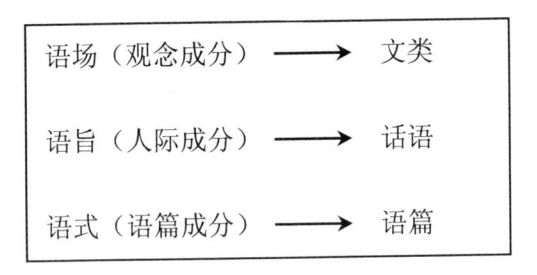

```
语场(观念成分) ——→ 文类
语旨(人际成分) ——→ 话语
语式(语篇成分) ——→ 语篇
```

图7 语境的语用学和符号学(Hatim & Mason 1990: 75,陈浪译)

Hatim 和 Mason 把"语域"视为实现文类的语境层概念,认为"文类"属于更高层次的符号系统,不仅包括语言活动本身,

第五章 语言学途径研究新发展的理论趋向和实质

也包括社会行为目的和行动,由此建立了语言与文化场景之间的关系框架。这样,作为符号的语篇、话语、文类与其他对应符号的互文性互动建构了使用者对社会场景的认识,而模式就是通过清理语篇脉络的方式来认识翻译中人际态度、意识形态因素以及这些形式在具体语篇规范、文类和话语要求下发生的变化。

House 在 1997 年修订的模式中也引入了"文类"的概念来表述"更深"的语篇结构和形态。她认为对于翻译质量评介,文类概念是一个重要的补充。语域"涵盖语篇和微观语境的关系",而文类"把单个文本实例与具有共同目的和概念的文本类型联系起来","把语篇与语言文化团体的宏观语境联系起来"(House 2001b:138)。

Schäffner(2002b)对"文类"的定义是"为了完成特定情景中的特定交际任务在语言团体的历史过程中发展起来的整体语言模式。它反映了人们为了根据特定的情景而对语言手段采取的有效而有意识的选择,因此语言团体的成员拥有的是特定的文类知识而非语篇类型知识"(Schäffner 2002b:4)。换言之,文类是特定语言使用者在具体语境下必然呈现的特质。这种定义与把 genre 视为表现文本特点的传统手法的看法(如体裁)完全不一样,它是把"文类"视为一种深深扎根于社会学意义上的交际活动、典型化的社会行为,由于结合了情景语境或交际功能上的特征和结构(如语法和主题)上的特征而成为习惯性形成的典型的语言使用综合体。Schäffner 与 Hatim 和 Mason 的看法相似,认为这样的定义可以使人们理所当然地通过这个概念将社会文化与使用中的语言联系起来研究。对此,Schäffner 颇有见地地指出,由于"自身习惯性的结构,'文类'可以提供语篇(包括作为语篇产品的翻译)生产时的某些倾向性的线索。正是在这个方面,不是语篇类型(text type)而是文类变得对翻译研究有用"(Schäffner 2002b:4)。

Baker(2006b)的叙事研究中关于"文类"的定义则借用了

社会学家 Bruner（1991：14）的观点——"叙事个体必须借助已有的叙事框架才能被人们理解，产生效果。这些框架为作者和读者提供了便利和习惯性的'模型'，帮助限定理解人类活动的阐释任务的范围"，而将"文类"定义为"习惯性的叙事类型，可以为叙事提供框架"（2006b：167）。就习惯性语言使用形式而言，"文类"知识可以让人们有效识别具体的交际实践类型。在这层意义上，Baker 对"文类"用法与上述其他学者的立场基本一致，即试图对语言使用型式进行详尽的分析，借此让那些正因为"习惯化"而通常不为人知的种种社会文化关系显现出来。

5.2.2.2 关于超语言因素的描述："意向性（意图）"、"意识形态"

20 世纪九十年代以来在语言学途径研究中大量使用的语用连贯（coherence）、合作原则（CP）、含义（implicature）以及言语行为（speech act）等概念其实都是为了说明翻译中语言生成和理解的问题，而且它们的应用都指向同一个总体的超语言概念，即"意图"或者说是"意向性"（intentionality）。Hatim 和 Mason（1990：241）最初对其的定义是"决定某一语言形式是否合适实现交际目的人类语言特征"。但他们后来把"意向性"的语言特征属性改成语境属性，即"意向性"指"语境的一个特征，它决定了某个语言形式是否合适实现某个语用目的"（Hatim & Mason 1997：219），并强调"一个言语的'意义'不可能局限于文本表面所表达的内容。各种语用价值并不是附着在各种语言形式上，而是形成于某一特定社会情景中说话人/作者的各种意图中"（Hatim & Mason 1990：91）。

语言学导向研究中的"意图"/"意向性"的概念源自分析哲学传统的语用研究。它被界定为某种心智属性，指"心灵的一种特征，通过这种特征，心理状态指向或者关于、论及、涉及、针对世界上的情况"（塞尔 2001：64）。在 20 世纪，由于逐渐认识到字词的意义并非先在的产物,而是人们在具体的交际语境用语言时产生的,意义生成问题成为学者们日益关注的焦点。1957年,Grice在《意义》一文中提出,意义的生成与语言参与者的意向和有关语境密切相关。他对"自然意义"与"非自然意义"进行了区分,前者不涉及施事者的说话意图,话语的意义"自然地"被理解;而后者指交际过程中必然涉及的与所有交际者相关的意义或含义,即意向意义。Grice认为任何成功的交际都必然涉及交际意图,并取决于听话人对说话人交际意图的准确理解。他关于合作原则的论述更使得"意义"(meaning)的研究转向"含义"(implicature)的探讨。在语用研究中,"意图"概念在各种关于语句意义、信念内容、命题态度、心理表征等问题中逐渐处于支配地位。

由于翻译活动涉及作者、译者、读者之间的关系,翻译中的意义生成、理解、表达均涉及主体心理状态对文本的指向,因而也就无法回避主体的意向性问题。在翻译界,早期结构主义语言学研究因为将意义视为实体概念,认为采用自然科学的方法对文本结构进行分析,就可以重新获得潜藏于原作中作者的意图和"意义"。而20世纪七八十年代盛行的Derrida解构主义思潮猛烈抨击了意义恒一稳定以及意图可以完整复原的观点(Davis 2004),后现代文学传统的译学学者在探讨翻译时几乎不使用"意图"的概念(Baker 2006a)。但对于语言学导向的学者而言,尽管不少人也赞同意义是动态生成的、语境是语言使用者对世界上发生事件的假设而不是实际生活中发生事情,等等,但绝大多数学者并不放弃研究如何正确"把握"交际者意图的机制,并将注意力聚焦于文本谋篇机制的特征与产生这些特征的交际过程之间联系的研究,如,认为"连贯"并不是语篇自身创造的某种东西,而是语言使用者根据合作原则提出的一种假设,即语篇的预期目的就是为了保持连贯性;对主述位进行语项选择时候,使用者决定是否将某一特定的语项当作已知信息加以陈述的主要依据就是与意图性相关的保持连贯的原则,等等(Hatim & Mason 1990: 194, 216)。

语言学导向的学者一般都认为,翻译涉及种种决策和选择,而选择和决定又始终是有动机的,并且只有在与意想意义联系时这些动机才会被证实,因此在研究中多尝试从意图与译语文本的结构和措辞方面的联系入手,动态考察意义创造的动机和语境化问题。有的从显性的信号传递(衔接)与被理解的意图(连贯)之间的联系探讨翻译的语用问题(Baker 1992, Hatim & Mason 1990);有的则从关联理论的明示-推理机制、礼貌原则角度分析译文表现意想的源文意义的效果(House 1997, Hatim & Mason 1997)。Mason 甚至直接将翻译的定义与"意图"联系起来,他认为,"翻译是一种交际行动,涉及表现若干相互关联的意图的不同文本,使用者(包括译者)在这些文本中预设、暗示并推断意义"(Mason 1998: 170)。

在这些语用学研究工具中,"言语行为"由于其子概念"言外行为"(illocutionary act)和"言后效果"(perlocutionary effect)与说话人意图或言语的意想效果密切相关,而被广泛应用于翻译的话语分析中。言语行为概念揭示了人类以言行事的能力,间接昭示了语言不仅可以反映、描写现实,而且还有行事功能,具有改变现实的潜力。同时,它也说明人们交际的真正目的不是"言说行为"(即说话本身这个行为)或言语的字面意义,而是意向行为或者说是"间接意义"(意想意义)。Hatim 和 Mason(1997: 40)认为,分析意图的最小(语用)单位就是言语行为。在此基础上,他们发展了言语行为序列、言外结构、语篇行为等更大的意图分析单位(Hatim & Mason 1990: 76-79),即在翻译过程中,译者的目标并不是试图以一个言语行为来匹配另一个言语行为,而是旨在言外结构、语篇行为方面的对等。而 House(1997: 82)

则将与言语行为相关的直接、间接程度和礼貌程度作为译本评估的参数。"言语行为"概念对翻译而言的一个重要价值在于它把有关意想的行为或已实现的行为的想法添加到言语意义中。这样，在翻译研究和翻译实践中，人们就不能像以往那样仅仅关注文本的命题内容方面，还要关注文本的交际价值和言外之力方面。这使译者和研究者不得不更多关注翻译得以产生的语境问题

然而，导致译作和原作在交际意图方面差异的主观原因是复杂的。首先，译作的交际意图中必然涉及译者本人的主观看法，无论他愿意参与与否。在此基础上，差异的产生有可能是译者对原作意图的推断有误引起的，但也可能译者大致上并没有判断错误，可是因为意识形态等因素而改变了对推导出的原文意图的表达。简而言之，译者所处的译文交际环境是一个关键环节。语言表达的意义不在心灵之中，而在语言使用者和所处的外在世界的因果关系中。但是，语用学研究中不少理论对真正交际中的实际语篇缺少分析，而且很少涉及说话人的动机和信念，将言语与左右言语的社会关系体系割裂开，因此很难全面解释翻译真实的动态交际现象。此外，不少理论如关联理论、言语行为、合作原则等较为重视发话人的作用，而忽视交际中听话人的作用，实际上听话人对交际过程也有积极的作用。对此，一些学者提出改进研究的建议，如Mason（2006a）认为，Sperber和Wilson的明示－推理关联理论模式虽然说明了说话者为自己的交际意图提供明示的线索，但这仅是帮助听话者进行推理的初步指南。他提出可以结合Gumperz（1992）的语境化线索概念进一步说明说话者指导听话者推理过程的方式，因为语境化线索观为听话者提供了可以观察到的方式证据。而Hatim和Mason（1990）认为，言外之力不是借助词语本身或借助特定的词组投放于言语的，而是借助了影响特定情景中言语产出和接受的社会关系的体系。因此，只有对活动发生的社会语境有明确的把握，才可能对言外结构序列中

的某一行为的合适性进行评价。他们在 1990 年的书中结合"权力"和"地位"参数对翻译的直接的言语情景和语言交际所处的社会建制进行研究,并断言语言使用者的相对权力和地位,不仅对其使用的语言形式,也对由言语意想的和感知的言外之力产生决定性的影响。在 1994 年、1997 年的研究中他们进一步探讨了意识形态与翻译之间的问题。

"意识形态"(ideology)在 Hatim 和 Mason 的研究中被理解为"一套信念和价值观,影响个人或机构的世界观并帮助他们解释事件、事实,等等"(Mason 1994:25),它"借助各种不同的关键术语得到表现,使我们超越语篇而将注意力投向一套已经确立的准则"(Hatim & Mason 1990:71)。他们认为,在处理语篇的过程中,人们无法避免将自己的信念、知识、态度等输入其中,结果造成所有的翻译都会在某种程度上反映译者自己的思想和文化观,即便译者自己尽量刻意保持不偏不倚的态度。即使在风险最低的科技文献、法律文献和行政文献的翻译中也大量存在译者文化取向介入的问题,如国际组织对主权国家名称翻译采取严格的规定,就是因为国名的不同称呼都会不可避免地反映意识形态方面的态度(Hatim & Mason 1990)。

Hatim 和 Mason(1990)在术语表中并未收录"意识形态"词条,也没有在这本书中详细探讨这个概念的内涵。但在 1997 年出版的《作为交际者的译员》一书中,他们对原模式中的意识形态部分进行了重要补充,划分了翻译中的"意识形态"研究类型("翻译的意识形态"和"意识形态的翻译"),同时演示了如何从词汇选择、衔接手段、及物性等语言分析说明这类问题。除此之外,他们明确这个术语概念来自语言学家 Simpson 在《语言、意识形态和观点》的观点,即"意识形态"指"社会团体集体共有的默许假设、信仰和价值体系"(Simpson 1993:5)。而后来许多研究,如 Puurtinen(2000),Calzada(1997,2001,2003),

第五章 语言学途径研究新发展的理论趋向和实质

Olk(2002)等,也采用了相同或非常相似的理解,认同译者在重构翻译源文时带进了自己的思想、情感和价值观,将自己的价值观、信仰等意识形态编织进去,使译本表现出不同于原文的语言特征。

不过,在20世纪九十年代以前,语言学导向研究中几乎从未出现关于"意识形态"的深入探讨。因为语言学理论被认为提供了"科学的"研究根基,可以"使翻译远离意识形态的操纵"(Fawcett 1998/2004:110)。而在文学途径和文化学途径研究中,这个术语在20世纪八十年代中期就已逐渐成为探讨的热门话题之一。1984年,Lefevere提出"赞助人"(patronage)的概念来调查翻译中来自意识形态的压力(Lefevere 1984:92),并在1992年出版的《翻译、改写与文学名声的操控》(*Translation, Rewriting, and the Manipulation of Literary Fame*)一书中以大量有说服力的例子佐证他提出的赞助制度、诗学规范、意识形态与翻译的关系。Lefevere认为"意识形态"决定了主题的选择和表现形式,是一种具有形式和规范的格架,支配我们行为和信仰的格架(Lefevere 1992),翻译活动不是在真空中进行的纯语言转换,而且往往与意识形态、政治、权力等密切相关,形成一种同谋关系。而一直以来人们唯一认可的忠实翻译类型其实只是某种意识形态和诗学结合导致的一种翻译策略,等等。Lefevere研究权力关系和意识形态的改写理论奠定了20世纪九十年代文化途径研究的框架,Venuti(1995,1998),Tymoczko(1998),Bassnett和Trivedi(1999)等人的研究纷纷揭示出意识形态始终在各个方面无形地操纵着翻译过程的现象。在意识形态的操控下,译文增加、删除或者改动原文本为特定政治目的服务,它不仅影响着译者的翻译选材与翻译策略,也影响着译者在翻译过程中对原文语言及文化上的解读。

与文化学研究一样,语言学导向研究也认同"意识形态始终影响着翻译过程"的观点。Hatim和Mason(1997)认为,译者在社会语境中行动，而且也是该语境的一部分，正是在这层意义上，翻译行为是，而且本质是一种意识形态活动。他们甚至指出，以往虽然大家也知晓翻译与意识形态之间存在联系，但直到文化学途径的研究出现后，如 Venuti 的研究，才让人们深刻认识到它们之间的密切联系。

尽管如此，两种途径对"意识形态"的概念的运用、观察的切入点、探讨的方式都有所不同。语言学途径研究中的这个概念不是直接从社会学研究或政治研究领域而来，而是沿袭语言学本身的研究传统。Baker（1996）曾以语言学导向理论研究实例驳斥语言学途径排斥意识形态研究的说法，并指出这个领域的新发展源自批评语言学关于意识形态的研究。而 Hatim 和 Mason（1997）则主动说明他们自己关于意识形态的探讨是从语言学领域本身成果斐然的意识形态研究中受到启示的。批评语言学领域中 Fowler（1979），Hodge 和 Kress（1993），Fairclough（1989）等学者关于意识形态影响话语，同时话语实践也帮助保持、巩固或挑战意识形态的洞见帮助他们加深了对这类现象的理解。他们将这些观点借鉴到自己关于译者作为交际者的研究中，期待提供为译者的选择造成的意识形态后果的证据以及语篇世界在转换时的微缩语言模型（Hatim & Mason 1997：143）。此外，Calzada（2003）根据自己的研究目的梳理了这个概念的西方马克思主义传统渊源，反对把意识形态看作是或消极或积极的社会力量的二元对立观点，并明确认同批评话语分析学者 Van Dijk 和 Verschuren 对意识形态"非纯粹政治意义"的定义（Calzada 2003：3-5）。

作为语言学途径译学研究在这个领域的理论源流，批评语言学的基本立场是认为"所有的语言用法都对意识形态模式或话语结构的编码，它们调解/干涉（mediate）着语言中表现的世界"（Fowler & Malmkjaer 1991：89）。即，像大多数文化研究的工作那样，批评语言学的目标也是旨在揭示社会和政治进程。然而，

第五章　语言学途径研究新发展的理论趋向和实质

批评语言学的意识形态研究一贯秉承反激进主张。这首先体现在概念定义上，其次体现在具体研究方式上。关于"意识形态"的定义，Fowler（1991）指出，提到意识形态，批评语言学家并不是指一些虚假的思想或者因暴露出"被歪曲的意识形态"而在政治上不受欢迎的信念，它是一个中性的定义，与人们安排和证明自己的生活方式相关。而 Kress 和 Hodge（1979：6）也把意识形态看作是一个描述性的概念，认为它是从某一特定立场组织的思想体系，既包括歪曲现实的政治态度和理论，又包括科学和形而上学。Fairclough（1995：44）一方面认为意识形态不应等同于蛊惑性的宣传或偏见，另一方面又强调意识形态与人类的兴趣相关。意识形态涉及从某一特定的兴趣的角度对"世界"的表述（见辛斌 2005：9-10）。换言之，批评语言学的意识形态概念特别强调中性的定义，即它与人们安排和证明自己的生活方式相关，为人们提供解释日常生活中人们交际和交往基础的共同意志的一般框架，而不是特指政治意义上的信念或某种具有破坏性的社会力量。此外，他们认为意识形态不仅监控偏见的知识和态度的内容，而且也控制着语篇、谈话和行动为认可、维护、施行社会态度的基本策略，因此在具体研究中总是把语篇视为语言形式结构和意识形态意义两方面进行选择的结果，并主要借助 Halliday 为主的系统功能语言学方法对可能反映意识形态的语言形式如"及物性"、"情态"和"分类"进行系统分析，探讨话语的语义结构与意识形态框架及其内容和策略之间的关系，而不是探讨意识形态本身操控社会变革的方式。

批评语言学这种温和的研究立场直接影响了语言学导向译学研究。如 Olk 认为"意识形态不必非要被理解成一套错误的信念和压制性的态度，可以看成更为中性的概念"（Olk 2002：102）。Mason（1994）和 Hatim（1997，1999）则强调意识形态虽然无可避免,但译者的意识形态实践往往是一种"无意识"作为的结果,不应该过度政治化。Hatim 和 Mason 指出,"不能因为定义中指涉了社会群体和制度,就认为语言使用完全是事先已经决定的或者语言使用者对自己的话语无法实施控制"。他们强调语篇使用者个体、话语和意识形态之间的互动作用,"倾向于认为这是一种双向影响方式的过程"(Hatim 和 Mason 1997:144)。而 Fawcett(1995)直接提出,文化学研究关于翻译意识形态层面的讨论过于关注文化霸权思想因素,含蓄地假设了"阴谋理论"(即指的是意识形态与翻译操纵的共谋关系),而影响翻译意识形态的资本系统中消费者个体因素以及公司个体因素没有得到相应的重视。

与文化学途径关注译者的基本导向如何改变意识形态以及意识形态如何操纵翻译实践的研究不同,语言学途径更多关注的是语篇世界传递给处于不同文化语言环境中语篇接受者的方式,或通过语言表达方式考察意识形态的具体组成,研究如何通过语篇脉络的手段认识态度、意识形态因素以及这些形式在译语语篇规范、文类和话语要求下所做的变化。简言之,学者们主要研究微观层面上意识形态操纵翻译语篇的实际结构和过程,力图说明社会意识或群体意识与群体内或群体间的具体翻译实践的联系。他们的研究有提升读者和译者批判意识的目的,但没有像一些文化学导向研究(如后殖民研究和女性主义研究)那样有强烈的文化诉求和改变现状的行动呼吁。

此外,虽然文化学导向的研究也很关注翻译文本中的种种语言现象,如 Venuti(1998)对古语化现象的分析,但总的来说,在语言学家眼里这样的语言描述是零散的、非系统性的,被认为"没有提供太多实际翻译中引证出的文本证据来支撑令人信服的论点"(Hatim 1999:204,转引自 Fawcett 1995)。语言学导向的研究传统向来坚持以语言学为主体,以语言分析为手段来研究翻译中的问题。早期学者如 Catford（1965）就是从 Halliday 系统语法中的"层"、"级"和"范畴"概念入手来分析语义翻译的问题，而 Nida（1964）更是用 4 个语义单位、7 个核心句、5 个逆转换步骤详细地规定出翻译的全过程，用以指导翻译实践。语言学导向的学者在 20 世纪九十年代以来关于翻译与意识形态的研究也不例外。他们倾向于在研究中采用一套系统性强的语言学术语来描写文本中的语言运用，很重视对语言型式进行详尽的分析，希望能借此加强研究的说服力。如 Mason（1994）从词汇、衔接、句法、主述位推进等系统性的语法现象的变化来分析联合国教科文组织月刊文章中的意识形态问题，Calzada（2001）则从系统功能语法中的及物性概念入手，论述了源文和译文在词义、物质过程的类型、及物性系统种类方面的差异，系统论证语言上的小变化可能导致语篇意识形态方面的大变化。

尽管存在着区别，但我们认为，语言学途径和文化学途径在意识形态研究中并不存在优劣的问题。两者对这个议题的关注是一致的，只是研究的进程和目标不同罢了。对于翻译性质和翻译现象的全面描述而言，它们各有自己的贡献。Baker（1996：16）曾指责文化研究在这个方面过于政治化，试图突出话语的意识形态不受欢迎的一面，暗示它是故意引起和可以安排的。她认为这样可能导致错误的印象，让人们以为一些话语（包括翻译学者的分析）在意识形态上是中立的，而批评语言学否认意识形态中立或客观的现象，因而不存在这种误导，等等。我们不同意她的这种看法。与语言学途径相比，文化学研究更关注文学系统、社会系统的宏观变动以及意识形态在其中的作用，但这并不意味着他们把意识形态完全看成一个政治概念。事实上，他们对意识形态的看法也很宽泛，把它笼统看作支配人们思考和行动的思想框架（见 Lefvere 1992 的定义），只不过 20 世纪九十年代以来文化学研究从以往抽象的文化关注转向更具体的意识形态诉求,权力和操纵成为其研究的核心,性别和后殖民视角体现其具体的政治诉求和改革现实指向。翻译的政治性问题、各种意识形态竞争的问题在其研究中因而显得非常突出。然而,文化学研究的这种转变并不是由学院式研究单独促成的。在许多情况下,学者们的洞见只不过与实际翻译实践的价值观念和内容接合起来了。在当今复杂的国际斗争和文化斗争中,人们无法再将文化看成毫无问题的理想现实。而翻译实践的确在很多场合中受特定意识形态的推动,译者以及翻译组织也采取各种具有伦理意义的方式参与影响社会、与不平等权力关系斗争的抵抗运动中。对此,不仅仅是文化学学者的研究真实描述了这些事实,Baker(2005b,2006c)自己关于翻译与现有的控制格局抗争、当代译者协会的抵抗式翻译的研究也提供了有力的证据。有着强烈的文化诉求和改变现状的行动呼吁、强调为社会现实服务的理论一般都会显得较为激进。我们只能说,文化学途径研究将译本看作文化论争和意识形态斗争的记录而非单纯的语言转换或文学创作有其深刻的社会现实背景。

此外,文化学研究的途径侧重文化内和文化间现象的系统分析,自然没有过多采用语言学的分析工具,但大多数学者们对于翻译现象的分析也并未脱离语言分析,事实上,也不可能脱离语言分析,因为翻译是语言和社会的综合表现物。而语言学模式在关注文本语言现象与社会之间的联系时,有时也会因为局限于语言学术语的完善运用,而无法触及更多对文本外现象的解释,因而尽管的确为某些论点提供了足够的文本证据,一些模式未必就能提高自己深层次解释翻译现象的有效性。对于这个问题,语言学导向学者本身也有认识,如 Munday(2001:102)就认为 Hatim 和 Mason(1990)的研究虽然很有启发性,但研究焦点仍然以语言学为中心,只检验了术语和现象范畴而已。

5.3 语言学研究途径研究方法的改进

与以往相比，当代语言学途径研究在方法论方面发生了从规范到描述、从"微观"分析到"微观与宏观"研究的结合，以及从原文/译文对比分析到多元化分析的改变。本书将针对这些变化分别进行介绍和分析，并在最后以 Munday（2002：76-92）综合运用系统功能语法、语料库语言学技巧和社会政治语境分析的研究模式为典型例证来说明这些变化。

5.3.1 从规范到描述

早期语言学途径的研究几乎都是规定性较强的理论，学者们都是先对翻译现象提出理论化的规定（如以"对等"概念对翻译进行定义、对翻译类型进行划分等），然后再试图用实践中的例子来证明这些理论以及"对等"的重要价值。谭业升（2006：49-50）针对这种对比分析的循环论证结构进行了简要描述：形式或意义对等原则→以某种语言学范畴为中介概念分析某个选定的文本或某个段落，往往是费尽心思搜罗来的孤立的文本→证明了某一个译本在这一语言学范畴上和原文对等程度高→所以这一译本最好→所以对等重要。我们似乎预先就知道对等原则正确，所以在某一中介概念上对等的译本就是最好的。这种研究方法本质上注定不可能反映翻译的事实。

早期语言学途径主流研究的一个显著特点就是喜欢在论述中针对翻译提出"规则"和"原则"，告诉译者该做什么、不该做什么，具有高度规范性和约束性。学者们利用语言学的一些基本原理，对翻译过程进行严格的描述，对翻译的终极产品进行严格的鉴定，然后畅谈自己的观点和定论，旨在让所有翻译者在实践中能遵照执行。若采用不同的方式（即违反他们定论的翻译方式），便会扣上"不忠实"、"不好的"或是"误导读者"的标签。Jin和Nida（1984）就规定在译文正文中不能采用帮助理解的信息传递形式："一般的、详细的背景资料，当然可以用脚注或边注的形式附加，但不应纳入正文"，否则将造成"年代误植"或"让人以为在原本的信息传递中就必须有这样的解释才能让人明白"，以致"歪曲源文本的传意情景"（Jin & Nida 1984：105）。而Newmark则认定在功能效果对应得到保证的情况下，字对字的直译才是"最佳和唯一有效的翻译方法"（Newmark 1981/2001：39）。

这些规范性的论断当然也有自己的作用，如提供了译者在具体操作时可以采取的某些措施，但却没有看到或是不愿意承认生活中实际存在着各种各样的翻译方法，其中有符合这些规范性标准的，也有不少是不符合这种标准或者不完全符合这种标准的。这样，研究也就无从反映翻译的现实，因而也不可能对实际翻译活动有多少真正的指导作用。Tymocko（1999）曾挖掘这种规范倾向的根源，认为这主要是由于"翻译常常被人用一些超越时间（或译成'永远有效'）的语言规则来加以考察"（Tymocko 1999：25）。

20世纪九十年代后语言学导向的研究发生了明显的变化。许多学者的研究方式发生了改变。如Baker（1996b）在考虑将语料库的技术和工具用于研究翻译时，就指出"我们把翻译当作因为自身缘故值得研究的大量语言行为，不是为了批评或评价译本个体，而是为了理解翻译过程中实际发生的事情"（Baker 1996b：175）。即使是判定优劣，学者们也考虑文本运用的社会环境影响，并以具体的语言使用的详细描述和分析为基础（如House 1997）。因此，较之于早期规定翻译应该怎样去做的研究，当代语言学导向研究有了更加可靠的经验性基础。

学者们均认可，翻译理论的任务就是解释和预测现象，是描述性而非规定性的。Hatim和Mason（1990）认为Jakobson（1959：238）从语言学角度谈诗歌能否翻译的论述——严格意义上的诗歌

第五章 语言学途径研究新发展的理论趋向和实质

翻译是不可能的——过于"悲观"了。但他们并不想发表何谓最佳诗歌翻译的看法,而是提出"翻译研究的进步在于对翻译事实的分析"的观点。他们引用 Lefevere(1975)对诗体翻译七种不同策略的描述,认为这样的研究给人们提供了有用的框架,因为"在这样的策略背景下,可以根据译者打算获取的目标来判断翻译,而不是设定某种概念上的标准,规定何谓诗歌的好的译法"(Hatim & Mason 1990:13-15)。

而语料库研究学者 Olohan 针对翻译研究中运用语料库方法论也提出过非规约性的定位和设想:"对现有译本进行描述性研究的兴趣;有致于研究翻译成品中的语言,而不是研究对比语言意义上的语言;试图揭示翻译中可能的和典型的特征来理解翻译中的非常规性;进行基于语料库的定性和定量相结合的分析描述,主要集中描写词汇、句法和语篇特征;探讨不同类型的翻译在方法论上的运用"(Olohan 2004:16)。语言学家 Halliday(2001)也对此类问题提出自己的看法。他具体分析了翻译理论的类型,指出语言学家(此处也指语言学导向的译学家)和译者都很关心建立一种翻译通论,但解释的角度各有不同。对于语言学家而言,翻译理论是研究事物为何如此的研究:翻译过程的性质是什么?翻译中文本之间的关系是什么?对于译者来说,翻译理论是关于事物应该如何的研究。套用语法术语,语言学家的翻译理论是陈述性理论(declarative theory),而译者的翻译理论是一种命令式理论(imperative theory)(Halliday 2001:13)。

当然,这并不是说早期学者的研究中没有描述性的成分或20世纪九十年代以来的语言学途径没有规约性的研究(结构主义语言学途径一直都有论著出版)。但是,早期学者的描述性工作注重文本成分的客观描写和语法分析,而当代语言学途径主流研究注重的是语言使用的条件、动机、环境的描写与分析,而且对文本中语言现象的描写时把以上因素都考虑在内。

如 Mason 和 Serban（2003）对于译本中指示词的研究并不是仅对指示词在原文和译文中不同的使用进行客观描写，而是从社会交往视角研究这种语言手段变化对交际参与者之间的关系的语用影响。他们认为译者的语言使用手段导致读者和源文叙事中的事件以及参与者之间关系的重新配置，"持续改造译者/文本之间的关系"，使译者能创造"译者和读者之间的距离，或者相反地，亲近关系"，并且创造"相对于他们工作文本的自身定位"（Mason & Serban 2003：290）。

又如 Munday（1998）利用单词量高达一亿的英国国家语料库（British National Corpus）和单词量为一千万的联合出版社语料库（Associated Press Corpus）对从西班牙语翻译成英语的短篇小说进行了描述性研究。这种研究是从译者所采纳的规范角度对语言转换现象加以详细的描述和解释。初步研究结果显示，译文在"衔接"（cohesion）和单词顺序方面有明显的转换，Munday 分析这从总体上导致了文章的叙述视角从第一人称转为第三人称，从而拉大了读者对故事主要人物的思想、经历和情感的距离感。在对文本进一步的研究后，Munday 发现翻译中的转换还牵涉到对源语文本主题展开方式的规范化、情景修饰成分的前移、更高的衔接度以及关系代词翻译的随意性等，他认为这是译者翻译的起始规范是译文可接受性的缘故。他的研究在相关理论指导下展开，并建立在对真实语料系统的语言描述基础上，因而得出令人信服的结论，即在语义、风格、语用等方面的细小转换可能导致译本在意识形态和语言的文本功能等宏观结构方面的变化。

5.3.2 从"微观"分析到"微观与宏观"研究的结合

早期语言学途径研究只限于狭隘的语言和结构分析范畴，忽视了翻译产生的社会文化动机因素，因而无法从整体上揭示翻译的真实面貌。而当代语言学导向的研究呈现出完全不同的

第五章 语言学途径研究新发展的理论趋向和实质

面貌，如论证翻译的"微观现象"与社会或社会"结构"在宏观层面的表现之间的系统联系（Mason 1994，Harvey 1998 等），将译本和口译语句的微观文本分析与宏观的社会交际分析结合的研究方法来补充已有的社会叙事的研究（Baker 2006b）等。本书在 3.3.3.2 小节中已经对语言学途径 20 世纪九十年代以来这种微观与宏观两层面结合的研究趋势进行过介绍和分析，并认为，这种微观与宏观结合研究的方法除了受 DTS 的研究模式的部分影响外，主要影响来自语言学内部，如互动社会语言学、批评话语分析研究方法的影响。

Baker 曾指出，"翻译语言显示了产生和接受语境中某些限制的作用。这些限制在本质上具有社会性、文化性、意识形态性和认知性"（Baker 1999：285）。因此，她认为这些限制可以从凸现的语言模式或特征加以解释。Baker 的看法其实代表了大多数语言学导向学者的某种观点，即译本是译者进行语言选择后的结果，而选择背后有深刻的动机和驱动的条件，将研究的视阈延展到翻译的外部，在语言分析时把译本生产与其发挥作用的文化背景纳入研究视野，就可以有效地揭示制约翻译行为的因素，揭示翻译的一些真实面貌，说明翻译的成因和效果。

这样的研究方式把语言行为的细微本质特征与文本产生和接受的语境联系起来。研究一般是回溯性的，即分析者从特定文本中识别出来的语言选择入手，把它们与策略性功能联系起来，同样试图回答为什么某些特定词汇、词组或结构被选用而不是采用选择的问题。在语言学途径研究中，既有采用 CDA 视角利用话语分析的工具对译文产生的社会成因和效果的分析（如 Mason 1994，Calzada 2001），也有依托 DTS 构建的宏观理论框架进行的微观分析（如 Munday 2002b），并不乏借助其他社会宏观理论框架进行的语言分析（如 Harvey 1998，Baker 2006b）。

以 Schäffner（1997，2004a，2004b）翻译隐喻的分析研究为例。她发现译者在微观层面上的选择可以对国际政治话语，同样包括政策制定产生特别的效果。如关于欧盟建立核心国的议题讨论中，有这样一句很重要的描述和比喻，其翻译引起了不小的外交和政治风波。

德文："Wir haben immer das Bild des magnetfeld gebraucht: Der Kern zieht an und stößt nicht ab."（Der Spiegel 12 february 1996）

英文：We have always used the image of the magnetic field: the magnetic core attracts, it does not repel.

（Schäffner 2004b：126）

中译文：我们总是采用了磁场的意象：磁核心产生吸引力是无法抵抗的。

关键词"磁核心"的表述在源文和译文中各不同，德语源文来自"ein fester Kern"（坚硬的核心），英语词语来自"hard core"（核心的、无条件的或（黄色作品）赤裸裸描写性行为的）。而前者在德语中是正面意思，有坚定支持欧洲团结之意；后者在英语中却带有负面、贬义的含义，指粗俗、不道德和难弄的人或事情。从翻译角度看，可以说译者只描述了比喻性的表达方式，而没有深思其后的概念性比喻，导致方向性的比喻（拥有控制权就是处于中心）转变成了结构性的比喻（欧盟是磁铁），结果是英国和德国之间出现政治驱动的一场激烈争论，英政府强烈反对欧洲出现把自己的思想强加于其他成员国的核心国想法（尤其针对德国）。

从"微观"分析到"微观与宏观"研究的结合方式不但极大地丰富了语言学途径研究的内容，也使语言学途径的研究把重心从文本内部组织机制转向翻译的建构功能。这种把语言分析与社会语境宏观考察结合起来的方式极大提升了研究的有效性,在揭示社会文化、意识形态和权势关系特点与语言特征,包括词汇、语法结构等各层次的对应关系的同时,也为翻译的社会文化功能的理论研究提供了坚实的论证依据。

5.3.3 从译文和源文对比分析对语料的多元化分析

早期语言学导向的研究主流倾向于对特定的两种语言进行对比分析,然后指出翻译时可能出错的地方或试图归纳翻译的普遍性策略来指导实践。而当代语言学研究受更宽泛的翻译观和符号学的影响,研究方式不但转向描写、微观文本分析与宏观语境分析的结合,以往对语言系统的特征对比分析也扩展到非语言现象与语言现象的符际转换研究。在语料库翻译研究领域,Laviosa(1997)针对对比语料库中成分的可比较性问题,提出根据文本分类以外的建库标准来描述翻译语料库,如采用标题文件记录文本个体的超语言信息,包括翻译方式、翻译方法、与译者母语相关联的翻译导向、被翻译的源语以及文本的出版状况,等等,以此辅助对语料的语言成分分析。而在影视字幕翻译(Hatim & Mason 1997, 2000; Fawcett 2003; Baker 2006a)研究中,副语言现象、非语言现象更是纳入考察的重点。

字幕翻译是一种特殊的语言转换类型,是将口头语语料浓缩为书面译文的翻译实践。Hatim 和 Mason(1997, 2000)分析了字幕翻译中语言现象和副语言现象复杂交织的状态对语言转换造成的影响。如从言语到字幕的转换过程中,言语的一些特征如非标准的口音,用于强调的语调、风格的转换,话语权的交替等是不能够在字幕语言中表现出来的;有限的屏幕空间加剧了阅读的难度,同时由于字幕所提供的语言信息要与视觉形象协调一致,进一步造成源文本的缩减,一些信息会丢失,而读者也无法从不断变更的字幕中重获信息,等等。他们针对法国影片片断,从礼貌原则角度对字幕翻译进行分析，并探讨相关翻译策略。Fawcett（2003）则不同意影视翻译单纯受技术限制（如空间对字幕的限制）的观点。他在《电影翻译中的语言和文化操纵行为》（"The Manipulation of Language and Culture in Film Translation"）中对法语电影字幕的英译小型语料库进行分析，认为字幕翻译中起主导作用的技巧（如规范化、压制、平整化和删除等）实际上还受意想的读者的影响，受道德、政治、法律因素的影响，也受译者对自己任务以及任务目的理解的影响。所有这些形成了翻译中意识形态的集合，并通过译者的行为以丰富的形式表现给观众。Fawcett 强调译文倾向于译语语言文化习惯的规范化特征并非完全是规约性的，在一些情况下取决于译者的个人喜好，因此译者的个人能动性应引起研究者的注意。

此外，尽管该途径研究仍大量采用对比分析方式，但对比的对象也发生了很大变化。它可以是源文和译文的对比分析，也可以是将译本与同类型的译语文章进行对比，进而发现独特的翻译语言特征。其中，前者看起来似乎与早期研究形似，但实际上是对比译本与源文中的实际语言使用，与早期研究中对不同语言系统特征的对比研究完全不同。如在翻译研究中，最早使用"转换"（shift）这一术语的是 Catford，它指在翻译过程中出现或可能出现的变化。但 Catford 主要是从对比语言学的角度探讨翻译中发生在语法和句法层次上的不同语言体系之间的抽象的语言"转换"现象，而九十年代以来的译学研究，如语料库研究，有致于研究翻译成品中的语言，而不是研究对比语言系统意义上的语言（Olohan 2004：16）。换言之，尽管都是对比，但以往研究关注的是两个语言系统的特征对比，而在描述性翻译研究观照下的语料库研究关注的是翻译语言本身的特征、译者个人方言变体和性质以及解释这些翻译特征形成的诸多复杂因素。而将译本与同类型的译语文本进行对比主要出现在单语对比语料库研究中。它被用来比较译文文本与非翻译的译语文本的语言模式，研究翻译专有的语言现象和特征而不去考察源语语篇。这种研究方式在探索特定历史、文化、社会环境中的翻译功能，探讨翻译文本的性质、译者的个人风格、源语对文本类型的影响以及对译语语言影响方面已经取得重大成果。Baker（1995）曾从学科建设的意义上评论了这种语料库的意义，认为它可以实现翻译研究的焦点彻底转移（从源文译文关系到只关注译文特征）。目前，语言学途径中源文与译文对比研究的思路仍被广泛应用，如 House 的评估模式（1997，2001）。而且，许多学者对单独使用单语对比语料库提出不少批评，如 Bernardini 和 Zanettin（2004）认为这样不易区分因语内比较和语际比较所造成的不同类型的翻译普遍性，而 Kenny（2005）显示平行语料库的使用可以弥补对比语料库研究中因排除源语文本可能造成的缺陷，等等。但是即使这样，他们的研究也不是重新回到源语与译语文本二元对立的老问题上去，Kenny就专门强调过平行语料库中的源文和译文对比研究是为了进一步探究"通过平行语料库来完善翻译现象的综合研究方法"（Kenny 2005：157）。

其次，学者们对译文的副文本（paratext）专门研究日益重视。早期的研究一般是对源文和译文正文文本的比较，很少关注译本其他方面的语言特征，而当前一些研究也将副文本纳入考察的范围（如 Harvey 2003，Baker 2006b），对不同版本译文中的这些现象进行调查。副文本的研究早已在 DTS 研究中得到广泛重视，但在语言学途径研究中，内容简介、出版说明、序言、后记乃至书名、封面和书中的照片、影视截图等"副文本"语料以往并未引起重视。"副文本"的研究以 Harvey 在《"事件"和"视野"：阅读译本封皮中的意识形态》（"'Events' and 'Horizons'：Reading Ideology in the Bindings of Translations"）的研究较为典型。他集中分析美国 20 世纪七十年代末期的三部同性恋小说的法译本的封皮部分(包括书名、封面照片和封底内容简介)所包含的意识形态问题。他把译本封皮作为观察相互对立的意识形态的窗口,并采用符号学方法对三个译本封皮的不同预期读者的期待视野进行分析,认为翻译策略的选择取决于译者对异域性文化的认识。不过,Harvey 并不认为译者对封皮翻译拥有完全的主宰权,而是由展开翻译活动的人和机构合作而形成的结果,即包含译者、编辑等多方面的动力,在产生的过程中经历了多种意识形态的相交与妥协。

5.3.4 体现研究方法转变的典型研究案例(Munday 2002b)

Munday(2002:76-92)曾建立了一个将系统功能语法、语料库语言学技巧与更广泛的社会文化和社会政治语境结合在一起的翻译语料库分析模式。其语料库研究的着眼点不仅落在语言结构的形态分析上,更强调了要把语言的句型分析同译者、译者的思想社会以及文化语境联系起来。

Munday 设计了一种具有可验证性的、可重复的分析原文和译文的模式。他的研究遵循 Toury 的描述翻译研究三步骤法:1)研究译文在目标文化中的可接受性;2)比较原文与译文,发现两者之间的对称与非对称的关系;3)发现、概括其中蕴涵的翻译观念。但他认为在第 2 步骤的分析还欠缺相应的系统严谨的理论支持,而且第 3 步骤中概括的规律应该放入更大的语料库中进行验证,以便找出翻译规范或翻译行为的规律,因此他在描述研究模式中添加了系统功能语法和语料库手段。不过,他并非用语料库去验证某个理论假设,而是将语料库调查中发现的问题置入系统功能语法框架和社会文化研究框架中进行分析,得出合理的解释和推测,从中发现翻译策略背后的社会动机和原因。

Munday 的研究思路是首先分析源语和译语文本所处的语境,继而通过句子长度、词类/词次比率(type token-ratio)和频率表等不同的语料库分析方法来确定文本中应加以更详细考查的一些方面，然后借助 Halliday 的系统功能语法分析方法将这些方面与文本的三种元功能（概念、人际和语篇功能）相联系，以此识别在翻译过程中所发生的重大变化并在文本所处的社会文化语境框架下对这些变化加以解释。Munday 的语料库较小，而且关于社会文化语境的分析显得有点薄弱，但却开启了基于语料库的翻译研究新思路。

Munday 调查的文本中，源文是由 Gabriel García Márquez 用西班牙语写的文章，关于一个 6 岁古巴男孩 Elián González 1999 年偷渡去美国途中被海上搭救后，迈阿密的母亲一方的亲戚与想带他回哈瓦那的父亲争夺孩子抚养权的故事。译文是登载在《卫报》（*Guardian*，缩写为 Gd）和《纽约时报》（*New York Times*，缩写为 NYT）以及有古巴团体背景的《格兰玛国际报》（*Granma International*，缩写为 GIn）上的三篇不同的文章。Munday 利用语料库手段初步发现一些违反翻译常规的现象，调查的一些重要数据如下：

源文与译文的词句统计（Munday 2002b: 82，陈浪译）

	源文	《格兰玛国际报》	《卫报》	《纽约时报》
字数（词量）	3146	2998	2396	1621
不同词语（词型）	1097	1059	866	621
词类/词次比率	34.87	35.32	38.16	38.31
平均句长度	28.34	24.37	21.59	20.26

通常由于明晰化的缘故译文都会比源文要长，但调查却发现源文比所有的译文都要长。除了古巴的《格兰玛国际报》翻译的文本长度与源文差不多，其他两个来自英国和美国的报纸上的译文要短得多，尤其是《纽约时报》的译文几乎在长度上少了一半。Munday 采用系统功能语法对翻译中文本的元功能变化进行考察，

结果解释了长度缩短的意识形态方面的可能原因，如源文中反美国的情绪在《纽约时报》译文中受到不同的处理，并被大量删除。Munday 将《卫报》的译文与源文进行对比，在概念功能方面，发现译文采用被动态大量省略源文中施动者主语，造成源文中暗含关于相关人员责任指责落空；在人际功能方面，译文省略许多迂回表达方式，将源文中情感要素移走，使文本读起来更加事实化（factual）。同时，译文省略许多情感色彩的形容词，大大减少了文本在人际功能方面的煽动力。如孩子在古巴的父亲在源文中被称作 "de buen carácter"（好脾气的），在译文中变成 "laidback"（随便的人），又如，迈阿密的亲戚在源文中是 "anfitriones interesados"（自我本位的主人），在译文中仅为 "Host"（主人）（Munday 2002b：86）。最明显的一个例子是《卫报》在描述孩子 Elián 当初从再婚的父亲处被带走偷渡的情况时完全省掉源文的某个修饰从句（其意暗含对那位偷渡的母亲可能毁掉孩子幸福生活的指责，尽管这位母亲本身在偷渡过程中不幸溺水身亡）：

西班牙语源文：Juan Minguel, por su parte, se casó, más tarde con Nelsy Carmeta, con quien tiene un hijo de seis meses que fue el amor de la vida de Elián hasta que Elizabelth se lo llvó para Miami.

英语译文：Juan Minguel had married Nelsy Carmeta：the couple have a six-month-old baby. （Gd）

而古巴的《格兰玛国际报》则将从句完整地翻译出来："a six-month-old baby who was the love of Elián's life until Elizabeth took him off to Miami"（同上：86）

中译文：在母亲 Elizabeth 将 Elián 带往迈阿密之前，父亲再婚的 6 个月大的宝宝一直是 Elián 的最爱。

Munday 认为《卫报》这样的省略势必会影响对海峡两岸的家庭成员品德的不同看法（赞许或是否定）以及整个事件对孩子利益是危害或是维护的判断。

第五章 语言学途径研究新发展的理论趋向和实质

在语篇功能方面,《卫报》译文大量添加标点符号,将源文的大量长句变为短句,其效果是译文语体显得更为正式,但作者 Márquez 的长句写作特征也因此消失,尤其是他对连接词"y"(and,和)的大量使用,从而造成译文与源文在句子结构上的巨大差异,以及由此引起的读者阅读期待方面的可能落空(同上:89)。分析还发现,涉及国家名称时,在源文使用同义字的地方,译文多采用同一词重复的方式,因而译文衔接性增强,但这也造成叙述事件的视角和立场改变。如源文中美国被称为"la ostra orilla"(the other shore,海岸另一边),古巴是"la revolución"(革命地),而在《卫报》译文中,前者直接用美国名"U.S."表示,后者则从含有正面意义的革命之地变成了具有独裁意味的"Castro's Cuba"(卡斯特罗的古巴)。在分析《纽约时报》的译文内容时,Munday 发现删减省略的内容主要有两类,一是地理名称,如那位母亲工作的地点,二是原文对古巴与美国关系的探讨,以及大约 800 字的关于该事件对 2000 年 10 月参加美国总统竞选的候选人 Al Gore 可能造成的政治影响的评论。Munday 认为有很多可以解释这些变化的理由,如译者的翻译方法失策,以及由于媒体空间限制造成的删减措施,但问题是为何最终删减的是这些部分,而不是源文中的其他内容。他因此倾向于从意识形态角度解释,认为美国的报纸不愿被政治对手利用,这些翻译策略可能由于出版商或译者试图在读者脑海中制造事件的不同面貌的意图所致,而且这样也可以解释古巴的报纸为何对源文进行全译,并且保留反美的相关评论部分。Munday 对自己研究的局限也进行了反思。他指出要得出关于这类调查的合理结论,还应该采访新闻编辑或译者,了解和证实他们在意识形态方面的考虑。同时,由于系统功能语法受语对范围的限制以及调查的文体限制,用于其他语言配对或者其他文体考察时,运用该模式有可能出现不同的结论。

Munday 的研究具体采用的是自下而上的典型的语料库研究

方法（bottom-up approach），但却是在自上而下的（top-down）社会文化分析框架中进行的，没有以往研究的"先入为主"之嫌，但又显示了将语言分析置于文本所在的广大社会文化语境中可能取得的成果。他的研究反映了语言学途径学者在方法论上的不断思考，研究基于语言分析，但侧重描写、微观与宏观结合，采取多元化视角和手段。一方面，与传统的翻译研究相比，对比分析不再仅限于源文与译文的对比，而是延伸至译文与译文之间的对比。另一方面，基于语料库的新型语言分析手段在语料提取和使用上更加便捷，可以迅速揭示一些传统描述方法无法观察到的语言形式和用法，而且定量与定性分析相结合的做法也显示了在社会文化框架下语言学途径研究的巨大发展潜力。

5.4 语言学研究途径研究用途的拓展

5.4.1 译员培训、翻译评估等传统领域的深化发展

由于翻译根本无法脱离对语言和文本的分析，因此语言学途径一直以来在翻译教学领域应用广泛。同时，由于翻译能力测试一直是教学中的重要环节，语言学途径模式因此也在翻译评估领域占重要的份额，如，尽管存在种种局限，迄今为止，House（1997）的模式仍是为数不多影响较大的翻译评估模式。

语言学导向的学者通常在自己建模之后会思考模式在教学中应用的可能性，House（1997）就专门指出自己的评估模式在教学中运用时须注意的问题。而 Baker（1992）的《换言之》本身就是一个用于翻译教学的教科书。她强调"除了目前混杂直觉和实践的活动外，译员还需要其他方面的训练，以便能够对自己的工作以及如何去做工作进行反省"，因此翻译若想要成为真正意义的专业，就不能"低估这个领域里需要正式专业培训的价值"

第五章 语言学途径研究新发展的理论趋向和实质

(Baker 1992: 2)。

与以往将翻译视为语言教学的练习方式不同,当代语言学途径研究大多专注于翻译专业教学本身,并强调翻译能力和语言能力不同、翻译教学途径以及翻译能力的多元化等观点(Schäffner & Adab 2000)。在肯定语言学途径在教学中的价值的同时,学者们也不排斥其他途径对教学的促进作用,甚至专门强调多途径理论来源对教学的重要性。Baker(1996:16)指出文化学途径的引入可以对一直依赖语言学途径的教学领域进行有益的补充,如提升翻译职业自豪感,培养译员的责任心,从全球化的视野来看待制约翻译活动的因素,等等,何况对翻译赞助人方面知识的了解也不可能从语言学那里获取。Calzada(2004)则将翻译理论中不同途径的研究融合在教学大纲中。Schäffner 和 Adab 在《发展翻译能力》(2000)一书中指出,应当使学生在一开始翻译时就注意翻译情景的宏观层面以及涉及的文化问题,而不是一头扎进源文只看字词现象。关于翻译能力的研究,他们认为应当解决三个问题,即清楚定义相互关联的翻译亚能力,它们是翻译培训项目的根基;提供课程内容发展的实际指导以便发展学生的翻译能力;利用清楚界定的一套标准来评估翻译能力。在《翻译以及翻译培训中的话语分析》(Schäffner 2002b)中,学者们就话语分析能否有效地应用于翻译教学展开了讨论,但最终并未取得一致的看法。尽管大家都同意 Trosberg 关于话语分析手段对翻译教学有用的观点,但也有不少学者强调仅仅借助对语言学某个领域的知识移植是无法完善翻译教学的,而且语言学领域本身也还存在一些待解决的问题。如 Schäffner 就指出系统功能语言学和话语语言学对于一些术语理解不一样,因此很容易造成人们具体使用上的误解(同上:57)。

除了教学概念上的探讨,学者们也没有忽视教学大纲制定、教学效果评估以及教科书的编写等问题。Hatim 和 Mason(1997)

对此进行了思考并提出了建议。他们探讨了与译文质量评估、翻译批评和翻译质量管理不同的翻译表现评估问题，认为目前教学的主要不足是缺乏有关文本选择、考试设置、错误界定和客观评分的标准。对此他们提出，在教学中应当根据罗列译员能力参数的清单来创建记录学生进步的教学日志，用于最终翻译测试评估。对于译文质量，他们认为语篇层面的错误和话语层面的错误通常比句子层面的错误要严重得多，因此建议采用侧重语境的分析模式来识别和处理翻译中的错误。他们提出了一个重要问题，即"在什么样的基础上我们才能更有效地保证译员培训材料的选择、评分和呈现？"(Hatim & Mason 1997：179)，并借此建议以他们三维模式（1990，1997）中的重要概念（语篇、话语、文类）入手解决这个问题。他们设计了一种基于语篇类型的翻译教学方案，为高级翻译培训设置的课程内容主要遵循从静态到动态语篇练习的顺序。课程从一开始的"明显属于某个体裁的静态、非评价性的语篇"翻译练习，逐渐转向更为"动态"的语篇翻译训练，直到最后评价性、混杂语篇的翻译练习。这种阶段性地利用不同语篇材料对学生进行训练的课程设计在 Hatim（2001）的《翻译研究与教学》中得到进一步说明。尽管没有涉及任何具体的教学方法方面的探讨，但 Hatim 关注到翻译教学领域的一些争论，并借用 Pym 的非对错两分法观点分析了翻译中的错误类型，探讨采用语篇类型作为教学手段和课程设计依据的问题。在翻译课程具体设计方面，根据三维模式中符号层面三因素（文类、话语、语篇）以及语篇类型（教导型、说明型、议论型）是否为有标记的表现，设计了不断深入的三阶段课程，即基于无标记语篇的练习阶段，基于无标记语篇、话语、文类的练习阶段，基于有标记的语篇、话语、文类的练习阶段。

此外，西方国家越来越多的机构利用语料库进行译员培训，并取得了不错的效果（Laviosa 2002：101-108）。信息量大而又具

第五章　语言学途径研究新发展的理论趋向和实质

备有效搜索程序的翻译语料库为外语教学领域提供大量的小说语言的学习资料,并被利用作对比语言研究,同时还为词典编纂提供巨大的资源。可以说,语料库翻译研究在翻译教学领域展现了巨大的实用性和开发潜力。语料库可以使翻译教学的语料更加真实,而且语料库的语料一般由电子版本构成,可供教师和学生重复使用,因此极大丰富了翻译教学的形式,改变学生的学习方式和教师评估的渠道。Zanettin(1998)曾将语料库应用于意大利语—英语的翻译课堂教学中,发现双语语料库可以用来设计很多有利于学生自学的课堂活动,学生不但可以从中加强对原文的理解,而且还可以发展译语语言能力,完成语感流畅的译文。Zanettin(1998)围绕一些话题进行了具体例证,如利用比较语料库进行翻译、学习术语和理解内容、研究文本(即利用语料库调查特定体裁或话题作为译前和译后课堂活动)等,从而肯定了语料库翻译研究对于翻译工作坊的教学设计的重要价值。2003年他还与人合编了《译员教育中的语料库》(*Corpora in Translator Education*)一书,专门探讨各类语料库在翻译教学中的可能应用。Olohan(2004:168-175)则在"译员培训语料库"章节中介绍Botley等编辑的论文集《教学与研究多语语料库》中的不同论文,说明如何运用平行语料库来进行翻译和语言教学。学者们认为语料库在译员培训中具有重要意义,它不仅是词汇和术语的重要资源,而且能提供有关话语结构、语篇类型惯例等信息。此外,语料库技巧也是培养译员翻译技能的一部分。合格的译员除了具有良好的语言能力和文化知识外,有关计算机原理、网上资源、搜索引擎等基础知识也要掌握,而且最好通过教学掌握一整套语料库技能。其中Peason(2003)采用平行语料库提供翻译策略参照库,为语言学习者、受训译员利用专门用途语料库提供了切实可行的方法。通过这个平行语料库,经验欠佳的译者可以较为清楚地了解经验丰富的译者在协调原文和译文时所采用的策略(如本土化、省略等手段),从而给他们今后的翻译实践提供帮助(Olohan 2004：169),而 Peason(2003)、Bowker(1999)认为,比较语料库可以为学生和老师提供有用的资源,如检查术语和搭配,识别语篇类型的具体形成模式,使直觉得到证实,解释某种解决问题的方法的合适性(同上:172)。

5.4.2 用途的拓展:文学翻译领域

在 20 世纪七十年代以前,90% 以上的生活语言都因为"语言偏差问题"而被语言学界弃之不用(Lakoff 1982)。创造性强的文学语言更是被看作语言偏差现象——人们认为文学创作的世界毫无客观性可言,不适合语言的科学研究。在《翻译的语言学问题》一文中,Jakobson 曾谈到诗歌翻译的问题,表达了形式主义的思想,即诗歌的意义在很大程度上是依赖诗律来传达的,而诗律本身不可移植,因此,不论是语际翻译还是语内翻译,诗歌都是不可译的,只能是创造性的移植:"诗歌从定义上来说是不可翻译的。只有创造性的转换是可能的:要么同一语言内部的转换——从一首诗的形式到另外一个,要么语言间的转换——从一种语言到另外一种语言,要么语言符号间的转换——从一种符号体系到另外一种,比如,从语言艺术到音乐,舞蹈;电影或者绘画"(Jakobson 1959/2000:118)。Jakobson 紧接着对著名的意大利谚语"Traduttore, traditore"(翻译即叛逆)进行了分析,指出它在翻译时可能丧失的全部双关价值,并就此提出疑问:"翻译的是什么信息?背叛的是何种价值?"(Translator of what messages? Betrayer of what values?)(同上:118)

Jakobson 对诗歌的不可译性的论述在很长一段时间内限制了语言学派理论研究适用的范围。对于立足于语言学的译学研究者而言,诗学和美学特征强烈的许多文本现象是无法仅从语言角度进行解释的,因此他们的研究一般会避开具有强烈创造性特征的文学翻译领域。如，House 用自己创建的基于对等概念的翻译评估模式评估译文时，就曾专门引用 Jakobson 的这个观点作为排除文学翻译体裁的样本的理由——"在诗学美学主导的文本中可译性有了限度，译文不是翻译，而是创造性的移植"(House 1997：48-49)。

20 世纪七十年代语言学发生重大变化，语言学家重新开始考察生活语言、语言系统和翻译理论之间的相互关系。而在译学界，到了 20 世纪八十年代后期，Vermeer 指出，文学与非文学没有本质的区别，只有程度上的差异(Vermeer 1986：35)，而 Snell-Hornby（1988：51）则专门强调了"在普遍意义上消除文学语言与非文学语言的区分，在个别意义上消除文学翻译与非文学翻译的区别"的研究立场。这些观点对语言学途径研究产生了影响。Hatim 和 Mason（1990：2）就强调了拓宽研究视野的必要性，反对画地为牢、限制研究对象。他们指出，"文学"与"非文学"两者的界限是人为设定的，事实上为系统区分文学话语和非文学话语而设定标准是非常困难的。而一旦把语篇看作社会体系中发生的交际交易，那么关于翻译的视野就会变得开阔，不仅仅局限于某一特定领域；同时，从译者最终目的实现程度而不是从完全可译性角度来考察诗歌翻译，人们就可以摆脱长期以来毫无结果的争论——"（翻译研究的）进步在于对（翻译）事实的分析"(Hatim & Mason 1990：15)。20 世纪九十年代的其他研究中，我们可以发现一些语言学途径的研究不再像以往语言学派学者那样把文学作品视为艺术品，而是视为社会语篇、政治现象、意识形态的作用物，将其自然地纳入研究和应用的范围（如 Mason 1994，Harvey 1998 等）。21 世纪以来这种倾向更加明显。Baker（2000b）研究译者风格的语料库主要由小说和传记组成；Harvey（2003）关于意识形态与语言使用之间关系的研究就是基于同性恋小说翻译的基础上进行的；Mason 和 Serban（2003）也以罗马尼亚文学作品的英译文为语料，分析其中指示词的系统变化，研究译者在语言方面的干涉措施及其语用影响。这些研究与传统的语言学派研究最大不同之处，除了研究方法不同外，研究对象也完全不同，主要依赖大量文学翻译作品的语料分析。此外，语料库手段也被鼓励应用到文学翻译的实践中。Olohan（2004：180-183）在"翻译实践中的语料库"章节中论证了这种方法的可行性。她认为文学翻译工作者可利用语料库的技术发现特定的文学手法，从而认识原作者的写作风格特征，将其纳入自己的翻译构思中。而译者风格的某些方面也可以通过比较语料库的研究得以发现，从而为分析者的研究提供信息。

第六章　当代语言学途径翻译研究新发展的启示

6.1 从新发展认识语言学途径研究的历时变化

我们在引言部分曾举例说明，受信息的限制，语言学派理论在国内许多学者心目中仍然是 20 世纪六十至七十年代崛起的科学派的一些理论。他们言必 Catford, Nida, Newmark，但这些学者的理论早已不能代表语言学途径翻译研究的现状了。本书第 3 章中的大量例证显示结构主义的语言学模式不再受到人们的青睐后，语言学导向的研究并未因此停滞不前。20 世纪九十年代以来，以语言学为背景的翻译理论家不断拓宽自己的视野，尝试借鉴语言学的特定分支或特定的语言理论，创建种种分析和描写翻译的理论模式，在探讨翻译语篇问题的同时也揭示世界观、意识形态或权力运作对翻译过程和行为的影响。

相对于早期的语言学导向研究，20 世纪九十年代以来的语言学途径研究自有传承之处，如研究中一贯坚持语言学研究传统。学者们将非语言因素纳入研究的视野，但研究的切入点和基本出发点始终是语言分析，尽管与早期研究相比存在言语层面和语言层面侧重点的不同。而且，和早期学者一样，当代语言学背景的研究学者也乐于反复强调，无论何种类型的翻译，也无论何时何地的翻译，都离不开对文本语言的分析和解释。但在更多方面，两者呈现较大的差异。

首先在看待语言与社会的问题方面,当代语言学背景的许多重要学者与早期学者出现分歧。早期语言学背景译学家是把社会纳入到语言中来(如 Nida),认为语言中含有社会因素,翻译中的语言反映不同社会文化的特色,但语言不等同于社会,翻译研究的任务只是通过语言分析来尽力认识翻译中语言使用的规律。而 20 世纪九十年代以来,尤其是 21 世纪以来,语言学导向的主流研究开始出现较大转变。许多研究者将语言纳入社会之中,认为语言既是交际的工具,也是控制的工具;语言产生于社会并同时构建了社会现实。一些重要的语言学背景译论家不再如以往语言学派那样把翻译仅仅看成语言转换的过程,也不认为译者只是简单地激发和应用已有知识框架中的信息进行相关的语篇再现。在他们看来,翻译是译者根据语境和语篇特征,综合自身意识形态立场,有选择、有策略地激发和应用相关背景知识去斡旋调解交际的进程。从他们的理论框架和具体分析中,可以发现对翻译和社会关系的新认识——翻译是体现和推动社会的重要力量:翻译中的语言是社会生活的有机组成,不但反映社会现实,同时也构建社会现实(见 3.3、4.3.3、5.2.1)。

其次,由于学者们对意义和翻译的看法发生了变化(见 5.1、5.2),当代语言学途径的研究范围也得以拓展到文学翻译领域(见 5.5.2)。对新闻媒体翻译的热切关注(见 3.3.1)也是早期语言学途径研究中不常见的。早期语言学派研究认为"意义"和"现实"能够从语言中分割出来,学者们把交际当作一种通信,即信息发送者和接收者使用一套代码传递或交换信息的过程。从这种完全可译性立场出发,翻译被视为传递文本中的意义的过程,翻译就是对源文信息的转换。而创造性强的文学语言,由于复制性差,往往被视为特殊的语言偏差现象被排斥在研究范围之外。但 20 世纪九十年代以来,许多重要的语言学派代表学者认为翻译交换的是交际价值,而交际价值指"在交际语境中从语篇层面获得的意义合成"(Neubert 1992:24)。他们明确承认翻译创造性的一面,多从译者最终目的的实现程度而不是从完全可译性角度来考察翻译。该途径的研究领域因此变得更加开阔,文学作品不再如以往那样仅仅视为艺术品,而是更多地被视为社会语篇、政治现象、意识形态的产物,自然地纳入研究和应用的范围。

此外,当代学者往往把语言意义的理解纳入语言的整体性分析中,语义分析开始呈现社会化的倾向,不少个案研究出现科学解释与人文理解并用的现象,而非早期研究中对"科学性"的一面倒的强调。这主要反映在学者们在语言分析时倾向于把译本生产与其发挥作用的文化背景纳入研究视野,把针对文本的语言学分析与社会语境宏观考察结合起来进行研究,等等。这种把语言行为的细微本质特征与真实社会语境中使用者的意图和目的、文本产生和接受的语境联系起来的研究思路极大提升了研究的有效性,在揭示社会文化、意识形态特点与语言特征,包括词汇、语法结构等各层次的对应关系的同时,也为人们探索翻译的社会文化功能提供了坚实的论证依据。

从本研究的整个论证过程来看,当代语言学途径研究的历时变化具体还表现在以下几个方面。

1) 理论来源的类型发生变化(见 4.1、4.2、5.1)。早期语言学派理论来源相对单一,主要借助某一传统语言学的理论分支或特定语言学理论中某个观点进行研究。而 20 世纪九十年代以来的语言学导向的理论来源呈杂合化特征,多根据翻译的实际研究需要,选取若干个泛语言学分支的成果进行整合,同时也借鉴其他译学途径研究的成果。不少学者认为语言学与翻译学各自有自己不同的学科发展动因与研究重点,如果不加取舍修正,完全借助某种语言理论来描述和解释翻译现象是行不通的。可以说,语言学与语言学途径翻译研究之间的关系今后更多是朝着互动补充的方向发展，而不仅仅受制于早期研究中那种简单的源头－支流的关系。

研究对象和研究目的发生了较大变化（见 4.3.1、4.3.3）。早期语言学派多考虑语言形式方面句子以及句子以下层次的对等问题，忽视了语言的交际功能和实际运用，探讨的大多是语言系统之间的结构对比，而非真实的翻译交际活动。由于一些学者们讨论的仅是脱离语境的句子而非真实的翻译语篇，结果翻译中的问题往往成了语言间形式范畴不对应之类的问题。而且早期学者主要将翻译看作自足的产品而非译者决策过程，对源文和译文比较分析存在漠视翻译过程的倾向。而当代语言学派学者在研究中非常关注语言的实际使用以及翻译语篇的使用者之间的关系，并以"人"与"人"的关系为线索考察"言语"使用的变化以及翻译生成的可能过程，与早期研究关注的"语言"抽象系统之间的对比研究有很大的差异（见第 3 章、4.1、4.3.3.2）。21 世纪以来，语言学导向研究中将微观文本分析与宏观社会话语分析结合的研究越来越多，明显体现了一种双向研究的思路，不但涉及对翻译中的语言的描述和分析，揭示文本"微观现象"与社会或社会上的"结构"在宏观层面的表现之间的系统联系，同时也论证和揭示翻译的社会建构功能和机制。研究目的也不再像早期语言学派那样侧重于一般性的翻译策略的归纳或制定普遍性的翻译标准，而是聚焦于影响译者语言模式特征的文化、文学和意识形态等翻译规范所在，以及翻译作为一种独特的文化语言现象的功能和作用，甚至是提高译文受众者的语言文化批判意识，促进人们对翻译活动本质的深入思考。

3）当代语言学途径研究的研究方式也发生了一些变化（见 5.3）。与早期研究相比，出现从规范到描述、从"微观"分析到"微观与宏观"研究的结合，以及从原文/译文对比分析到多元化分析的改变。学者们的研究仍基于语言分析，但多采用描写、微观与宏观结合、多元化视角分析等方式。一方面,与传统的翻译研究相比,对比分析不再仅限于原文与译文的对比,而是延伸至译文与非译文之间的对比。另一方面,语言现象与副语言现象的结合分析、定量与定性分析的结合(如语料库翻译研究)等研究方式也展现了语言学途径研究巨大的发展潜力。

6.2 从新发展重识语言学途径研究的价值

20世纪九十年代以来,译学界中"文化转向"的效应使人们高度关注语言之外的翻译现象研究,但语言学途径研究并没有因此消亡。尽管面临种种指责和批评,学者们仍坚持自己的学术理念,不断学习、反思、拓展进取,而该途径研究也在这个发展过程中也逐步体现出自身对于译学研究的重要价值。

当代语言学途径研究扩展了早期研究的视野,其语言分析不但有早期学者对原文和译文字词句等文本微观结构的研究,还关注文本宏观层面,如衔接与连贯、文本类型、文类等的研究。更重要的是,学者们在语言分析的过程中开始把对文本分析的发现与文本生成的社会现实联系起来。可以说,语言学途径研究与翻译研究的整体发展是同步的,早已脱离早期研究探究如何译的技术问题的轨迹向一种将翻译视为社会活动、探讨译本的性质和功能以及翻译产品的社会影响的方向发展。当代语言学途径研究不是人们误解的仅关注文本内部的微观研究。它立足于文本的内部分析,但研究视点已经跳出文本之外,力图探询语言特征和与之密切相关的社会或心理层面的动因之间可能的联系。这样,语言学途径的翻译研究就不再是那种语言学意义上的语言研究,也不仅仅是语言学理论在翻译领域的简单延伸应用,而是一种翻译学意义上的研究,是从更全面的思考角度描述和解释翻译现象、探究翻译行为的动因乃至思考翻译语言行为对语境的反动作用。

与其他译学研究途径相比，语言学途径研究涉及的语言层次和语言范畴更加丰富，可以更加详细、系统地分析翻译中的语言现象。由于大多数翻译研究都以一定层面的语言分析为起点，因而语言学途径研究在提供语言证据方面说服力更强。尽管当今译学界研究课题和方法多元化，但语言学途径本身也在这种跨学科氛围下不断发展、深入，极大地拓展了视野，改进了方法，取得丰硕的研究成果，并为译学研究的全面发展不断提供新的思路源泉。本书对此已提供大量的例证，如 Hatim 针对 Venuti 异化论提出新的理论假设，即异化翻译的最佳效果可能是通过归化翻译获取的（Hatim 1999）；而 Mason 将"受众构思"的成分加入 Vermeer 的 skopos 概念中，扩充其内涵，并提出"参照团体"这一概念，使受众构思中的人际关系和文本的互文关系联系起来以深入说明翻译目的；而语料库翻译研究聚焦于与源语和译语无关的翻译语言假设模式的探索，"使翻译理论家有机会专注研究对象，并得以探索其研究对象何以与诸如普通语言研究、其他类型文化互动等别的学科研究对象之间存在区别"（Baker 1993：235），等等。更何况现代语言学本身的发展变化使之既从自身缘故研究语言，同时也将语言当作意义产生的工具来进行研究，因此可以为译者提供大量关于语言性质和功能的有价值的洞见，帮助推动翻译学相关研究的发展。从这些方面来看，语言学途径研究将一直是推动翻译学学科发展主力军之一。

当代语言学途径研究的理论特征实际上在上一节的历时变化特征总结中已经体现出来，我们在此将其进一步进行总结为以下几个方面：1）主要借鉴语言学理论来创建翻译理论；2）把翻译视为社会生活中交际实例进行描述性研究；3）特别关注语言使用和语言使用者等因素对翻译文本形成的影响；4）把翻译的文本特征和语言结构视为揭示和解释翻译行为的有力证据，试图利用揭示翻译语言的典型特征来说明翻译的性质。

第六章 当代语言学途径翻译研究新发展的启示

不过,语言学途径研究不可能解决翻译的所有问题。对于正确理解该途径学术价值而言,过高的期待与过低的评价一样都是有害的。语言学背景的译论家恪守对翻译的语言分析之道,而且也希望这一途径能对翻译运行机制的描写和分析有更多的发现。不过,迄今为止译学界还没有一种全能的理论研究可以有效描述和解释翻译领域的所有问题,语言学导向的译学研究也是这样。翻译的语言学情结在于它研究的是建立在语言关系之上的某种关系,但翻译不能被语言学包容在内的原因也在于此,因为这种关系远比语言关系复杂(袁筱一 1997)。Fawcett 也指出,人们"也应当把它(语言学途径)看成解释说明翻译过程的种种方式中的一种,而不是仅有的一个方式"(Fawcett 1998/2004:124)。他甚至反对 Baker(1992)对语言学和副语言学不作区分的做法(Fawcett 1997:9),认为这样容易夸大语言学在翻译中的影响。

我们也同意语言学途径研究有用但也有限的看法。通过第3、4、5章的论述和分析,我们发现语言学途径在论述翻译现象方面的某些局限,而且在很多情况下这是由于使用的语言学方法本身的局限引起的。如语料库研究的量化分析只能分析文本过程产生意义的成篇痕迹,而不能说明促发话语的语言和语境因素复杂交错的活动,因而也就不可能产生关于语言使用的人类学描述。可是,在量化分析基础上进行的翻译定性分析仅仅借助语言学的方法又是不够的。又如,翻译的话语分析研究虽然揭示了语篇某些属性和成篇的可能过程,但它所捕捉到的真实语言形式只是表现了语言现实的某些方面,至于促成语言现实的其他因素可能必须借助其他途径的研究(如目的功能途径或经济学途径、文化学途径等)才能了解。这从另一个方面也说明翻译现象复杂,对其研究应坚持多元化跨学科的方法。

此外,尽管目前大多数语言学导向研究都强调对真实语言使用的研究,但是学者们对文本的描述和分析往往只是关于真实语言的部分而非全部说明，因为供分析的语料挑选可能带有先入之见的特定倾向，如一些学者往往集中挑选有争议的政治外交事件的新闻报道翻译、国际组织的文献来分析意识形态问题；还有一些学者为了论证假设的理论模型，倾向于有选择地挑选文本的某些语言特征以便与假设的结构模型相联系，在具体分析时很少将文本与文本生产的"真正条件"联系起来，对社会语境问题只是说说而已，没有深入详尽的考察。

对于语言学途径研究的发展，我们认为关键问题是，对翻译行为整体性的理解方面，语言学途径研究在深度上还有待进一步地提高。有时候，语言学导向的研究者似乎无法摆脱对语言机制和语言现象研究的迷恋而陷入细碎的论证中，反而对翻译、语言、意义等基本论题缺乏更深层次的学理性思考。

以语言学背景的学者在 20 世纪九十年代末关于翻译"混杂文本"（hybrid text）现象的讨论为例。学者们对该现象的产生、特点、接受以及对翻译研究的意义进行了热烈探讨，讨论的内容还以特刊专辑的形式发表 1997 年的 *Current Issues in Language & Society* 期刊上。在讨论中，"混杂文本"被定义为因翻译而产生的文本。译本语言不但不同于源文语言，其表现的特征也与译语语言习惯特点有冲突，甚至有点与译语语言和文化规范相反，但这些并不是译者能力不足的结果或是翻译腔造成的，而是译者有意为之或译者无法控制的权力斗争的结果。而之所以会故意杂合，是为了在目标文化的语言和文化系统中引起变化（Schäffner & Adab 1997：324-327）。学者们认为，混杂文本的产生是由翻译的本性决定的，反映了不同文化间的空间距离。可以说，"混杂文本"的概念与语料库翻译研究中对于翻译普遍性和翻译语言变体的假设显得非常相似。问题是，一些学者因此断言"从一定意义上说，所有的翻译都是杂合"（同上：334）。这样的论断当然显示了语言学途径的学者从早期研究对译文与源文相同之处的关注已转向相

第六章 当代语言学途径翻译研究新发展的启示

异之处的考察，试图强调翻译不是派生的，而是一种值得研究的独特的语言现象。但是另一方面，也体现了一些学者在语言问题上仍然比较"浪漫化"的认识。西班牙学者 Pym（1996）曾就会议议题发表了一封公开信。他在信中彻底解构了会议关于"所有的翻译都是杂合"的议题，并论证所有的文本都是杂合的，而不仅仅只是译本。他认为专门强调翻译杂合性将间接指向源文文本的某种"纯性"，即将源文情况理想化，把源文看得更具有权威性和纯洁性，从而打破源文与译文的平等地位。更何况翻译实践总是把杂合的源文，也就是把多语文本翻译成单语的文本，实际上清除了源文中"所有的杂合之处"。因此，正是翻译而不是别的活动造成了文本非杂合的幻觉（见 http：//www.tinet.org/~apym/on-line/intercultures/hybrids/hybrids.html）。

我们非常赞同 Pym 的观点，并认为在当今诸多权力结构和权力体系相互冲突的世界中，过于强调译本"杂合"性的主张不仅站不住脚，而且还具有潜在的危险性，因其往往会造成对翻译在特定的社会权势斗争中"去杂合性"功能的忽视以及对其社会政治根源的批判性思考的缺失，由此可能掩盖涉及翻译的更深层次的意识形态导向问题。对"杂合文本"的讨论也从一个侧面反映了语言学导向研究中容易忽略自身意识形态偏见的问题。由于一贯秉承温和的批判分析立场，许多语言学背景的学者虽然认识到翻译中意识形态的重要性，但他们往往看不到自己的语言研究在提升某些价值（如连贯流畅、客观性判断）时也压制另一些价值（如意识形态的渗入、主观性判断）。

我们认为，语言学途径研究今后发展应该是进一步把语言分析与超越语言层面的更宏大的研究目的结合起来，在这个方面社会学和符号学可以为该途径研究提供更多的洞见。语言学途径研究一直都侧重语言分析。但语言分析仅仅局限于文本是不够的。我国学者陈保亚（2006）曾从语言哲学角度分析语言中隐藏的潜意识。他认为这种潜意识是由两个部分组成的,一种是隐藏在文本中的潜意识,另一种是隐藏在语言结构系统中的潜意识。我们认为,后者作为文化历史的心理沉积隐藏得更深,更需要深层次的挖掘和剖析。语言学途径研究的切入点往往从翻译的语言性质入手。但人类语言有其自然属性和社会属性,二者共同构成语言的本质特征。语言结构的特征分析如果不与其社会动因发生联系,学者们如果不对两者之间的互动和共变关系进行考察,其研究得不出任何有意义的结论。因此,学者们对翻译语言进行分析时,可以借鉴更多符号学视角来看待语言符号因素与非语言符号因素之间的关系,而且研究的方向可以进一步向语言的社会功能机制的探讨靠拢,因为从目前文献来看,借助语言学手段深层次挖掘和探讨翻译社会性质的研究仍不多见。此外,我们也建议研究者应当更全面地考察翻译中的语言使用现象,如除了翻译普遍性、规范之类的研究,也应当关注对异类的、非主流的语言使用个案的研究,因为后者同样是我们可能发现翻译本质的重要窗口。

6.3 从新发展把握翻译学研究前景

从我们关于语言学途径新进展的研究论证来看,无论采取何种具体的研究方法,译学界的学者们或多或少都开始把文本特征与社会环境紧密联系起来进行综合研究,如同当今文化学派研究并非脱离文本的宏观探讨一样,语言学派的研究也远不是只关注文本内部的微观研究。从当今一些重要语言学派学者的研究中,我们可以看到他们对语言形式的分析越来越成为探讨其背后社会文化动因的一个切入点,研究也越来越以最终确立对翻译的整体看法和认识为目标。借助系统论的自律和他律的这一对概念(见3.3),我们通过对语言学途径研究新发展的考察得出以下结论:20世纪五十至六十年代翻译研究的语言学转向使得人们摆脱以往对翻译的经验式随感描述，开始注重双语语言系统的研究以及翻译文本内部的系统研究，强调翻译活动中自律性部分；而七十至八十年代语言学领域的语用转向和话语转向则是诱发语言学途径研究向外转的强大磁场，译学界的文化转向更是推动人们深刻认识文化的问题，引导人们关注语言之外的东西，该途径学者们也开始真正瞩目于翻译的他律性，并尝试将其与文本内部微观研究有效结合。这种语境化的研究思路既依赖于又拓展了翻译的语言学分析。今后语言学途径研究的趋势仍是立足于自律性研究，但更加注重翻译活动的自律性与他律性的统一、和谐。

对当代语言学途径新进展的考察也促发本人对译学研究前景的思考。翻译学研究就像任何一门年轻学科一样，需要汲取其他相关学科的研究发现和理论成果促进自身研究方法的发展以使学科合法化，但是翻译现象与人类生活的许多方面都有关，翻译研究与哪些学科发生联系可以更富有成果仍是一个充满争议的问题。我们在第六章第2节已论证语言学途径研究的可能局限。但实际上，对于整个翻译学学科建设而言，翻译学研究仅从语言学、比较文学或者文化研究任何一个途径入手都不会找到足够的结构体系。

使一门学科所以成为该学科的本质性规定是研究对象，但实际上影响学科本质规定的还应包括该学科的研究方式。翻译研究领域中两大主流研究途径，即文化学途径和语言学途径，发展到今天，已在翻译定义、翻译规范、译本的规则格式、翻译伦理等领域达成不少共识，但在理论的重合之处并非完全相同，因为各自的理论来源和方法论视角是不大相同的。尽管如此，在采取批判的态度来研究翻译现象的立场上，语言学途径与文化翻译研究越来越倾向于一致。一些具有强烈当代意识的翻译课题被不同途径的学者共同讨论和关注，譬如意识形态、翻译伦理等问题。这些或许表明了当代西方翻译研究中某种合流的趋势。无论今后译学研究发展是否如此,我们都应该关注译学界不同研究途径之间的对话和争论,并由此考察翻译学发展的持续动力。

目前,人们仍在争论翻译学研究竟是否会有自己独特的学科研究方法。一些学者认为翻译学学科使用的方法手段多借鉴其他学科的研究方法,缺乏自己学科特有的研究方式,因而质疑翻译学学科的独立性。这样的思考和争论从一个侧面反映了目前该学科的发展仍在走向成熟。翻译学研究仍在流变、发展,是一门有待经典化的学科。在这个领域中发生的各种思潮、现象和发展脉络并非完全清晰,对于很多翻译研究者思想的评价也远非定型。然而,我们也要看到,本书关注的语言学途径翻译研究的新进展已在某种程度上显现出学科发展的今后趋向,即今后翻译研究更趋向于采用将语言与文化分析结合为一体研究模式,研究对象和最终目标锁定翻译活动本身,强调其既非单纯的语言问题,也非完全的社会文化现实。这样的研究将紧紧围绕翻译活动本身特点和需求展开,总体来看更多倾向于人文科学、社会科学的特征。在此基础上,我们有理由相信翻译学学科有可能在不久的未来整合自己独特的、与其他学科有显著区别的研究方式。

参考文献

西文文献

Abraham, W., T. Givion, S. Thompson (eds.) 1995. Discourse Grammar and Typology[M]. John Benjamins Publishing Company.

Arrojo, R. 1994. Deconstruction and the Teaching of Translation[J]. TEXTconTEXT 9/1: 1-12.

Arrojo, R. 1997. Asymmetrical Relations of Power and the Ethics of Translation[J]. TEXTconTEXT 11/1: 5-24.

Arrojo, R. 1998. The Revision of the Traditional Gap between Theory & Practice & the Empowerment of Translation in Postmodern Times[J]. The Translator 4/1: 25-48.

Austin, J. L. 1962. How to Do Things with Words[M]. Cambridge: Harvard University Press.

Baker, M. 1992. In Other Words. A Course Book on Translation[M]. London: Routledge.

Baker, M. 1993. Corpus Linguistics and Translation Studies: Implications and Applications[A]. In Baker et al. (eds.) Text and Technology: In Honour of John Sinclair[C]. Amsterdam & Philadelphia: John Benjamins.

Baker, M. 1995. Corpora in Translation Studies: An Overview and Some Suggestions for Future Research[J]. Target 7/2:223-243.

Baker, M. 1996a. Linguistics and Cultural Studies:Complementary or

Competing Paradigms in Translation Studies? [A]. In Angelika Lauer, Heidrun Gerzymisch-Arbogast, Johann Haller & Erich Steiner (eds.) Übersetzungswissenschaft im Umbruch: Festschrift für Wolfram Wilss[C]. Tübingen: Gunter Narr, 9-19.

Baker, M. 1996b. Corpus-based Translation Studies: The Challenges that Lie Ahead[A]. In Harold Somers (ed.) Terminology, LSP and Translation: Studies in Language Engineering in Honour of Juan C. Sager[C]. Amsterdam & Philadelphia: John Benjamins.

Baker, M. (ed.) 1998/2004. Routledge Encyclopedia of Translation Studies[C]. Shanghai: Shanghai Foreign Language Education Press.

Baker, M. 1999. The Role of Corpora in Investigating the Linguistic Behaviour of Professional Translators[J]. International Journal of Corpus Linguistics 4/2: 281-298.

Baker, M. 2000a. Linguistic Perspectives on Translation[A]. In Peter France (ed.) The Oxford Guide to Literature in English Translation[C]. Oxford: Oxford University Press, 20-26.

Baker, M. 2000b. Towards a Methodology for Investigating the Style of a Literary Translator[J]. Target 12/2 241-266.

Baker, M. 2001. The Pragmatics of Cross-cultural Contact and Some False Dichotomies in Translation Studies[A]. In Maeve Olohan (ed.) CTIS Occasional Papers[C]. Volume 1, Manchester: Centre for Translation & Intercultural Studies, UMIST, 7-20.

Baker, M. 2002. Corpus-based Studies within the Larger Context of Translation Studies[J]. Génesis: Revista científica do ISAI 2: 7-16.

Baker, M. 2003. The Pragmatics of Cross-cultural Contact and Some False Dichotomies in Translation Studies[J]. The Journal of Chinese Translator 1: 25-29.

Baker, M. 2004a. The Status of Equivalence in Translation Studies: An

Appraisal[A]. In Yang Zijian (ed.) English-Chinese Comparative Study and Translation[C]. Shanghai: Foreign Languages Education Press.

Baker, M. 2004b. A Corpus-based View of Similarity and Difference in Translation[J]. International Journal of Corpus Linguistics 9/2: 167-193.

Baker, M. 2005a. Linguistic Models and Methods in the Study of Translation[A]. In Harald Kittel, Armin Paul Frank, Norbert Greiner, Theo Hermans, Werner Koller, José Lambert, Fritz Paul (eds.) Übersetzung /Translation/Traduction[C]. Berlin and New York: Walter de Gruyter, 285-294.

Baker, M. 2005b. Narratives in and of Translation[J]. SKASE Journal of Translation and Interpretation 1/1: 4-13. Online: www.skase.sk.

Baker, M. 2006a. Contextualization in Translator- and Interpreter-mediated Events[J]. Journal of Pragmatics 38: 321-337.

Baker, M. 2006b. Translation and Conflict: A Narrative Account[M]. London & New York: Routledge.

Baker, M. 2006c. Translation and Activism: Emerging Patterns of Narrative Community[J]. The Massachusetts Review 47(III) : 462-484.

Baker, M. 2007. Reframing Conflict in Translation[J]. Social Semiotics 17/1: 151-169.

Bassnett, S. 1980. Translation Studies[J]. London and New York: Methuen.

Bassnett, S. 1998. Researching Translation Studies: the Case for Doctoral Research[A]. Peter Bush & Kirsten Malmkjer. Rim baud's Rainbow: Literary Translation in Higher Education[C]. Amsterdam: John Benjamins Publishing Company.

Bassnettt, S. & A. Lefevere (eds.) 1990. Translation, History & Culture[C]. London: Pinter.

Bassnettt, S. & A. Lefevere (eds.) 1998/2001. Constructing Cultures: Essays on Literary Translation[C]. Shanghai: Shanghai Foreign Language Education Press.

Bassnett, S. & H. Trivedi (eds.) 1999. Post-colonial Translation: Theory and Practice[C]. London and New York: Pinter.

Beeby, A. 1998. Reviews on Translator and Communicator[J]. Quaderns. Revista de traducció 1: 153-155.

Bennet, W. L. & M. Edelman. 1985. Toward a New Political Narrative[J]. Journal of Communication 35/4: 156-171.

Bell, R. 1991. Translation and Translating: Theory and Practice[M]. London: Longman.

Bernardini & Zanettin. 2004. When is a Universal not a Universal? Some Limits of Current Corpus-based Methodologies for the Investigation of Translation Universals[A]. In Mauranen & P. Kujamki (eds.) Translation universals: Do they exist?[C]. Amsterdam: John Benjamins.

Boden, D. & D. H. Zimmerman (eds.) 1991 Talk and Social Structure: Studies to Ethnomethodology and Conversation Analysis[C]. Polity Press.

Broeck, R. van den. 1978. The Concept of Equivalence in Translation Theory: Some Critical Reflections[A]. In J. S. Holmes, J. Lambert and R. van den Broeck (eds.) Literature and Translation[C]. Leuven: Academic, 29-47.

Broeck, R. van den. 1985. Second Thoughts on Translation Criticism. A Model of its Analytic Function[A]. In T. Hermans (ed.) The Manipulation of Literature[C]. London: Croom-Helm, 54-62.

Burnett, S. 1999. A Corpus-based Study of Translational English. Manchester: Center for Translation Studies, UMIST. [MSc Dissertation].

Calzada Pérez, M. 2001. A Three-level Methodology for Descriptive-explanatory Translation Studies[J]. Target 13/2: 203-239.

Calzada Pérez, M. (ed.) 2003. Apropos of Ideology: Translation Studies on Ideology—Ideologies in Translation Studies [M]. Manchester: St. Jerome.

Calzada Pérez, M. 2004. Applying Translation Theory in Teaching[J]. Perspectives: Studies in Translatology. 12/2: 119-133.

参考文献

Calzada Pérez, M. 2007. Transitivity in Translating. The Interdependence of Texture and Context[M]. Bern/Berlin/Brussels: Peter Lang.

Candlin C. N. 1985. Preface. In M. Coulthard. An Introduction to Discourse Analysis (2nd edition) [M]. London & New York: Longman, viii-ix.

Catford, J. 1965. A Linguistic Theory of Translation[M]. Oxford: Oxford University Press.

Chao, Y. R. 1968. A Grammar of Spoken Chinese[M]. Los Angeles: University of California Press.

Chesterman, A. 1993. From "Is" to "Ought": Laws, Norms and Strategies in Translation Studies[J]. Target 5/1: 1-20.

Chesterman, A. 1998. Contrastive Functional Analysis[M]. Amsterdam-Philadelphia: John Benjamins.

Chesterman, A. 2000 (with Rosemary Arrojo). Shared Ground in Translation Studies[J]. Target 12/1: 151-160.

Chesterman, A. 2002a. On the Interdisciplinarity of Translation Studies[J]. Logos and Language III/1: 1-9.

Chesterman, A. 2002b. Pragmatics in Translation Studies[A]. In I. Helin (ed.) Essays in Translation, Pragmatics and Semiotics[C]. Helsinki: MonAKO, 7-32.

Chesterman, A. 2003. (with Helle V. Dam, Jan Engberg and Anne Scholdager) Bananas–on Names and Definitions in Translation Studies[J]. Hermes 3/1: 197-209.

Chesterman, A. 2004. Paradigm Problems?[A]. In Christina Schäffner (ed.) Translation Research and Interpreting Research[C]. Clevedon: Multilingual Matters, 52-56.

Chilton, P. 1997. The Role of Language in Human Conflict: Prolegomena to the Investigation of Language as a Factor in Conflict Causation and Resolution[J]. Current Issues in Language & Society 4/3: 174-189.

Chilton, P. 2004. Analysing Political Discourse[M]. London and New York:

Routledge.

Chilton, P. and Schäffner, C. 1997. Discourse and Politics[A]. In T. A. van Dijk (ed.) Discourse as Structure and Process[C]. London: Sage, 206-230.

Chouliaraki, L. & Fairclough, N. 1999. Discourse in Late Modernity[M]. Edinburgh: Edinburgh University Press.

Chouliaraki, L. & Fairclough, N. 2002. Politics as Talk and Text[M]. Amsterdam: John Benjiamins.

Conrad, S. 2002. Corpus Linguistic Approaches for Discourse Analysis[J]. Annual Review of Applied Linguistics, 22: 75-95.

Crystal, D. 1991. A Dictionary of Linguistics and Phonetics (3rd edn.) [M]. Oxford: Basil Balckwell Ltd.

Davis, K. 2001. Deconstruction and Translation[M]. Manchester and Northhampton: St Jerome.

De Beaugrade, R. 1978. Factors in a Theory of Poetic Translating[M]. Assen: Van Gorcum.

De Beaugrande R. and Dressler, W. 1981. Introduction to Text Linguistics[M]. London: Longman.

De Beaugrande R. and Dressler, W. 1991. Linguistic Theory: the Discourse of Fundamental Works[M]. London: Longman.

De Beaugrade, R. 1997. The Story of Discourse Analysis[A]. In Teun A. van Dijk. Discourse as Structure and Process[C]. London: Sage Publications.

Derrida, J. 1985. Des Tours de Babel[A]. (English and French versions) in J. F. Graham (ed.) Difference in Translation[C]. Ithaca NY: Cornell University Press.

Derrida, J. 1988. Limited Inc[M]. Evanston IL: Northwestern University Press.

Dilley, R. 2003. The Problem of Context in Social and Cultural Anthropology[J]. Language & Communication 22: 437-456.

参考文献

Even-Zohar, I. 1979. Polysystem Theory[J]. Poetics Today, 1/2. Special Issue: Literature, Iterpretation, Communication, 287-310.

Fairclough, N. 1989. Language and Power[M]. London: Longman.

Fairclough, N. 1992. Discourse and Social Change[M]. Cambridge: Polity Press.

Fairclough, N. 1995. Critical discourse analysis: The critical study of language[M]. Harlow: Longman Jerome.

Fairclough, N. & R. Wodak. 1997. Critical Discourse Analysis[A]. In Teun A. V. van Diik (ed.) Discourse as social interaction: Discourse studies: A multidisciplinary introduction Vol. 2 [C]. NewDelhi: Sage Publications, 258-284.

Fawcett, P. 1995. Translation and Power Play[J]. The Translator 1/2: 177-192.

Fawcett, P. 1998/2004. Linguistic Approaches[A]. In M. Baker (ed.) Routledge Encyclopedia of Translation Studies[C]. Shanghai: Shanghai Foreign Language Education Press, 120-125.

Fawcett, Peter. 1997. Translation and Language—Linguistic Theories Explained[M]. Manchester: St. Jerome.

Firth, J. R. 1956. Linguistic analysis and translation[A]. In M. Halle, H. G. Lunt, H. McLean, and C. H. van Schooneveld (eds.) For Roman Jakobson: Essays on the Occasion of his Sixtieth Birthday, 11 October 1956[C]. The Hague: Mouton, 133-139.

Firth. 1957. Papers in Linguistics[M]. London: Oxford University Press.

Flotow, L. Von. 1997. Translation and Gender. Translating in the Era of Feminism[M]. Manchester: St. Jerome Publishing.

Francis, G. 1993. A Corpus-driven Approach to Grammar: Principles, Methods and Examples[A]. In M. Baker, G. Francis & E. Tognini-Bonelli. Text and Technology: In Honour of John Sinclair[C]. Amsterdam: John Benjamins, 137-156.

Frawley, W. (ed.) 1984. Translation: Literary, Linguistic, and Philosophical Perspectives[C]. Newark: University of Delaware Press.

Fowler, R., Hodge, R., Kress, G. and Trew, T. 1979. Language and Control[M]. London: Routledge and Kegan Paul.

Fowler, R. 1991. Critical Linguistics[A]. In Malmkjaer, K. (ed.) The Linguistics Encyclopaedia[C]. London: Routledge.

Fowler, R. 1991. Language in the News: Discourse and Ideology in the Press[M]. London/New York: Routledge.

Gentzler, E. 1993. Contemporary Translation Theories[M]. London & NewYork: Routledge.

Givón, T. (ed.) 1979. Syntax and Semantics[M]. V.12: Disocurse and Syntax. Academic Press.

Givón, T. 1983. Topic Continuity in Discourse: A Quantitative Cross-language Studies[M]. John Benjamins Publishing Company.

Godge, R. & Gunther Kress. 1988. Social Semiotics[M]. Cambride: Polity Press. Amsterdam/New York. Rodopi.

Goffman, E. 1986/1974. Frame Analysis: An Essay on the Organization of Experience[M]. Boston: Northeastern University Press.

Gorlée, Dinda. 1989. Wittgenstein, Translation, and Semiotics[J]. Target 1 (1): 69-94.

Gorlée, Dinda L. 1994. Semiotics and the Problem of Translation, with Special Reference to the Semiotics of Charles S. Peirce[M]. Amsterdam and Atlanta GA: Rodopi.

Grice, P. 1975. Logic and Conversation[A]. In Cole P. and J. Morgan (eds.) Speeach Acts. Syntax and Semantics[C]. New York: Academic Press, 41-58.

Granger, S. & S. Petch-Tyso (eds.) 2003. Extending the Scope of Corpus-based Research: New Applications, New Challenges[C]. Amsterdam/New York: Rodopi.

Granger, S., Lerot, J. & Petch-Tyson, S. 2003. Corpus-based Approaches to

Contrastive Linguistics and Translation Studies[M]. Amsterdam/New York: Rodopi.

Grähs, L., Korlén, G. and Malmberg, B. (eds.) 1978. Theory and Practice of Translation[C]. Berne: Peter Lang.

Guenther, F., and M. Guenther-Reutter (eds.) 1978. Meaning and Translation. Philosophical and Linguistic Approaches[C]. London: Duckworth.

Gumperz, J. 1982. Discourse Processes[M]. Cambridge: Cambridge University Press.

Gumperz, J . 2001. Interactional Sociolinguistics: A Personal Perspective[A]. In D. Schiffrin, D. Tannen, & H. E. Hamilton (eds.) The Handbook of Discourse Analysis[C]. London: Blackwell Publishing Ltd.

Gutt, Ernst-August. 1991. Translation and Relevance[M]. Oxford: Basil Blackwell.

Halliday, M. A. K. 1978. Language as Social Semiotic: the Social Interpretation of Meaning[M]. London: Edward Arnold.

Halliday, M. A. K. 1985. An Introduction to Functional Grammar[M]. London: Arnold.

Halliday, M. A. K. 1991. Corpus Studies and Probabilistic Grammar[A]. In Aijmer, K. and B. Altenberg (eds.) English Corpus Linguistics: Studies in Honour of Jan Svartvik[C]. London and New York: Longman, 30-43.

Halliday, M. A. K. 2001. Towards a Theory of Good Translation[A]. In Steiner, E. & C. Yallop (eds.) Exploring Translation and Multilingual Text Production: Beyond Content[C]. Mouton de Gruyter Berlin/New York: 13-18.

Halliday, M. A. K. & R. Hasan. 1976. Cohesion in English[M]. London: Longman.

Halliday, M. A. K. & R. Hasan. 1989. Language, Context and Text[M]. Oxford: Oxford University Press.

Halverson, Sandra. 1997. The Concept of Equivalence in Translation

Studies: Much Ado about Something[J]. Target 9: 207-233.

Hansen, Gyde, Kirsten Malmkjaer and Daniel Gile (eds.) 2004. Claims, Changes and Challenges in Translation Studies[C]. Amsterdam/Philadelphia: John Benjamins.

Haslet, B. 1987. Communication: Strategic Action in Context[M]. London: Lawrence Erblaum Associates, Inc.

Hatim, B. 1990. Intertextuality and Idiolect as Intended Meaning: a Concern for both Translator and Literary Critic Alike: with Special Reference to Arabic[A]. In Parallèles. Cahiers de l'Ecole de Traduction et d'Interprétation, (Université de Genève) 12, Hiver 1990-1991.

Hatim, B. 1997/2000. Communication Across Culture[M]. Shanghai: Shanghai Foreign Language Education Press.

Hatim, B. 1998. Translation Quality Assessment. Setting and Maintaining a Trend[J]. The Translator 4/1: 91-104.

Hatim, B. 1999. The Implications of Research into Translator's Invisibility[J]. Target 11/2: 201-222.

Hatim, B. 2001. Teaching and Researching Translation[M]. Harlow: Longman.

Hatim, B. & I. Mason. 1990. Discourse and the Translator[M]. New York: Longman.

Hatim, B. & I. Mason. 1997. The Translator as Communicator[M]. London: Routledge.

Hatim, B. & I. Mason. 2000. Politeness in Screen Translating[A]. In Venuti, L. (ed.) Translation studies Reader[C]. London & New York: Routledge.

Hatim, B. & I. Mason. 2003. Interpreting: A Text Linguistic Approach[A]. In F. Pöchhacker and M. Shlesinger (eds.) The Interpreting Studies Reader[C]. Routledge, 255-265.

Hatim, B. & Jeremy Munday. 2004. Translation: An Advanced Resource

Book[C]. Oxford and New York: Routledge.

Hales, S. 1997. The Treatment of Register Variation in Court Interpreting[J]. The Translator 3/1: 39-54.

Harr, R. 2001. The Discursive Turn in Social Psychology[A]. In Schiffrin, D. Tannen, D. & Hamilton, H. E. (eds.) The Handbook of Discourse Analysis[C]. London: Blackwell, 688-706.

Harvey, K. 1998. Translating Camp Talk: Gay Identities and Cultural Transfer[J]. The Translator 4/2: 295-321.

Harvey, K. 2003. "Events" and "Horizons": Reading Ideologies in the "Binding" of a Translation[A]. In María Calzada Pérez. (ed.) Apropos of Ideology: Translation Studies on Ideology/Ideologies in Translation Studies[C]. Manchester: St. Jerome, 43-70.

Hermans, T. (ed.) 1985. The Manipulation of Literature: Studies in Literary Translation[C]. London: Croom Helm.

Hermans, T. 1996. The Translator's Voice in Translated Narrative[J]. Target 8/1: 23-48.

Hermans T. 1999/2004. Translation in System[M]. Shanghai: Shanghai Foreign Language Education Press.

Hermans T. 2000. Norms of Translation[A]. In P. France (ed.) The Oxford Guide to Literature in English Translation[C]. Oxford: Oxford University Press, 10-15.

Hermans T. 2002. Paradoxes and Aporias in Translation and Translation Studies[A]. In Riccardi, A. (ed.) Translation Studies: Perspectives on an Emerging Discipline[C]. Cambridge University Press, 10-23.

Hewson, L. & J. Martin. 1991. Redefining Translation: the Variational Approach[M]. London: Routledge.

Hickey, L. (ed.) 1998. The Pragmatics of Translation[C]. Clevedon: Multilingual Matters.

Holmes, J. 1988. Translated! Papers on Literary Translation and Translation Studies[C]. Amsterdam: Rodopi.

Holmes, J. 2000. The Name and Nature of Translation Studies[C]. In Lawrence Venuti (ed.) The Translation Studies Reader[C]. London and New York: Routledge, 180-192.

Holy, L. 1999. Contextualisation and Paradigm Shifts[A]. In Dilley, R. (ed.) The Problem of Context[C]. New York and Oxford: Berghahn Books, 47-60.

House, J. 1984. Some Methodological Problems and Perspectives in Contrastive Discourse Analysis[J]. Applied Linguistics 5/3: 245-255.

House, J. 1977/1981. A Model for Translation Quality Assessment (2nd ed) [M]. Tübingen: Narr.

House, J. 1997. Translation Quality Assessment: A Model Revisited[M]. Tübingen: Narr.

House, J. 1998. Politeness and Translation[A]. In L. Hickey. (ed.) The Pragmatics of Translation[C]. Clevedon: Multilingual Matters, 54-72.

House, J. 2001a. How do We Know When a Translation is Good?[A]. In E. Steiner and C. Yallop (eds.) Exploring Translation and Multilingual Text Production: Beyond Content[C]. Berlin: Mouton de Gruyter, 127-160.

House, J. 2001b. Translation Quality Assessment: Linguistic Description vs Social Evaluation[J]. META 46: 243-257.

House, J. 2001c. Pragmatics of Translation[A]. In P. Fernandez Nistal and J. M. Bravo Gozalo (eds.) Pathways of Translation[C]. Valladolid: Cuentro Buendia, 57-79.

House, J. 2002a. Maintenance and Convergence in Covert Translation English-German[A]. In B. Behrens et al. (eds.) Information Structure in a Cross-linguistic Perspective[C]. Amsterdam: Rodopi, 199-213.

House, J. 2002b. Universality versus Culture Specificity in Translation[A]. In A. Riccardi (ed.) Translation Studies. Perspectives on an Emerging

Discipline[C]. Cambridge: Cambridge University Press, 92-111.

House, J. 2003. English as Lingua Franca and its Influence on Discourse Norms in Other Languages[A]. In G. James and G. Anderson (eds.) Translation Today[C]. Clevedon: Multilingual Matters, 168-180.

House, J. 2006. Rethinking the Relationship between Text and Context in Translation[J]. Journal of Translation Studies 9/1: 77-103.

House, J. 2006. Text and Context in Translation[J]. Journal of Pragmatics 38: 338-358.

Ivir, V. 1996. A Case for Linguistics in Translation Theory[J]. Target 8: 149-156.

Jakobson, Roman. 1959/2000. On Linguistic Aspects of Translation[A]. In Lawrence, Venuti (ed.) The Translation Studies Reader[C]. London: Routledge, 113-117.

Jin Di & Nida E. A. 1984. On Translation—with special reference to Chinese and English[M]. Beijing: China Translation & Publishing Corporation.

Kade, O. 1968. Zufall und Gesetzmäßigkeit in der Übersetzung[M]. Leipzig: VEB Verlag Enzyklopädie.

Kenny, D. 1998/2004. Equivalence[A]. In Mona Baker. Routledge Encyclopedia of Translation Studies[C]. Shanghai: Shanghai Foreign Language Education Press, 77-80.

Kenny, D. 2001. Lexis and Creativity in Translation: a Corpus-based Study[M]. Manchester: St. Jerome.

Kenny, D. 2005. Parallel Corpora and Translation Studies: Old Questions, New Perspectives? Reporting that in Gepcolt. A case study[A]. In G. Barnbrook, P. Danielsson & M. Mahlberg (eds.) Meaningful Texts: the Extraction of Semantic Information from Monolingual and Multilingual Corpora[C]. Birmingham: University of Birmingham Press, 154-165.

Koller, W. 1979/1989. Equivalencein Translation Theory[A]. Translated by

A. Chesterman. In Chesterman (ed.) Readings in Translation Theory[M]. Helsinki: Finn Lectura, 99-104.

Koller, W. 1995. The concept of equivalence and the object of Translation Studies[J]. Target 7: 191-222.

Koskinen, K. 2000. Beyond Ambivalence. Postmodernity and the Ethics of Translation[M]. Tampere: University of Tampere.

Koskinen, K. 2004. Shared Cultures? Reflections on Recent Trends in Translation Studies[J]. Target 16/1: 143-156.

Kuhn, T. S. 1970. The Structure of Scientific Revolutions (2nd ed. Enlarged)[C]. Chicago: University of Chicago Press.

Lakoff, G. 1982. Categories and Cognitive Models[M]. Trier: LAUT.

Laviosa, S. 1997. How Comparable can "Comparable Corpora" be?[J]. Target 9: 289-319.

Laviosa, S. 1998a. Core Patterns of Lexical Use in a Comparable Corpus of English Narrative Prose[J]. Mata 43/2: 557-570.

Laviosa, S. 1998b. The Englsih Comaprable Corpus: A Resource and a Methodology[A]. In L. Bowker, M. Cronin, D. Kenny & J. Pearson (eds.) Unity in Diversity? Current Trends in Translation Studies[C]. Manchester: St. Jerome, 101-112.

Laviosa, S. 2002. Corpus-based Translation Studies: Theory, Findings, Applications[M]. Amsterdam/New York, NY: Rodopi.

Lane-Mercer, G. 1997. Translating the Untranslatable: The Translator's Aesthetic, Ideological and Political Responsibility[J]. Target 9/1: 43-68.

Leech, G. N. 1983. Principle of Pragmatics[M]. London: Longman.

Lefevere, A. & S. Bassnett. 1990. Introduction[A]. In Translation/History/Culture[C]. London & New York: Pinter.

Lefevere, A. 1992/2004. Translation, Rewriting and the Manipulation of Literary Fame[M]. Shanghai: Shanghai Foreign Language Education Press.

Lefevere, A. 1985. Why Waste Our Time Rewrite? The Trouble with Interpretation and the Role of Rewriting in an Alternative Paradigm [A]. In Theo Hermans (Ed.) The Manipulation of Literature: Studies in Literary Translation [C]. London & Sydney: Croom Helm.

Levinson, S. C. 1983. Pragmatics[M]. Cambridge: Cambridge University Press.

Li, C. (ed.) 1976. Subject and Topic[M]. New York: Academic Press.

Li, C. & S. A. Thompson. 1976. Subject and Topic: A New Typology of Language[A]. In Li, C. N. Subject and Topic [C]. New York: Academic Press.

Li, C. & S. A. Thompson. 1981. Mandarin Chinese: A Functional Reference Grammar[M]. Los Angeles, CA: University of California Press.

Linder, D. 2001. Book Reviews: The Translator as Communicator, The Pragmatics of Translation, Relevance and Translation: Cognition and Context[J]. The Translator 7/2: 309-314.

Linell, P. 1998. Approaching Dialogue: Talk, interaction and contexts in dialogical perspectives[M]. Amsterdam: John Benjamins Publishing Company.

Luhmann, N. 1993. Deconstruction as Second-order Observing[J]. New Literary History, 24: 763-782.

Malmkjaer, K. 1998. Analytical Philosophy and Translation[A]. In Mona Baker (ed.) Routledge Encyclopedia of Translation Studies[C]. London and New York: Routledge, 8-13.

Malmkjaer, K. 2000. Relative Stability and Stable Relativity[J]. Target 12: 341-345.

Malmkjaer, K. 2001. Cooperation and Literary Translation[M]. Shanghai: Shanghai Foreign Language Education Press.

Malmkjaer, K. 2002. Translation and Linguistics: What does the Future Hold?[A] In Alessandra Riccardi (ed.) Translation Studies: Perspective on an Emerging Discipline[C]. Cambridge University Press, 111-119.

Malmkjaer, K. 2005. Linguistics and the Language of Translation[M]. Edinburgh University Press.

Mason. I. 1994. Discourse, Ideology and Translation[A]. In Robert de Beaugrande, Shunug, A., Heliel, M. (eds.) Language, Discourse and Translation in the West and Middle East[C]. Amesterdam: John Benjamins, 23-34.

Mason. I. 2000. Audience Design in Translating[J]. The Translator 6/1: 1-22.

Mason. I. 2001a. (with M. Stewart) Interactional Pragmatics, Face and the Dialogue Interpreter[A]. In Mason, I. (ed.) Triadic Exchanges. Studies in Dialogue Interpreting[C]. St Jerome Publishing, 51-70.

Mason. I. 2001b. Translator Behaviour and Language Usage: Some Constraints on Contrastive Studies[J]. Hermes 26: 65-80.

Mason. I. 2003. (with Adriana Serban) Deixis as an Interactive Feature in Literary Translations from Romanian into English[J]. Target. International Journal of Translation Studies 15/2: 269-294.

Mason. I. 2004a. Text Parameters in Translation: Transitivity and Institutional Cultures[A]. In L.Venuti (ed.) The Translation Studies Reader (2nd edn)[C]. Routledge, 470-481.

Mason. I. 2004b. Textual Practices and Audience Design: An Interactive View of the Tourist Brochure[A]. In M. P. Navarro Errasti, R. L. Sanz & S. Murilo Ornat (eds.) Pragmatics at Work. The Translation of Tourist Literature[C]. Peter Lang, 157-176.

Mason. I. 2004c. Discourse, Audience Design and the Search for Relevance in Dialogue Interpreting[A]. In G. Androulakis (ed.) Translating in the 21st Century: Trends and Prospects, Proceedings of the international conference held on 27-29 September 2002[C]. Aristotle University of Thessaloniki, 354-365.

Mason. I. 2006a. On Mutual Accessibility of Contextual Assumptions in Dialogue Interpreting[J]. Journal of Pragmatics 38: 359-373.

参考文献

Mason. I. 2006b. Ostension, Inference and the Visibility of Translator Moves. Paper presented in the 1st Athens Translation and Interpretation Conference, Athens.

Mauranen A. 2002. Will "Translationese" Ruin a Contrastive Study?[A] In Bernardini S., Hasselgård H. and Johansson S. (eds.) Languages in Contrast[C]. 2/2: 161-185.

Mauranen, A. & P. Kujamki (eds.) 2004. Translation Universals: Do they exist?[C]. Amsterdam: John Benjamins.

Newmark, P. 1998. More Paragraphs on Translation[M]. Clevedon etc.: Multilingual Matters.

Munday, J. 1997. Linguistic Criticism as an Aid to the Analysis of Literary Translation[A]. In Kinga Klaudy and János Kohn (eds.) Transferre Necesse Est[C]. Budapest: Scholastica, 467-473.

Munday, J. 2000a. Seeking Translation Equivalents: a Corpus-based Approach[A]. In Andrew Chesterman, Natividad Gallardo San Salvador and Yves Gambier (eds.) Translation in Context[C]. Amsterdam and Philadelphia: John Benjamins, 201-210.

Munday, J. 2000b. Using Systemic Functional Linguistics as an Aid to Translation[J]. Revista Canaria de Estudios Ingleses, (Tenerife) 40: 37-58.

Munday, J. 2001. Introducing Translation Studies: Theories and Applications[M]. London and New York: Routledge.

Munday, J. 2002a. Translation Studies and Corpus Linguistics: An Interface for Interdisciplinary Co-operation[J]. Logos and Language, 3/1: 11-20.

Munday, J. 2002b. Systems in Translation. A Systemic Model for Descriptive Translation Studies[A]. In T. Hermans (ed.) Crosscultural Transgressions. Research Models in Translation Studies II–Historical and Ideological Issues[C]. Manchester: St Jerome.

Neubert, A. 1985. Text and Translation[M]. Leipzig: Enzyklopadie.

Neubert, A. and G. M. Shreve. 1992. Translation as Text[M]. Kent: the Kent University Press.

Neubert, A. 1995. Textlinguistics[A]. In Chan, Sin-wai and David E. Pollard (eds.) An Encyclopaedia of Translation[C]. Hong Kong: The Chinese University Press.

Newmark, P. 1981/2001. Approaches to Translation[M]. Shanghai: Shanghai Foreign Language Education Press.

Newmark, P. 1988/2002. A Textbook of Translation[M]. Shanghai: Shanghai Foreign Language Education Press.

Nida, E. 1964. Toward a Science of Translating[M]. Leiden: Brill.

Nida, E. & C. R. Taber. 1969. The Theory and Practice of Translation[M]. Leiden: E.J. Brill.

Nord, C. 1991. Text Analysis in Translation: Theory, Methodology, and Didactic Application of a Model for Translation-oriented Text Analysis[M]. Amsterdam: Rodopi.

Nord, C. 1997. Translation as a Purposeful Activity: Functional Approaches Explained[M]. Manchester: St. Jerome Publishing.

Olohan, M. (ed.) 2000. Intercultural Faultlines: Research Models in Translation Studies I: Textual and Cognitive Aspects[C]. Manchester, UK & Northampton, MA: St. Jerome Publishing.

Olohan, M. & M. Baker. 2000. Reporting that in Translated English: Evidence for Subconscious Processes of Explicitation[J]. Across Languages and Cultures 1: 141-158.

Olohan, M. 2004. Introducing Corpora in Translation Studies[M]. New York: Routledge.

Pagnoulle, Christine. 2000. Multiple Focuses, Various Lenses[J]. Perspectives 8/1: 72-77.

Parker, I. 1999. Introduction: Varieties of Discourse and Analysis[A]. In

Parker, I. (eds.) Critical Textwork: An Introduction to Varieties of Discourse and Analysis[C]. Buckingham: Open University Press.

Petőfi. 1971. Transformationsgrammatiken und eine ko-textuell Texttheorie[M]. Frankfort: Athenaeum.

Petőfi (ed.) 1988. Text and Discourse Constitution: Empirical Aspect Theroretical Approaches[C]. De Grunyter.

Petrilli, Susan. 1992. Translation, Semiotics, and Ideology[J]. TTR V/1: 233-264.

Polizzi, L. 1998. Rewriting Tibet: Italian Travelers in English Tradition[J].The Translator 4/2: 321-342. Special Issue on Translation and Minority. Guest-edited by Lawrence Venuti.

Polizzi, L. 2001. Translating Travel: Contemporary Italian Travel Writing in English Translation[M]. Aldershot: Ashgate.

Puurtinen, T. 2000. Translating Linguistic Markers of Ideology[A]. In Chesterman, A. (ed.) Translation in Context[C]. Amsterdam: John Benjamins.

Pym, A. 1991a. Translational Ethics and the Recognition of Stateless Nations[J]. Fremdsprachen 4: 31-35.

Pym, A. 1991b. Limits and Frustrations of Discourse Analysis in Translation Theory[J]. Fremdsprachen 2/3: 29-35.

Pym, A. 1992. Translation and Text Transfer. An Essay on the Principles of Intercultural Communication[M]. New York: Peter Lang.

Pym, A. 1995. European Translation Studies, une science qui dérange, and Why Equivalence Needn't Be a Dirty Word. TTR 8/1: 153-176.

Pym, A. 1996. Open Letter on Hybrids and Translation. Available online from http://www.fut.es/~apym/on-line/hybrids/hybrids.html (July 14, 2001).

Pym, A. 1997. Koller's Äquivalenz Revisited[J]. The Translator 3/1: 71-79.

Pym, A. 2004. Propositions on Cross-cultural Communication and Translation[J]. Target 16/1: 1-28.

Quine, W. V. 1970. Existence[A]. In W. Yourgrau & A. Breck (eds.) Physics, Logics and History[C]. Plenum Press.

Robinson, D. 1997. Translation and Empire. Postcolonial Theories Explained[M]. Manchester: St. Jerome.

Robinson, D. 2003. Performative Linguistics: Speaking and Translating as Doing Things with Words[M]. London: Routledge.

Sarangi, S. & Coulthard, M. (eds.) 2000. Discourse and Social Life[M]. London: Longman.

Schäffner, C. 1997. Strategies of Translating Political Texts[A]. In Trosborg, Anna (ed.) Text Typology and Translation[C]. 119-143.

Schäffner, C. 1998. Skopos Theory[A]. In M. Baker (ed.) Encyclopedia of Translation Studies[C]. London: Routledge, 238.

Schäffner, C. 2000. The Role of Genre for Translation[A]. In A. Trosborg (ed.) Analyzing Profession Genres[C]. Amsterdam: Benjamins, 209-223.

Schäffner, C. 2001. Attitudes towards Europe—Mediated by Translation[A]. In Andreas Musolff, Colin Good, Petra Points, and Ruth Wittlinger (eds.) Attitudes towards Europe. Language in the unification process[C]. Aldershot: Ashgate, 201-217.

Schäffner, C. 2002a. Translation, Politics, Ideology[A]. In Helin, I. (ed.) Essays in Translation, Pragmatics and Semiotics[C]. Helsinki: Helsinki University Press, 33-62.

Schäffner, C. 2002b. The Role of Discourse Analysis for Translation and Translator Training[M]. Clevedon: Multilingual Matters.

Schäffner, C. 2003. Third Ways and New Centres—Ideological unity or difference?[A]. In Calzada P. (ed). Apropos of Ideology. Translation Studies on Ideology—Ideologies in Translation Studies[C]. Manchester: St Jerome, 23-41.

Schäffner, C. 2004. Political Discourse Analysis from the Point of View of Translation Studies[J]. Journal of Language and Politics 3/1: 117-150.

Schäffner, C. & Kelly-Holmes, H. 1995. Cultural Functions of Translation[C]. Cleveland·Philadelphia·Adelaide: Multilingual Matters LTD.

Schäffner, C. & Beverly Adab (eds.) 2000. Developing Translation Competence[C]. Amsterdam/Philadelphia: John Benjamins.

Schiffrin, D. Tannen, D. & Hamilton, H. E. (eds.) 2001. The Handbook of Discourse Analysis[C]. London: Blackwell.

Scollon, Ron and Suzanne Wong Scollon. 1995. Intercultural Communication: A Discourse Approach[M]. Oxford and Cambridge: Blackwell.

Seare, J. R. 1969. Speech Acts. An Essay in the Philosophy of Language[M]. Cambridge: Cambridge University Press.

Shuttleworth, M. and Cowie, M. 1997. Dictionary of Translation Studies[C]. Manchester: St. Jerome Publishing.

Simeoni, Daniel. 1998. The Pivotal Status of the Translator's Habitus[J]. Target 10/1: 1-39.

Simon, S. 1996. Gender in Translation. Cultural Identity and the Politics of Transmission[M]. London: Routledge.

Simpson, P. 1993. Language, Ideology and Point of View[M]. London: Routledge.

Sinclair, J. 1985. Basic computer processing of long texts[A]. In Candlin, C. and G. Leech (eds.) Computers and the English Language[C]. London: Longman, 185-203.

Sinclair, J. (ed.) 1987. Collins Cobuild English Language Dictionary[C]. London: Collins.

Sinclair, J. 1991. Corpus, Concordance, Collocation[M]. Oxord: Oxford University Press.

Sinclair, J. Trust the Text[A]. In Coulthard, M. (ed.) Advances in Written Text Analysis[C]. London: Routledge: 12-26.

Snell-Hornby, M. 1988. Translation Studies: An Integrated Approach[M].

Amsterdam and Philadelphia: John Benjamins.

Snell-Hornby, M. 1990. Linguistic Transcoding or Cultural Transfer? A Critique of Translation Theory in Germany[A]. In Susan Bassnett & Andre Lefevere (eds.) Translation, History and Culture[C]. London: Pinter.

Snell-Hornby, M. 2006. The Turns of Translation Studies[M]. Amsterdam/Philadelphia: John Benjamins Publishing Company.

Sperber, D. & D. Wilson. 1986/1995. Relevance: Communication and Cognition[M]. Oxford: Blackwell.

Steiner, E. 1998. A Register-based Translation Evaluation: An Advertisement as a Case in Point[J]. Target 10: 291-318.

Stubbs, M. 1993. British Traditions in Text Analysis from Firth to Sinclair[A]. In Baker et al. (eds.) Text and Technology: In Honour of John Sinclair[C]. Amsterdam & Philadelphia: John Benjamins, 1-33.

Svartvik, J. 1996. Corpora are becoming mainstream[A]. In J. Thomas & M. Short (eds.) Using Corpora for Language Research[C]. England: Longman, 3-12.

Tirkkonen-Condit S. 2002. Translationese—a Myth or an Empirical Fact?[J]. Target 14/2: 207-220.

Tirkkonen-Condit S. 2004. Unique Items—Over- or Under-represented in Translated Language?[A]. In Mauranen, Anna and Pekka Kujamäki (eds.) Translation Universals, Do they Exist?[C]. Amsterdam and Philadelphia: John Benjamins, 177-184.

Tottie, G. 1991. Lexical diffusion in syntactic change: frequency as a determinant of linguistic conservatism in the development of negation in English[A]. In D. Kastovsky (ed.) Historical English Syntax[C]. Berlin: Mouton de Gruyter, 439-467.

Toury, G. 1980. In Search of A Theory of Translation[M]. Tel Aviv: Porter Institute.

Toury, G. 1985. A Rationale for Descriptive Translation Studies[A]. In Theo

Hermans. The Manipulation of Literature: Studies in Literary Translation[C]. Croom Helm, 16-41.

Toury, G. 1995/2001. Descriptive Translation Studies and Beyond[M]. Shanghai: Shanghai Foreign Language Education Press.

Trosborg, A. 1997. Text Typology and Translation[C]. Amsterdam: John Benjamins.

Tymoczko, M. 1998. Computerized Corpora and the Future of Translation Studies[J]. Meta 43/2: 652-659.

Tymoczko, M. 1999/2004. Translation in a Postcolonial Context: Early Irish Literature in English Translation[M]. Shanghai: Shanghai Foreign Language Education Press.

Tymoczko, M. 2000. Translation and Political Engagement: Activism, Social Change and the Role of Translation in Geopolitical Shifts[J]. The Translator 6: 23-47.

Tymoczko, M. 2006. Translation: Ethics, Ideology, Action[J]. The Massachusetts Review, Fall 47/3: 442-461

Tymoczko, M. & Gentzler, E. (eds.) 2002. Translation and Power[C]. Amherst: University of Massachusetts Press.

Van Dijk, T. A. 1982. Towards an Empirical Pragmatics[J]. Philosophica, 27/1: 127-138.

Van Dijk, T. A. (ed.) 1985. Handbook of Discourse Analysis[C]. Vols. 4. San Diego: Academic Press.

Van Dijk, T. A. 1987. Discourse Analysis and Computer Analysis: A few Notes for Discussion[A]. In W. Meijs (ed.) Corpus linguistics and beyond — Proceedings of the 7th International Conference on English Language Research on Computerized Corpora[C]. Amsterdam: Rodopi, 269-284.

Van Dijk, T. A. 1988. News as Discourse[M]. Hillsdale: Lawrence Erlbaum Associates.

Venuti, L. 1992. Rethinking Translation: Discourse, Subjectivity, Ideology[C]. London and New York: Routledge.

Venuti, L. 1995. The Translator's Invisibility: A History of Translation[M]. London: Routledge.

Venuti, L. 1996. Translation, Heterogeneity, Linguitics[J]. TTR IX/1: 91-115.

Venuti, L. 1998a. The Scandals of Translation: Towards an Ethics of Difference[M]. London / New York: Routledge.

Venuti, L. 1998b. Introduction [J]. The Translator, Translation and Minority. Special Issue 4/2: 135-144.

Venuti, L. (ed.) 2000 The Translation Studies Reader[C]. London and New York: Routledge.

Veremeer, Hans J. 1987. What does it Mean to Translate?[J]. Indian Journal of Applied Linguistics 2: 25-33.

Veremeer, Hans J. 1989. Skopos and Commission in Translation Action[A]. In Andrew Chesterman (ed.) Reading in Translation Theory[M]. Finland: Oy Finn Lectura Ab, 173-187.

Veremeer, Hans J. 1994. Translation Today: Old and New Problems[A]. In M. Snell-Hornby et al. (eds.) Translation Studies. An Interdiscipline[C]. Amsterdam: Benjamins, 3-16.

Verscheuren, Jef. 1999. Whose Discipline? Some Critical Reflections on Linguistic Pragmatics[J]. Journal of Pragmatics 3/1: 869-879.

Vinay, J. P. & J. Darbelnet. 1958/1995. Comparative Stylistics of French and English: A Methodology for Translation[M]. Tr. by J. C. Sager & M. J. Hameln. Amsterdam and Philadelphia: John Benjamins.

Widdowson, H. G. 1974. The Deep Structure of Discourse and the Use of Translation[A]. In C. J. Brumfit and K. Johnson. 1979 (ed.) The Communicative Approach to Language Teaching[C]. Oxford University Press, 79-84.

Widdowson, H. G. 2000. On the Limitations of Linguistics Applied[J]. Applied Linguistics 21/1: 3-25.

Wilss W. 1982/2001. The Science of Translation — Problems and Methods[M]. Shanghai: Shanghai Foreign Language Education Press.

Zanettin, F. 1998. Bilingual Corpora and the Training of Translators[J]. Meta, XLIII/4: 1-14.

Zanettin, F. et al. 2003. Corpora in Translator Education[C]. Manchester: St. Jerome.

中文文献

J. C. 卡特福特. 穆雷译. 翻译的语言学理论[M]. 旅游教育出版社, 1991.

陈宏薇. 从奈达现象看中国翻译研究走向成熟[J]. 中国翻译, 2001(6): 46-48.

陈保亚. 论意义的两个来源和语言哲学的任务[J]. 北京大学学报, 2006(1): 32-39.

陈德鸿, 张南峰. 西方翻译理论精选[C]. 香港: 香港城市大学出版社, 2000.

戴锦华. 文化研究的理论与实践（代前言）. 阿兰·斯威伍德著, 冯建三译. 大众文化的神话[M]. 三联书店, 2003.

丁树德. 浅谈西方翻译语料库研究[J]. 外国语, 2001(5): 61-66.

丁信善. 语料库语言学的发展及研究现状[J]. 当代语言学（试刊）, 1998(1): 4-12

范祥涛. 描写译学中的描写对象和描写方式[J]. 外国语, 2004 (4): 60-67.

费多益. 话语心智[J]. 自然辩证法研究, 2007 (6): 14-19.

费尔迪南·德·索绪尔. 高名凯译. 普通语言学教程[M]. 北京: 商务印书馆, 1999.

顾钢. 形式主义和功能主义可以对话吗?[J]. 外语与外语教学, 2002 (3):

1-4.

顾曰国. 使用者话语的语言学地位综述[J]. 当代语言学, 1999(3): 3-14.

管音频. 从发生学角度看语用学[J]. 外语学刊, 2007 (1): 99-103.

郭贵春. 论语境[J]. 哲学研究. 1997 (4): 46-52.

哈迪姆, 梅森. 王文斌译. 话语与译者[M]. 北京: 外语教学与研究出版社, 1990/2005.

韩东晖. 后分析哲学时代与英美－欧陆的哲学对话[J]. 中国人民大学学报, 2006 (4): 37-43.

胡开宝, 吴勇, 陶庆. 语料库与译学研究趋势与问题——语料库与译学研究国际学术研讨会综述[J]. 外国语, 2007 (5): 64-69.

胡壮麟, 朱永生, 张德禄. 系统功能语法概论[M]. 长沙: 湖南教育出版社, 1989.

胡壮麟, 朱永生, 张德禄, 李战子. 系统功能语言学概论[M]. 北京: 北京大学出版社, 2005.

黄国文, 徐珺. 语篇分析与话语分析[J]. 外语与外语教学, 2006(10): 1-6.

黄国文. 翻译研究的功能语言学途径[J]. 中国翻译, 2004 (5): 15-20

贾学勤. 当代西方语言学理论与实践的人本主义研究取向[J]. 外语与外语教学, 2002 (9): 13-16.

蒋骁华. 当代西方翻译理论的新发展[J]. 外国语言文字, 2003 (2): 41-46.

柯飞. 语料库: 翻译研究新途径[J]. 外语与外语教学, 2002 (9): 35-39.

李德超. 从研究范式看文化研究对当代翻译研究的影响[J]. 解放军外国语学院学报, 2005(5): 54-59

李海平. 意义研究的哲学渊源及当代走向[J]. 学术交流, 2006(10): 12-16.

李文革. 西方翻译理论流派研究[M]. 北京: 中国社会科学出版社, 2004.

李运兴. 试评奈达的逆转换翻译程序模式[J]. 外语学刊, 1988 (3): 51-59.

李运兴. 语言学途径的语篇转向和发展[J]. 翻译季刊, 2006, n39.

廖七一. 当代英国翻译理论[M]. 武汉: 湖北教育出版社, 2001.

参考文献

廖七一. 西方翻译理论探索[C]. 南京：译林出版社，2000.

林克难. 翻译研究：从规范走向描写[J]. 中国翻译，2001(6)：43-45.

刘敬国, 陶友兰. 语料库翻译研究的历史与进展——兼评《语料库翻译研究：理论、发现和应用》[J]. 外国语，2006(2)：66-71.

刘军平. 现代翻译科学的构筑：从乔姆斯基到奈达[J]. 外国语，1996(2)：29-32.

刘齐生. 德国篇章语言学：源起与发展[J]. 解放军外国语学院学报，2005(5)：11-14.

刘森林. 语篇语用分析方法论研究[J]. 外语教学，2001(6)：3-8.

刘援朝. 同异之争：语言社会学和社会语言学(上)[J]. 语文建设，1999(3)：35.

刘援朝. 同异之争：语言社会学和社会语言学(下)[J]. 语文建设，1999(4)：53.

吕俊. 论学派与建构主义翻译学[J]. 中国翻译，2005(4)：10-15.

苗兴伟. 语篇分析的进展与前沿[J]. 外语学刊，2006(1)：44-49.

莫娜·贝克尔. 翻译研究中的语言学模式与方法[J]. 外语研究，2005(3)：52-56.

倪梁康, 张志林, 孙周兴, 张志扬. 意向性：现象学与分析哲学(专题讨论)[J]. 学术月刊，2006(6)

潘文国. 当代西方翻译学研究（续）[J]. 中国翻译，2002(3)：18-22.

潘文国. 当代西方的翻译学研究（续）[J]. 中国翻译，2002(2)：34-37.

潘文国. 当代西方的翻译学研究[J]. 中国翻译，2002(1)：31-34.

潘文国. 当代西方的翻译研究[A]. 译学新探[C]. 青岛：青岛出版社，2002.

钱军. 结构功能语言学[M]. 长春：吉林教育出版社，1998.

曲辰. 维特根斯坦后期哲学思想对当代语言学的影响[J]. 北方论丛，2001(3)：110-114.

申丹. 从三本著作看西方翻译研究的新发展[J]. 中国翻译，2000(5)：

62-65.

申雨平. 西方翻译理论精选[C]. 北京：外语教学与研究出版社，2002.

司显柱. 言语行为框架理论与译文质量评估[J]. 外语研究，2005(5)：54-58.

司显柱. 朱莉安·豪斯的"翻译质量评估模式"批评[J]. 外语教学，2005(3)：79-84.

司显柱. 论功能语言学视角的翻译质量评估模式研究[J]. 外语教学，2004(4)：45-50.

孙咏梅. 跨文化交际、话语分析与互动社会语言学[J]. 外国语言文学，2007(2)：104-107.

谭业升. 论翻译文本对比分析的 DTS 方法[J]. 外语与外语教学，2006(12)：48-51.

谭载喜. 西方翻译简史[J]. 北京：商务印书馆，2004.

谭载喜编译. 奈达论翻译[M]. 北京：中国对外翻译出版公司，1984.

滕威. 翻译研究与文化研究的相遇——也谈翻译中的"文化转向"[J]. 中国比较文学，2006(4)：126-135.

涂纪亮. 分析哲学与后分析哲学[J]. 北京社会科学，1996(4)：18-21.

托马斯·库恩. 金吾伦等译. 科学革命的结构[M]. 北京：北京大学出版社，2004.

王克非. 语言与翻译研究并重的双语平行语料库[A]. 外语/翻译/文化（第三辑），屠国元主编. 长沙：湖南科技出版社，2002.

王克非. 新型双语对应语料库的设计与构建[J]. 中国翻译，2004 (6)：73-75.

维特根斯坦. 逻辑哲学论[M]. 北京：商务印书馆，1996.

卫乃兴. John Sinclair 的语言学遗产——其思想与方法评述[J]. 外国语，2007 (4)：14-19.

卫乃兴. 约翰·辛克莱"语料库语言学的发展与前景"内容导读[J]. 现代外语，2004 (5).

项成东. 对语言学译论的思考[J]. 四川外语学院学报, 1999(2): 71－75.

谢天振. 翻译研究新视野[M]. 青岛出版社, 2003.

谢天振. 翻译研究"文化转向"之后——翻译研究文化转向的比较文学意义[J]. 中国比较文学, 2006 (3): 1-14.

谢天振. 国内翻译界在翻译研究和翻译理论认识上的误区[J]. 中国翻译, 2001 (4): 1-5.

谢天振. 当代西方翻译研究的三大突破和两大转向[J]. 四川外语学院学报, 2003 (5): 110-116

徐来. 在女性的名义下"重写"[J]. 中国翻译, 2004 (4): 16-19.

徐烈炯. 功能主义与形式主义[J]. 外国语, 2002 (2): 8-14.

许家金. 从结构和功能看话语分析研究诸方法[J]. 解放军外国语学院学报, 2004(3): 1-5.

许钧. 翻译论[M]. 武汉: 湖北教育出版社, 2003.

杨莉藜. 系统功能翻译理论引论[J]. 外语与外语教学, 1998(3): 31-34.

杨敏, 胡壮麟. 试论语篇分析的点滴哲学渊源[J]. 外语与外语教学, 2003 (5): 13-16.

杨晓荣. 翻译理论研究的调整期[J]. 中国翻译, 1996(6): 8-11.

殷杰. 语境主义世界观的特征[J]. 哲学研究, 2006(5): 94-99.

俞洪亮, 朱叶秋. 英国现代语言学传统与伦敦学派的发展历程[J]. 外语教学, 2003(1): 43-47.

袁文彬. 翻译研究的语篇分析模式及其意义[J]. 安徽大学学报, 2004(1): 101-108.

袁筱一. 翻译的语言学情结[J]. 外国语, 1997(4): 36-41.

约翰·塞尔. 李步楼译. 心灵、语言和社会[M]. 上海: 上海译文出版社, 2001.

张柏然, 辛红娟. 西方现代翻译学学派的理论偏向[J]. 中南大学学报, 2005(4): 501-506.

张德禄. 系统功能语言学的新发展[J]. 当代语言学, 2004 (1): 57-65.

张美芳, 黄国文. 语篇语言学与翻译研究[J]. 中国翻译, 2005 (2): 1-7.

张美芳. 英国译学界的名人[J]. 中国翻译, 2003(4): 49-54.

张美芳. 利用语料库调查译者的文体——贝克研究新法介评[J]. 解放军外语学院学报, 2002 (3): 54-57.

张美芳. 重新审视现代语言学理论在翻译研究中的作用——比利时"语言与翻译研究国际研讨会"专家访谈录[J]. 中国翻译, 2006 (3): 31-35.

张南峰. 特性与共性——论中国翻译学与翻译学的关系[J]. 中国翻译, 2000(2): 2-7.

张南峰. 中西译学批评[M]. 北京: 清华大学出版社, 2004.

章忠民. 基础主义的批判与当代哲学主题的变化[J]. 哲学研究, 2006(6): 74-78.

郑杭生, 魏金声. 现代西方哲学主要流派[M]. 北京: 中国人民大学出版社, 1988.

周流溪. 近五十年来语言学的发展(上)[J]. 外语教学与研究, 1997 (3): 21-27.

周流溪. 近五十年来语言学的发展(下)[J]. 外语教学与研究, 1998 (1): 29-34.

周流溪. 近五十年来语言学的发展(中)[J]. 外语教学与研究, 1997 (4): 12-19.

朱纯深. 翻译探微: 语言. 文本. 诗学[M]. 台北: 书林出版有限公司, 2001.

朱纯深. 走出误区 踏进世界——中国译学: 反思与前瞻[J]. 中国翻译, 2000(1): 2-9.

朱健平. 对翻译研究流派的分类考察[J]. 外语教学, 2004 (1): 38-46.

朱永生. 话语分析五十年: 回顾与展望[J]. 外国语, 2003 (3): 43-50.

附录：理论术语表

abstracts	抽象词
acceptability	可接受性
accommodation	适应性调节
addressees	直接接受者
adequency	充分性
agendas	议程
agreement maxim	一致准则
aiti-foundationalism	反基础主义
analytic philosophy	分析哲学
approbation maxim	赞许准则
appropriateness	得体性
assertives	断言行为
audience design	受众构思
auditors	旁听者
automatization	自治化
autonomy	自律
average sentence length	平均句长
bottom-up approach	自下而上方法
case grammar	格语法
category shift	范畴转换
chain analysis	链状分析
circumstantial element	环境成分

code-switching	语码转换
coherence	连贯
cohesion	衔接
collocation	搭配
commissives	承诺行为
communicative dynamism, CD	交际动力
communicative transaction	交际交易
communicative translation	交际翻译
comparative corpora	对比语料库
compensation	补偿；补偿现象
components analysis	成分分析法
concordances	词语索引
competence	语言能力
constative	讲述句
context	语境
context-sensitive linguistics	语境语言学
contextualization	语境化
contextualization cue	语境化线索
continental philosophy	（欧洲）大陆哲学
contraction	词义缩小
convergence	集中化
cooperative principles	会话合作原则
co-text	上下语篇
covert translation	隐性翻译
covertly erroneous errors	隐性错误
critical discourse analysis, CDA	批评话语分析
cultural filter	文化过滤
culture mediation	文化斡旋调解/干涉

附录：理论术语表

declarative theory	陈述性理论
declaratives	宣告行为
descriptive translation studies, DTS	描述性翻译研究
dialect	方言
directive	祈使行为
discourse	话语
discourse analysis	话语分析
discourse world	话语世界
discursive turn	话语转向
domestication	归化
dynamic equivalence	动态对等
eavesdroppers	偷听者
ematerialization	去物质化
encode	编码
equivalence	对等
equivalence probability	对等概率
error	错误
evaluativeness	评估性
events	活动词
expansion	词义延伸
explicitation	明晰化
expressives	表态行为
extraposition	移位
face threatening acts, FTA	威胁面子行为
face	面子
field	语场
foregrounding	前景化
foreignization	异化

foundationalism	基础主义
frame ambiguity	框架化的不确定性
framing	框架化/建构
framing by labeling	加标记的再框架化
frequency	词频
functional sentence perspective, FSP	功能句子观
functionalist skopos theory	功能主义目的论
genericness	语言类属化
generosity maxim	大方准则
genre	文类
hapax legomen	罕见词
heteronomy	他律
hierarchical analysis	层次结构分析
hijacking	劫持
hybrid text	混杂文本
hybridization	混杂化
ideational function	概念功能
idiolect	个人言语风格
ideology	意识形态
illocutionary act	示意行为
imperative theory	命令式理论
implicature	会话含义
inference	推理
informativity	信息性
integrational approach	整合法
intended meaning	意想意义
intentionality	意向性
interactional sociolinguistics	互动社会语言学

interlingual translation	语际翻译
interpersonal function	人际功能
intersemiotic translation	符际翻译
intertextuality	互文性
intralingual translation	语内翻译
kernel sentence	核心句
KWIC	语境关键词
langue	语言
learned discourse	学术型话语
level shift	层次转换
leveling out	整齐化
lexical grammar	词汇语法
lexico-grammar	语义语法
linguistic turn	语言论转向
locutionary act	发话行为
logical positivism	逻辑实证学派/人工语言学派
manipulation	操纵
manner maxim	方式准则
marked rheme	有标记的述位
marked term	有标记项
markedness	标记性
materialization	物质化
meaning potential	意义潜势
mediation	斡旋调解
mismatch	错配
mode	语式
modesty maxim	谦逊准则
monitoring and managing	监控和控制

mood system	语气系统
narratives	叙事
negotiation	协调
Neo-Gricean pragmatic apparatus	新格莱斯语用机制
noise	噪音
norm	规范
normalization	规范化
objects	事物词
ordinary language philosophy	日常语言学派
overhearers	无意中听到者
overt translation	显性翻译
overtly erroneous errors/mismatch	显性错误
paradigm	范式
parallel corpora	平行语料库
paratext	副文本
parole	言语
participant	参与者
patronage	赞助人
performance	语言行为/语言运用
performative	施为句
perlocutionary act	施事行为
perlocutionary effect	言后效果
politeness principle, PP	礼貌原则
political discourse analysis, PDA	政治话语分析
polysystem theory	多元系统理论
pragmatic action	语用行为
pragmatics	语用学
presupposition	预设

附录：理论术语表

process	过程
pseudotranslation	伪翻译
quality maxim	质量准则
quantity maxim	数量准则
recontextualization	再语境化
reference frame	参照体系
register	语域
relation maxim	关系准则
relationals	关系词
repositioning of participants	参与者的移位
resistant translation	阻抗式翻译/抵抗翻译
restricted register	限制性语域
rewriting	重写
rheme	述位
rhetorical purpose	修辞目的
second-order observation	二级观察
segregational approach	孤立法
semantic translation	语义翻译
semiotic dimension	符号
semiotic interaction	符号互动
signified	所指
signifier	能指
simplification	简略化
situationality	情景性
speech act	言语行为
structural linguistics	结构语言学
subject	主题
subtitle translation	字幕翻译

sympathy maxim	同情准则
tact maxim	圆通准则
tenor	语旨
tertium comparationis	中间对照物
text	语篇
text act	语篇行为
text type	文本类型
text-type focus	语篇类型的聚焦点
textual function	语篇功能
textuality	语篇性
texture	谋篇机制
the ideology of translation	翻译的意识形态
the translation of ideology	意识形态的翻译
the universals of translation	翻译普遍性
thematic progression	主位衔接
thematic system	主位系统
theme	主位
token	词量
top-down approach	自上而下方法
Transformational Grammar, TG	转换生成语法
transitivity	及物性
transitivity system	及物性系统
translatability	可译性
translation shifts	翻译转换
translation studies	翻译研究
translational action	翻译行为
Translational English Corpus, TEC	翻译英语语料库
type-token ratio	词类/词次比率

附录：理论术语表

type	词型
unmarked term	无标记项
untranslatability	不可译
wordlist	词表

后记

本书是在我的博士论文《当代语言学途径翻译研究的新进展》的基础上略加整理和修改而成。因为有很多的老师、同学、朋友的鼓励、帮助和支持，多年的研究成果才能付梓，在此谨向有关人士表示诚挚的谢意。

感谢我的导师、上海外国语大学高级翻译学院的谢天振教授。恩师不仅给予我学术上的教诲和指引，而且要求弟子严谨治学，并率先垂范。本项研究的选题、资料收集、论文写作以及修订都倾注着恩师的一片心血。跟随恩师学习，让我看到了学者探索真理的热爱，也使我领略到追问的虔诚和魅力。他对我思维和价值观上的影响将是我毕生的无价之宝。

感谢南京大学的许钧教授、广东外语外贸大学的穆雷教授、四川外国语大学的廖七一教授、华中师范大学的陈宏薇教授及上海外国语大学的柴明颎教授和史志康教授！他们作为笔者博士论文的评阅人或答辩委员会委员，对论文披阅斧正，提出宝贵的意见和建议，为本项研究的进一步的拓展与深化指明了方向。感谢在 2007 年上海交大会议上遇到的英国曼彻斯特大学 Mona Baker 教授对本研究重点文献选材的指点，感谢辅仁大学的康士林教授、杨承淑教授在研究资料收集期间对本人的大力支持，非常感谢李波博士、唐欣玉博士、王辉博士、张鹏博士和李文静博士为我从境外收集和复印资料。感谢上外读书期间同学们的支持和帮助，和他们在一起进行的严肃而热烈的学术讨论是我一生珍惜的美好时光。

后记

  感谢南开大学出版社的张彤编辑为本书出版付出的辛勤劳动。
  我的每一步成长和每一分进步,都离不开家人的心血和牵挂。在此,谨把此书献给我的母亲和已过世的父亲,感谢他们对我多年的培养和教育。